超人气网店设计素材展示

28款
详情页设计与描述模板(PSD分层文件)

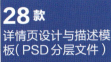

46款
搭配销售套餐模板

162款
秒杀团购模板

200套
首页装修模板

330个
精美店招模板

396个
关联多图推荐格子模板

大型多媒体教学光盘精彩内容展示

PART 1　做好准备
- 1.1　如何使用装修素材与设计模板
- 1.2　如何阅读电子书
- 1.3　如何观看视频教程

PART 2　练好基本功
全套开店操作视频教程

PART 3　新手开店快速促成交易的10种技能
- 技能1：及时回复买家站内信
- 技能2：通过千牛聊天软件热情地和买家交流
- 技能3：设置自动回复，不让客户久等
- 技能4：使用快捷短语，迅速回复客户
- 技能5：使用移动千牛，随时随地谈生意
- 技能6：保存聊天记录做好跟踪服务
- 技能7：巧用千牛表情拉近与买家的距离
- 技能8：使用电话联系买家及时跟踪交流
- 技能9：与买家交流时应该注意的禁忌
- 技能10：不同类型客户的不同交流技巧

PART 4　10招搞定"双11""双12"
- 第一招：无利不起早——"双11"对你的重要意义
- 第二招：知己知彼——透视"双11"活动流程
- 第三招：做个纯粹的行动派——报名"双11"活动
- 第四招：粮草先行——"双11"活动准备工作
- 第五招：打好热身仗——"双11"活动热身、预售
- 第六招：一战定胜负——"双11"活动进行时
- 第七招：善始善终——"双11"活动售后服务
- 第八招：乘胜追击——"双12"活动备战
- 第九招：出奇制胜——"双11""双12"营销策划与创意
- 第十招：他山之石——"双11"成功营销案例透析

PART 5　手把手教你把新品打造成爆款视频教程
- 第1步：爆款产品内功修炼
- 第2步：打造爆款基本功
- 第3步：打造爆款产品的流量武器
- 第4步：爆款产品转化全店盈利
- 第5步：爆款案例分析

PART 6　网店卖家必知的12大促销策略
- 策略1：选择合适做促销的商品
- 策略2：通过邮费赚取利润
- 策略3：节假日销售促销策略
- 策略4：利用赠品做促销活动
- 策略5：通过拍卖方式促销
- 策略6：低价出售部分商品
- 策略7：通过购物积分促销
- 策略8：巧妙进行包邮促销
- 策略9：使用限时限量促销商品
- 策略10：销售淡季的促销方法
- 策略11：如何选择时间做促销效果才能最好
- 策略12：避免店铺促销误区的技巧

PART 7　你不能不知道的100个卖家经验与赢利技巧

7.1　新手卖家开店认知与准备技巧
- 技巧1　网店店主要具备的基本能力
- 技巧2　个人开淘宝店要充当的角色
- 技巧3　为店铺做好市场定位准备
- 技巧4　新手开店产品的选择技巧
- 技巧5　主打宝贝的市场需求调查
- 技巧6　网店进货如何让利润最大化
- 技巧7　新手开店的进货技巧
- 技巧8　新手代销产品注意事项与技巧
- 技巧9　掌握网上开店的流程
- 技巧10　给网店取一个有卖点的名字

7.2　网店宝贝图片拍摄与优化的相关技巧
- 技巧11　店铺宝贝图片的标准
- 技巧12　注意商品细节的拍摄
- 技巧13　利用自然光的拍摄技巧
- 技巧14　不同商品拍摄时的用光技巧
- 技巧15　新手拍照易犯的用光错误
- 技巧16　用手机拍摄商品的技巧
- 技巧17　服饰拍摄时的搭配技巧
- 技巧18　裤子拍摄时的摆放技巧
- 技巧19　宝贝图片美化的技巧与注意事项

7.3　网店装修的相关技巧
- 技巧20　做好店铺装修的前期准备
- 技巧21　新手装修店铺的注意事项
- 技巧22　店铺装修的误区
- 技巧23　设计一个出色的店招
- 技巧24　把握好店铺的风格样式
- 技巧25　添加店铺的收藏功能
- 技巧26　做好宝贝的分类设计
- 技巧27　做好店铺的公告栏设计
- 技巧28　设置好广告模板
- 技巧29　增加店铺的导航分类
- 技巧30　做好宝贝推荐
- 技巧31　设置好宝贝排行榜
- 技巧32　设置好淘宝客服

7.4　宝贝产品的标题优化与定价技巧
- 技巧33　宝贝标题的完整结构
- 技巧34　宝贝标题命名原则
- 技巧35　标题关键词的优化技巧
- 技巧36　如何在标题中突出卖点
- 技巧37　寻找更多关键词的方法
- 技巧38　撰写商品描述的方法
- 技巧39　写好宝贝描述提升销售转化率
- 技巧40　认清影响"宝贝"排名的因素
- 技巧41　商品发布的技巧
- 技巧42　巧妙安排宝贝的发布时间

技巧 43　商品定价是必须考虑的要素
技巧 44　商品定价的基本方法
技巧 45　商品高价定位与低价定位法则
技巧 46　抓住消费心理巧用数字定价

7.5　网店营销推广的基本技巧
技巧 47　加入免费试用
技巧 48　参加淘金币营销
技巧 49　加入天天特价
技巧 50　加入供销平台
技巧 51　加入限时促销
技巧 52　使用宝贝搭配套餐促销
技巧 53　使用店铺红包促销
技巧 54　使用彩票拉熟方式促销
技巧 55　设置店铺 VIP 进行会员促销
技巧 56　运用信用评价做免费广告
技巧 57　加入网商联盟共享店铺流量
技巧 58　善加利用店铺优惠券
技巧 59　在淘宝论坛中宣传推广店铺
技巧 60　向各大搜索引擎提交店铺网址
技巧 61　让搜索引擎快速收录店铺网址
技巧 62　使用淘帮派推广
技巧 63　利用"淘帮派"卖疯主打产品
技巧 64　利用 QQ 软件推广店铺
技巧 65　利用微博进行推广
技巧 66　利用微信进行推广
技巧 67　微信朋友圈的营销技巧
技巧 68　利用百度进行免费推广
技巧 69　店铺推广中的 8 大误区

7.6　直通车推广的应用技巧
技巧 70　什么是淘宝直通车推广
技巧 71　直通车推广的功能和优势
技巧 72　直通车广告商品的展示位置
技巧 73　直通车中的淘宝类目推广
技巧 74　直通车中的淘宝搜索推广
技巧 75　直通车定向推广
技巧 76　直通车店铺推广
技巧 77　直通车站外推广
技巧 78　直通车活动推广
技巧 79　直通车无线端推广
技巧 80　让宝贝加入淘宝直通车
技巧 81　新建直通车推广计划
技巧 82　分配直通车推广计划
技巧 83　在直通车中正式推广新宝贝
技巧 84　直通车中管理推广中的宝贝
技巧 85　修改与设置推广计划
技巧 86　提升直通车推广效果的技巧

7.7　钻展位推广的应用技巧
技巧 87　钻石展位推广的特点
技巧 88　钻石展位推广的相关规则
技巧 89　钻石展位推广的黄金位置
技巧 90　决定钻石展位效果好坏的因素
技巧 91　用少量的钱购买最合适的钻石展位
技巧 92　用钻石展位打造爆款

7.8　淘宝客推广的应用技巧
技巧 93　做好淘宝客推广的黄金法则
技巧 94　主动寻找淘宝客帮助自己推广
技巧 95　通过店铺活动推广自己吸引淘客
技巧 96　通过社区活动增加曝光率 13
技巧 97　挖掘更多新手淘宝客 13
技巧 98　从 SNS 社会化媒体中寻觅淘宝客 14
技巧 99　让自己的商品加入导购类站点 14
技巧 100　通过 QQ 结交更多淘宝客 14

PART 8　不要让差评毁了你的店铺——应对差评的 10 种方案

PART 9　淘宝与天猫开店的区别
1. 淘宝、天猫开店申请与入驻区别
2. 淘宝、天猫店铺装修及运营区别
3. 淘宝、天猫店铺售后服务及客户权益区别
4. 2016—2017 年淘宝重要规则新变化

PART 10　皇冠店家装修特训视频教程

10.1　15 个网店宝贝优化必备技能视频教程
技能 01：调整倾斜的照片并突出主体
技能 02：去除多余对象
技能 03：宝贝图片照片降噪处理
技能 04：宝贝图片照片清晰度处理
技能 05：珠宝模特美白处理
技能 06：衣服模特上妆处理
技能 07：模特人物身材处理
技能 08：虚化宝贝的背景
技能 09：更换宝贝图片的背景
技能 10：宝贝图片的偏色处理
技能 11：修复偏暗的宝贝图片
技能 12：修复过曝的宝贝图片
技能 13：修复逆光的宝贝图片
技能 14：添加宣传水印效果
技能 15：宝贝场景展示合成

10.2　6 小时 Photoshop 照片处理视频教程

PART 11　超人气网店设计素材库
28 款详情页设计与描述模板（PSD 分层文件）
46 款搭配销售套餐模板
162 款秒杀团购模板
200 套首页装修模板
330 个精美店招模板
396 个关联多图推荐格子模板
660 款设计精品水印图案
2000 款漂亮店铺装修素材

淘宝天猫店开门红实战技巧大全

凤凰高新教育 ◎ 编著

北京大学出版社
PEKING UNIVERSITY PRESS

内容提要

本书汇集了众多淘宝掌柜的"使用经验"和专家的"独门绝技",精挑细选了300个关于淘宝开店、运营与推广相关的行业经验与运营技巧,力求解决淘宝掌柜在网上开店中遇到的各种疑难问题,以便让淘宝卖家更加从容有效、高利润地运营自己的网店。

全书共分为13章,以技巧罗列方式,依次向读者介绍了正确认识网上开店、网上开店的准备技巧、网店注册与开通技巧、店铺装修技巧、宝贝发布和上下架技巧、店铺内部的优化与管理技巧、店铺的营销与推广技巧、产品促销与引流技巧、与买家沟通及交易技巧、商品包装与物流技巧、售后服务的相关技巧、保障网店安全的技巧、淘宝手机端的使用技巧等内容。

本书结构完整,条理清晰,内容详尽,语言讲述通俗易懂,本书适合想开网店的新手自学使用,尤其对开网店缺少相关经验和技巧的读者会有所帮助。另外,本书也可以作为大、中专职业院校,计算机相关专业的教材参考用书。

图书在版编目(CIP)数据

淘宝天猫店开门红实战技巧大全 / 凤凰高新教育编著. — 北京:北京大学出版社,2016.9
ISBN 978-7-301-27372-2

Ⅰ.①淘… Ⅱ.①凤… Ⅲ.①电子商务－商业经营－中国 Ⅳ.① F724.6

中国版本图书馆 CIP 数据核字 (2016) 第 186532 号

书　　名	淘宝天猫店开门红实战技巧大全 TAOBAO TIANMAODIAN KAIMENHONG SHIZHAN JIQIAO DAQUAN
著作责任者	凤凰高新教育　编著
责任编辑	尹　毅
标准书号	ISBN 978-7-301-27372-2
出版发行	北京大学出版社
地　　址	北京市海淀区成府路 205 号　100871
网　　址	http://www.pup.cn　新浪微博:@北京大学出版社
电子信箱	pup7@pup.cn
电　　话	邮购部 62752015　发行部 62750672　编辑部 62580653
印刷者	三河市博文印刷有限公司
经销者	新华书店
	787 毫米 ×1092 毫米　16 开本　23 印张　彩插 2　543 千字 2016 年 9 月第 1 版　2016 年 9 月第 1 次印刷
印　　数	1–3000 册
定　　价	59.00 元

未经许可,不得以任何方式复制或抄袭本书之部分或全部内容。
版权所有,侵权必究
举报电话:010-62752024　电子信箱:fd@pup.pku.edu.cn
图书如有印装质量问题,请与出版部联系。电话:010-62756370

Foreword 前言

如今，互联网的快速发展，促进了当前如火如荼的电子商务产业的发展。网上开店已成为很多在职人员、兼职人员，以及毕业大学生的创业梦想。

网上开店看似简单，其实这个过程涉及许多知识，想要经营好网店，不仅需要创业者的一腔热情，而且还要掌握网店装修、宝贝上下架、店铺营销推广与引流，以及产品促销与售后服务等相关技巧。

◆ 您真的懂网上开店吗？
- 开网店如何寻找好货源？（见技巧 22~26）
- 开网店如何正确、安全地使用支付宝？（见技巧 42~46）
- 网店装修有哪些技巧？（见技巧 47~67）
- 宝贝照片拍得不好，如何进行优化处理？（见技巧 75~82）
- 如何快速批量发布宝贝？（见技巧 94~99）
- 店铺宝贝太多，如何进行内部优化？（见技巧 109~115）
- 淘宝开店如何正确合理地使用直通车推广？（见技巧 137~150）
- 如何正确、合理使用钻展位推广？（见技巧 162~172）
- 网店运营如何正确使用促销手段提升营业额？（见技巧 176~189）
- 产品售后服务如何正确引导顾客评价？（见技巧 255~259）
- 手机移动端店铺如何进行装修？（见技巧 289~291）
- 手机移动端店铺如何进行运营推广？（见技巧 292~297）

◇ **本书有哪些特点？**

为了帮助新、老用户更快地掌握网上开店的技能技巧，提高网店的经营经验及销售业绩，我们编写了《淘宝天猫店开门红实战技巧大全》一书。本书具有以下特点。

● **结构清晰，招招实用**：本书中所讲解的技能技巧，都是一线网店掌柜以及相关专家倾情相授，技能与实战、技巧与经验样样都有。通过本书学习，真正让你"会开店"并且"能赚钱"，快速提升你的网店运营效率。

● **分类明确，查询方便**：为了方便读者学习和使用，本书内容通过招数的形式进行罗列，具有字典查询风格，力求帮助读者快速解决问题，是最实用、最及时的"小帮手"。

● **经验技巧，一学即会**：在"高效率、快节奏"的今天，或许读者没有时间系统地看完一本书。而本书最适合遇到问题，想找解决办法的开店新手。每个招数读者只需花几分钟时间就能快速学会并掌握。

本书由凤凰高新教育策划并组织编写。全书由开店经验丰富的网店店主编写，同时也得到了众多网店店主的支持，在此表示衷心的感谢。

最后，感谢您购买本书。同时，由于互联网技术发展非常迅速，网上开店的相关规则也在不断地变化，书中疏漏和不足之处在所难免，敬请广大读者及专家指正。

读者信箱：2751801073@qq.com
投稿信箱：pup7@pup.cn

编　者

Contents 目录

第1章 心中有数，正确认识网上开店

1.1 认识网上开店的方式 /2
　　技巧01：兼职网上开店 /2
　　技巧02：全职网上开店 /2
　　技巧03：实体店兼营网上店铺 /3
　　技巧04：公司（企业）型网上开店 /3
1.2 开店前的自我评审 /3
　　技巧05：挑选一个好的开店平台 /4
　　技巧06：要有稳定的商品货源 /5
　　技巧07：要有充足的在线时间 /5
　　技巧08：联系物流是否方便 /6
　　技巧09：定位与规划自己的店铺商品 /6
1.3 网上开店有哪些销售模式 /9
　　技巧10：产品分销模式 /9
　　技巧11：虚拟产品的销售 /10
　　技巧12：实物类产品的销售 /11
　　技巧13：服务类产品的销售 /12

 本章小结 /13

第2章 蓄势待发，网上开店的准备技巧

2.1 熟知网上开店的流程 /15
　　技巧14：做好店铺定位规划 /15
　　技巧15：店铺的申请与装修 /15
　　技巧16：进货与登录商品 /15
　　技巧17：做好营销推广 /16
　　技巧18：交易与售后服务 /16
2.2 找准自己网店的定位 /16
　　技巧19：从自己的术业专攻着手 /16
　　技巧20：用百度查询网购人群的需求 /17
　　技巧21：关注淘宝指数热销排行榜 /017
2.3 寻找好货源的途径 /18
　　技巧22：实体市场中寻货源 /19
　　技巧23：联系厂家提供货源 /19
　　技巧24：阿里巴巴在线批发 /20
　　技巧25：直接做网络代销 /22
　　技巧26：搜寻有地域或民族特色的货源 /24
2.4 开店前的其他相关准备 /25
　　技巧27：准备好合适的硬件设备 /25

技巧 28：准备好开店的必备软件 /26
技巧 29：做好网络畅通的准备 /27
技巧 30：准备好相关的开店证件 /28
技巧 31：申请开通自己的网上银行 /28

本章小结 /29

第 3 章 抢占先机，网店注册与开通技巧

3.1 抢先注册淘宝开店平台 /31
　　技巧 32：注册淘宝账号 /31
　　技巧 33：登录淘宝账号 /34
　　技巧 34：开通支付宝账号 /35
　　技巧 35：激活支付宝账号 /37
3.2 正式开通自己的淘宝店铺 /38
　　技巧 36：支付宝实名认证 /38
　　技巧 37：淘宝开店认证 /41
　　技巧 38：完善店铺信息顺利开店 /43
3.2 网上开店基本设置 /44
　　技巧 39：为店铺设置响亮的店名及 LOGO /44
　　技巧 40：免费开通店铺二级域名 /46
　　技巧 41：设置店铺介绍 /47
3.4 支付宝的运用与安全 /48
　　技巧 42：银行卡绑定手机保护 /48
　　技巧 43：为支付宝安装数字证书 /49
　　技巧 44：开通手机动态口令 /50
　　技巧 45：向支付宝中充值 /51
　　技巧 46：将支付宝资金转移到银行卡上 /53

本章小结 /54

第 4 章 脱颖而出，淘宝店铺装修技巧

4.1 淘宝首页装修技巧 /56
　　技巧 47：设计出好店招的技巧 /56
　　技巧 48：设置店铺的色彩风格 /57
　　技巧 49：将店铺分类当作广告位使用 /58
　　技巧 50：增加店铺导航分类 /59
　　技巧 51：调整导航页面的排列顺序 /61
　　技巧 52：设置首页左侧的显示模块 /61
　　技巧 53：设置首页商品显示模块 /63
　　技巧 54：设置商品列表页 /64
4.2 淘宝店其他装修设计 /66
　　技巧 55：淘宝分类页面装修 /66
　　技巧 56：淘宝详情页面装修 /67
　　技巧 57：淘宝导航页面装修 /71
4.3 淘宝高级装修技巧 /72
　　技巧 58：在装修市场中购买装修模板 /72
　　技巧 59：让专人为自己设计店铺 /74
　　技巧 60：自己动手制作广告效果 /78
　　技巧 61：利用代码装修店铺 /80
　　技巧 62：打造广告轮播效果 /81
　　技巧 63：编辑网店 LOGO 背景图 /82
　　技巧 64：制作阿里旺旺动态头像 /83
　　技巧 65：在线生成网店 Banner 图片 /86
　　技巧 66：在线生成网店店标 /86
　　技巧 67：在线合成宝贝图片效果 /87

本章小结 /89

第 5 章 展示商品，宝贝拍摄、优化、上下架技巧

5.1 商品的拍摄技巧 / 91
　　技巧 68：选购适宜的拍摄器材 / 91
　　技巧 69：搭建自己的摄影棚 / 92
　　技巧 70：用普通数码相机拍出好照片的技巧 / 93
　　技巧 71：在户外拍摄商品 / 94
　　技巧 72：不同类型的商品拍摄 / 96
　　技巧 73：宝贝拍摄中的实用技巧 / 99
　　技巧 74：使用手机给商品拍照的技巧 / 100

5.2 利用 Photoshop 软件对宝贝进行优化 / 101
　　技巧 75：快速复制照片到电脑 / 101
　　技巧 76：调整曝光不足的照片 / 102
　　技巧 77：制作背景虚化照片效果 / 103
　　技巧 78：给图片添加美观的边框 / 105
　　技巧 79：添加图片防盗水印 / 106
　　技巧 80：为图片添加文字说明 / 107
　　技巧 81：调整模特身材提升服装效果 / 109
　　技巧 82：调整偏色的图片 / 110

5.3 商品发布技巧 / 111
　　技巧 83：设置宝贝的图文布局 / 111
　　技巧 84：准备发布宝贝的相关资料 / 111
　　技巧 85：拟定宝贝标题 / 112
　　技巧 86：制定合理的商品价格 / 113
　　技巧 87：设置商品的类别和属性 / 115
　　技巧 88：填写商品规格 / 118
　　技巧 89：上传商品缩略图 / 119
　　技巧 90：填写商品描述 / 120
　　技巧 91：使用物流模板发布宝贝 / 121
　　技巧 92：用拍卖方式发布宝贝 / 122
　　技巧 93：发布设置好的宝贝 / 123

5.4 使用淘宝助理批量发布宝贝 / 124
　　技巧 94：创建独特的宝贝模板 / 124
　　技巧 95：创建宝贝运费模板 / 125
　　技巧 96：导入宝贝数据包 / 126
　　技巧 97：利用淘宝助理批量修改宝贝价格 / 128
　　技巧 98：直接创建宝贝并上传 / 128
　　技巧 99：使用淘宝助理对商品图片搬家 / 129

5.5 商品宝贝的管理技巧 / 132
　　技巧 100：将宝贝上架 / 132
　　技巧 101：下架出售中的宝贝 / 133
　　技巧 102：修改出售中的宝贝参数 / 133
　　技巧 103：删除库存的宝贝 / 134
　　技巧 104：选择最佳的商品发布时间 / 135

5.6 宝贝的展示技巧 / 135
　　技巧 105：对宝贝进行分类 / 135
　　技巧 106：设置掌柜推荐商品 / 136
　　技巧 107：设置橱窗推荐商品 / 137
　　技巧 108：设置橱窗推荐大小 / 138

本章小结 / 139

第 6 章 精益求精，店铺内部的优化与管理技巧

6.1 做好店铺内部优化 / 141
　　技巧 109：做好宝贝标题优化 / 141
　　技巧 110：提升宝贝成交量的技巧 / 142
　　技巧 111：提高店铺信誉等级 / 143
　　技巧 112：店铺商品收藏人气 / 143
　　技巧 113：设置店铺好评和动态评分 / 143
　　技巧 114：设置千牛在线时间 / 145
　　技巧 115：添加友情链接 / 145

6.2 加入淘宝各项服务 / 146
　　技巧 116：淘宝消费者保障服务 / 146
　　技巧 117：借助免费营销软件提升服务与推广 / 146

6.3 优化图片和商品详情 / 147
　　技巧 118：撰写商品描述的步骤 / 147

技巧 119：宝贝描述的好坏决定销售
　　　　　转化率 / 149
技巧 120：优化商品图片做好视觉营销 / 151
6.4 店内活动团团转 / 153
技巧 121：限时打折 / 153
技巧 122：搭配套餐 / 157
技巧 123：宝贝满就送 / 157
技巧 124：店铺优惠券 / 161
技巧 125：购买促销套餐更划算 / 163
技巧 126：使用店铺红包 / 166
技巧 127：设置淘宝网 VIP 会员卡提高
　　　　　销量 / 168

 / 169

第 7 章 广而告之，店铺的营销与推广技巧

7.1 淘宝官方活动 / 171
技巧 128：淘金币营销 / 171
技巧 129：加入淘宝天天特价 / 174
技巧 130：参加淘宝店铺清仓 / 175
技巧 131：加入免费试用中心 / 176
技巧 132：参加聚划算活动 / 177
技巧 133：参加淘分享跟随购 / 181
7.2 淘宝第三方活动 / 181
技巧 134：加入麦麦联合 / 181
技巧 135：爱淘自营销 / 183
技巧 136：多参加淘宝活动 / 183
7.3 淘宝直通车 / 184
技巧 137：选择什么宝贝参加直通车 / 184
技巧 138：加入直通车推广 / 184
技巧 139：新建推广计划 / 186
技巧 140：怎么分配推广计划 / 187
技巧 141：推广新宝贝 / 188
技巧 142：管理推广中的宝贝 / 189
7.4 淘宝直通车高级技巧 / 190
技巧 143：热门词表的应用 / 190

技巧 144：关键词的高级找词方法 / 192
技巧 145：添加关键词的技巧 / 194
技巧 146：直通车综合优化技巧 / 195
技巧 147：优化直通车展现和点击量 / 197
技巧 148：选择更适合的宝贝投放
　　　　　形式 / 197
技巧 149：如何选择宝贝投放价格 / 198
技巧 150：选择合适的时间进行
　　　　　投放 / 198
7.5 "淘宝客"淘天下 / 199
技巧 151：轻松参加淘宝客推广 / 199
技巧 152：做好淘宝客推广的黄金
　　　　　法则 / 201
技巧 153：主动寻找淘宝客帮助自己
　　　　　推广 / 202
技巧 154：通过店铺活动推广自己吸引
　　　　　淘宝客 / 202
技巧 155：通过社区活动增加
　　　　　曝光率 / 203
技巧 156：挖掘更多新手淘宝客 / 203
技巧 157：从 SNS 社会化媒体中寻觅
　　　　　淘宝客 / 203
技巧 158：让自己的商品加入导购类
　　　　　站点 / 204
技巧 159：通过 QQ 结交更多
　　　　　淘宝客 / 204
技巧 160：让产品吸引更多淘宝客
　　　　　推广 / 204
技巧 161：巧用 SEO 结合淘宝客推广
　　　　　店铺 / 206
7.6 钻石展位全面展示 / 207
技巧 162：利用钻石展位扩大品牌
　　　　　效应 / 207
技巧 163：用钻石展位打造爆款
　　　　　商品 / 208
技巧 164：用钻石展位进行活动
　　　　　引流 / 208

技巧 165：如何做好品牌的推广 / 209
技巧 166：进行钻石展位的定位 / 209
技巧 167：选择钻石展位的投放位置 / 210
技巧 168：做出有吸引力的广告图片 / 211
技巧 169：用最少的钱购买最合适的钻石展位 / 211
技巧 170：合理定位钻石展位的目标人群 / 212
技巧 171：钻石展位投放时间的选择 / 212
技巧 172：决定钻石展位效果好坏的因素 / 213

7.7 其他淘宝收费推广 / 213
技巧 173：阿里妈妈网外推广 / 214
技巧 174：超级卖霸让销量倍增 / 216
技巧 175：利用淘宝代码分享宝贝 / 216

本章小结 / 218

第 8 章 见贤思齐，产品促销与引流技巧

8.1 巧妙促销增加销量 / 220
技巧 176：选择合适做促销的商品 / 220
技巧 177：通过邮费赚利润 / 220
技巧 178：节假日销售促销策略 / 221
技巧 179：利用赠品做促销活动 / 222
技巧 180：拍卖促销 / 223
技巧 181：低价出售部分商品 / 223
技巧 182：进行购物积分促销 / 223
技巧 183：巧妙进行包邮促销 / 223
技巧 184：使用限时限量促销商品 / 224
技巧 185：让收益与宣传两不误 / 224
技巧 186：少赚利润多赚人气 / 225
技巧 187：销售淡季的促销方法 / 226
技巧 188：如何选择时间做促销效果才能最好 / 227
技巧 189：避免店铺促销误区的技巧 / 228

8.2 淘宝网内免费推广技巧 / 231
技巧 190：加入淘宝帮派拉帮结友 / 231
技巧 191：灵活运用信用评价免费做广告 / 232
技巧 192：去别人网店留言宣传 / 233

8.3 淘宝网外营销技巧 / 233
技巧 193：通过分类信息网站搞宣传 / 233
技巧 194：在热门论坛进行店铺推广 / 234
技巧 195：通过微博平台进行店铺推广 / 235
技巧 196：通过 QQ 宣传店铺 / 236
技巧 197：利用邮件方式推广店铺 / 237
技巧 198：利用百度系列产品推广店铺 / 237
技巧 199：提交店铺地址到各大搜索引擎 / 238

8.4 善于分析店铺数据 / 238
技巧 200：使用生意参谋实时观察店铺情况 / 238
技巧 201：通过生意参谋一眼发现店铺问题 / 241

 本章小结 / 242

第 9 章 卖出宝贝，与买家沟通及交易技巧

9.1 设置淘宝千牛工具 / 244
技巧 202：登录设置卖家千牛 / 244
技巧 203：设置独特的千牛头像 / 245
技巧 204：编辑店铺个性签名 / 247
技巧 205：为卖家千牛分类 / 247
技巧 206：创建属于自己的买家交流群 / 248

9.2 专业准确地与买家交流促成生意 /250
　　技巧 207：回复买家站内信 /250
　　技巧 208：通过千牛聊天软件及时和买家交流 /251
　　技巧 209：设置自动回复，不让客户久等 /252
　　技巧 210：快捷短语，迅速回复客户 /253
　　技巧 211：使用移动千牛，随时随地谈生意 /254
　　技巧 212：妥善保存聊天记录 /255
　　技巧 213：使用电话联系与买家交流 /256
　　技巧 214：巧用千牛表情拉近和买家的距离 /256
9.3 与买家的交流技巧 /257
　　技巧 215：与买家交流时应该注意哪些禁忌 /257
　　技巧 216：不同类型客户的不同交流技巧 /258
9.4 店铺诞生第一笔交易 /259
　　技巧 217：根据交易约定修改宝贝价格 /259
　　技巧 218：做好确认发货 /260
　　技巧 219：给买家评价 /261
　　技巧 220：进行交易退款操作 /262
　　技巧 221：查询系统自动回款情况 /262
9.5 店铺资金与财务的管理 /263
　　技巧 222：查看支付宝账户余额 /263
　　技巧 223：分析店铺资金流动情况 /264
　　技巧 224：根据支付宝余额支付交易款 /265
　　技巧 225：直接利用支付宝向对方打款 /266
　　技巧 226：了解与分析店铺资金流动情况 /267
　　技巧 227：掌握店铺总体销售业绩 /267
　　本章小结 /268

第10章 吸引回头客，商品包装与物流技巧

10.1 用心包装，让顾客更信赖 /270
　　技巧 228：商品包装的一般性原则 /270
　　技巧 229：选择合适商品的包装材料 /271
　　技巧 230：不同类型商品的包装方法 /272
　　技巧 231：如何用包装来赢得买家好感 /274
　　技巧 232：节约包装材料的技巧 /275
10.2 好的物流是成功的一半 /276
　　技巧 233：选择方便的快递公司 /276
　　技巧 234：无处不在的邮政 EMS 快递 /277
　　技巧 235：利用价格低廉的邮政包裹 /277
　　技巧 236：快捷的同城快递配送 /277
10.3 跟踪货物运输进度 /278
　　技巧 237：在线跟踪 EMS 运输进度 /278
　　技巧 238：在线跟踪快递公司运输进度 /279
10.4 宝贝的发货技巧 /280
　　技巧 239：设置合理的物流信息 /280
　　技巧 240：选择便宜的物流公司 /281
　　技巧 241：怎样与快递公司讲价 /282
　　技巧 242：运输过程中货物损坏的处理与预防 /282
　　技巧 243：快递包裹丢失的预防 /283
　　技巧 244：加入淘宝快递保险费 /283
　　技巧 245：卖家通过多途径提醒买家先验货后签收 /283
　　技巧 246：快递放假该怎么办 /284
　　本章小结 /284

第11章 服务至上，售后服务的相关技巧

11.1 建立自己强大的团队 / 286
技巧247：增强自己的运营管理技能 / 286
技巧248：专业的财务管理和优化 / 286
技巧249：如何调动员工的积极性 / 287

11.2 淘宝客服培养技巧 / 288
技巧250：网店掌柜如何培养新手客服 / 289
技巧251：让客服人员拥有谦和的服务态度 / 289
技巧252：客服人员必须拥有专业知识 / 291
技巧253：如何让客服人员掌握良好的沟通技巧 / 292

11.3 完善网店售后服务工作 / 293
技巧254：如何提供售后服务 / 293
技巧255：理智地处理中差评 / 294
技巧256：引导买家修改评价 / 295
技巧257：理性回应买家的投诉与抱怨 / 296
技巧258：避免和买家发生争吵 / 298
技巧259：有效预防中差评的技巧 / 298
技巧260：重视对老买家的维护 / 300
技巧261：建立淘宝客户档案 / 300
技巧262：设置店铺会员制度 / 301
技巧263：定期推荐商品给老顾客 / 302

11.4 常见买家退换货的处理技巧 / 303
技巧264：处理因个人喜好而引发的退货 / 303
技巧265：处理因实物照片而引起的退货问题 / 303
技巧266：处理因规格尺寸而引发的退货 / 304
技巧267：处理因商品质量而引发的退货 / 304

♛ 本章小结 / 304

第12章 安全第一，保障网店安全的技巧

12.1 电脑安全设置技巧 / 306
技巧268：使用360安全卫士保护电脑 / 306
技巧269：启用Windows防火墙 / 309
技巧270：进行合理的Internet安全设置 / 310
技巧271：定期清理临时文件 / 311
技巧272：设置电脑开机密码 / 312

12.2 网银安全保障技巧 / 313
技巧273：使用网银保护软件 / 313
技巧274：用好银行数字证书 / 314
技巧275：使用银行U盾保护网银 / 315
技巧276：保障网银安全的防范技巧 / 315

12.3 提升网店账号安全技巧 / 316
技巧277：密码安全莫忽视 / 316
技巧278：防止密码被盗 / 317
技巧279：使用技术防范 / 317
技巧280：加强防患Wi-Fi网络安全意识 / 317

12.4 淘宝网店安全保障技巧 / 318
技巧281：设置淘宝网账户密码保护 / 318
技巧282：将淘宝账户与手机绑定在一起 / 319
技巧283：重新设置淘宝账户密码 / 320
技巧284：定期修改支付宝密码 / 321
技巧285：查看支付宝每笔交易额度 / 322
技巧286：快速找回支付宝密码 / 323

♛ 本章小结 / 324

第13章 抢占移动端，淘宝手机端的使用技巧

13.1 认识淘宝店铺手机端 /326
- 技巧287：手机端店铺的优势 /326
- 技巧288：手机端店铺的风险 /326

13.2 手机端页面的装修 /327
- 技巧289：手机店铺店标与店招的设置 /327
- 技巧290：无线店铺首页装修 /330
- 技巧291：手机宝贝详情页发布 /333

13.3 手机端的运营推广 /335
- 技巧292：手机营销的推广权重 /335
- 技巧293：使用二维码关注手机店铺 /336
- 技巧294：创建手机店铺活动 /337
- 技巧295：设置手机专享价 /338
- 技巧296：利用"码上淘"推广手机店铺 /340
- 技巧297：手机无线直通车 /342

13.4 手机淘宝工具的使用 /345
- 技巧298：手机千牛的使用 /345
- 技巧299：淘宝助理的使用 /351
- 技巧300：手机支付宝的使用 /353

本章小结 /355

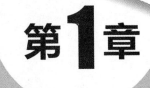

心中有数，正确认识网上开店

本章导读

目前，网上开店已经成为当下热门的创业方式之一。它与实体店相比，不仅节约了成本，而且在商品进货、出售、管理等诸多方面也明显优于实体店。不过，对于初涉网上开店的创业者来说，还是需要正确而理性地认识网上开店。本章主要给初学者讲解网上开店的入门基础与技能技巧。

知识要点

通过本章内容的学习，读者能够认识到网上开店的一些基础知识，包括网上开店的方式、开店前的自我评审以及网上开店常见的销售模式等。学完后需要掌握的相关技能知识如下。

- 认识网上开店的方式
- 开店前的自我评审
- 定位与规划自己的店铺
- 网上开店的销售模式

1.1 认识网上开店的方式

网上开店有多种方式，不同的开店方式需要的开店成本不同，对销售盈利的结果也会产生一定的影响。选择适合自己的开店方式，首先需要对各种不同的网上开店方式进行性价比的分析和比较。

技巧 01：兼职网上开店

现在许多在校学生喜欢利用课余时间经营网店，也有不少上班族利用工作的便利开设网店。这种兼职网上开店方式如何选择经营产品呢？

兼职网上开店是非常容易实施的一种网络赚钱方式。用户完全可以抽出多余的时间来经营自己的网上店铺。这种兼职类型的店主由于时间少或是在线时间、资金不够稳定，最适合经营虚拟类的物品，只需要很少的时间进行店铺打理、上货、充值、收账即可全面实现店铺的运转。

技巧 02：全职网上开店

随着网络购物的不断发展、完善，刚出校门打算创业的大学生或者上班族打算"脱离苦海"投入淘宝事业，但又不知全心投入虚拟的网络是否合适。

全职网上开店相当于是投资创业，经营者需要将全部的精力都投入到网店的经营上来，将网上开店作为自己的事业来做，将网店的收入作为个人收入的主要来源。因此，这种经营方式所要付出的精力及财力也较多，网上店铺的经营效果也会更好一些。

 小二开店经验分享——全职类型店主适宜经营什么？

全职网上开店这种类型的店主时间比较多，但为了节约成本，可以考虑网络代销和实体批发相结合的方式来经营自己的店铺，这样可以做到时间和成本的双重保障。

技巧03：实体店兼营网上店铺

现在很多朋友开有实体店，随着网上购物趋势的高涨，想拓展网络市场，但又舍不得抛弃现有的事业去全职经营网上店铺，那么究竟要怎样抉择呢？

对于已经拥有实体店铺的经营者，为了扩大生意的受益面而兼营网上店铺，这也是现在比较普遍的一种开店模式。此种网店因为有实体店铺的支持，在商品的价位、销售的技巧方面都更高一筹，也容易取得消费者的认可与信任。

 小二开店经验分享——实体兼网店类店主该如何经营？

这种类型的店主通常都有自己的固定货源，所以最缺少的不是本钱，而是时间，通常可以请相关专业的客服来打理自己的店铺，只需要定时收账即可。

技巧04：公司（企业）型网上开店

目前，还有很多做批发的公司或者企业、厂家，也有向网上市场进军的念头。那么这种公司又如何选择网上开店形式呢？

针对企业开发网上市场，主要从形象、销售入手，可以搭建官网（形象展示）、商务平台（阿里批发加淘宝、天猫零售），形成良好的循环系统，扩展网上生意。

对于这些企业公司而言，可以直接招聘相关人才从零开始开拓，当然，这种方式周期长，成本也不小。对于一些线下业务繁忙的群体来说，也可以直接找一些有经验的电商服务公司合作，让它们协助提供产品摄影、网店装修、网店托管运营等。

 小二开店经验分享——公司（企业）型是选择自营还是代营运呢？

这要根据自身情况而定，自运营投入比较大，技术实力、人员配置等都需要从零起步，如果自己或公司有足够的精力和人手，愿意投入时间人力来搭建，就可以自营；如果需要快速开展网上业务，那么可以选择专业的运营公司合作代运营，只要货品有优势，相信很容易找到合作伙伴。但是一定要找一家有实力和信誉度高的服务商。

1.2 开店前的自我评审

网上开店前需要进行自我评审，以便理性认识自己是否适合网上开店。例如，自己是否有稳定的货源，在线时间是否充足以及联系物流是否方便。

技巧05：挑选一个好的开店平台

网上开店需要一个好的平台，一般是通过大型网站注册会员进行售卖。创业者通过注册网购平台成为其网站会员，然后在其网站上开设店铺。店铺的管理和宣传都可以依靠平台网站进行。

目前可供网上店主选择开店的平台比较多，比较常见的有淘宝、天猫、京东等。这么多平台该选择什么样的平台来开店好呢？在了解了这些购物平台网站之后，可以从下面三个角度选择一个合适的开店平台。

（1）从开店平台的人气考虑

选择人气较高的平台，也就是客流量大的平台，能够大大增加自己商品销售的机会。在人气高的网购平台上注册网店是店铺经营成功与否的第一要素。

小二开店经验分享——无论是知名度还是安全性方面，淘宝网都独占鳌头

淘宝网拥有布局分明的页面，商品分类清晰且提供多种搜索方式，有自己的聊天工具（淘宝旺旺），而且淘宝网的商品资料及网购社区等周边服务也做得很好。就目前而言无论是知名度还是安全性方面，淘宝网都独占鳌头。

（2）从平台买家年龄分布考虑

据CNNIC调查数据显示，淘宝网和天猫的买家年龄大致相同，天猫的买家更为年轻，其中24岁以下的买家占66.9%。京东的买家在各个年龄段分布基本均衡，30岁以上的用户是主体，占比34.2%。

（3）从购物网站买家的忠诚度考虑

据CNNIC调查数据显示，淘宝网买家忠诚度最高，半年前使用淘宝网的用户半年后还有94.6%继续使用，图1-1所示为各大购物网站买家忠诚度比值。

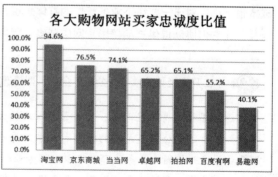

图 1-1

小二开店经验分享——网上开店的平台选择主要分为3种

第一种是专业的C2C拍卖类网站，第二种是可以注册个人卖家会员的综合型购物网站，第三种是注册个人卖家会员的单项购网站。

技巧06：要有稳定的商品货源

当我们决定开网店并选择好商品后，就应该考虑所寻找的货源是否稳定，在日后的经营过程中是否会影响网店销售。

货源的稳定，主要表现在是否缺货、供货是否及时、货物质量是否参差不齐、售后服务是否完好等方面，这些因素对网店的经营有着至关重要的影响。

在准备开网店之前，往往货源已经基本确定下来，这就需要进一步对供货商家进行分析考察，供货商的规模与能力在一定程度上决定了货源是否稳定，如果要长期经营其商品，那么供货商的实力是需要特别关注的。

所以，即使我们已经联系好了供货商，在开店之前，也要对其进一步了解才行，如果没有稳定的货源支持，我们只有延缓网店的开张时间，并继续寻找新的供货商了。

 小二开店经验分享——库存商品一般要多少才能销售呢？

一般某个商品，至少要有3件到以上的货源才能够正常销售，否则很可能出现断货、供应不及时等问题，影响店铺的正常经营。

技巧07：要有充足的在线时间

网上店铺经营的方式是通过网络途径来销售，因此，这就需要我们有足够的上网时间，而且在经营过程中，必不可少地要涉及与各种买家网上交流。

我们开网店之前，必须要考虑自己上网是否方便，以及是否有足够的上网时间。因为无论是经营还是与买家交流，都是一个长期的过程。

另外，网店的进货、发货也需要占用一定时间，尤其是网店生意好起来之后，就需要我们有足够的时间寻找货源、进货、打包商品以及联系快递公司发货等。

那么，是不是没有足够多的上网时间就不适合开网店了呢？答案是否定的，是否有充足的时间只是一个方面，我们需要结合其他条件综合分析，如没有足够时间发货的办公室在职人员，可以选择网店代销的方式，这样就无须为货源及发货而费事费神了。

 小二开店经验分享——没有固定上网场所的人不适宜网上开店

网店的目的是销售商品，而销售商品又必须涉及交易，为了保障交易资金的安全，建议最好有自己的私人上网场所，不要在网吧等公共场合经营网店，或者管理交易状况。

技巧08：联系物流是否方便

快递物流是网店经营中非常重要的一个环节，如果我们自己进货并在网店中销售的话，那么快递的方便与否就是必须考虑的。目前快递服务在一些大中城市市区是非常方便的，但对于城市郊区或一些小县城，就需要考虑快递是否方便了。

如何判断物流是否方便呢？一般有以下两种情况，下面进行具体的介绍。

（1）快递无法到达

如果我们所在地区快递无法上门服务，那么发货就是非常麻烦的事情了，尤其是对生意较好且经常需要发货的卖家。因此，如果自己不在各大快递公司的服务范围内，那么就只适合代销其他商家的商品，不适合自己进货来开网店。

（2）快递费用高昂

对于城市郊区等偏远地方，有些快递是可以加价上门服务的，但这也意味着买家需要支付更多的费用，在充满竞争的购物网站中，如果自己的运费高于其他卖家，那么多半是无法留住买家的。除非我们的商品利润非常高，可以通过高利润来抵消快递费用高出的部分。

通过百度地图搜索定位出所在城市的快递公司，能够快速准确地找到相关信息，如图1-2所示。确认快递公司以后，最好能够长期合作，这样不但可以节省快递费用，而且对快递服务质量也能够很好地进行监控。

图 1-2

技巧09：定位与规划自己的店铺商品

所谓定位与规划自己的店铺，就是你的网店将要在哪个商品领域发展，简单来说就是你想卖什么样的商品。对于这个问题的回答非常关键，自己网店中卖的商品，至少你自己要有信心才能经营下去。

对于一个渴望依托网店成就自己的卖家来说，网店中的每一件宝贝都是这个梦想的一部分，因此，在筹划阶段必须慎重。确定网店的经营方向可以从以下3个方面考虑。

（1）综合多种因素选择主营商品

现在，基本上在现实生活中我们能够想到的东西都可以在网店中进行销售。但是，实际上寻找在网店销售的商品，还需要综合各种因素进行仔细分析，毕竟我们开网店的目的是赚钱。下面就是一些在选择网店商品时可以考虑的因素。

● 商品本身的价值：一件商品，如果其运费都高于商品本身的价格，一般是不会有买家购买的。因此，卖家在选择商品时，建议选择价格高于运费的商品。那些售价低于运费的商品，可以考虑搭卖或者作为促销赠品销售。

● 商品的体积与重量：网店销售的商品多是通过邮寄或快递方式发送到买家手中的，因此卖家在选择销售的商品时，商品的体积是必须要考虑的。一般网店销售的商品体积不宜太大，而且要易于包装，方便快递运输。相对较低的运费是吸引买家的一个重要因素，一般商品的体积与重量是成正比的，而快递运输计费是将商品重量核算到其中的。我们知道，买家购买商品的价格＝网店商品售价＋运费，如果商品太重运费过高，而导致商品总价与买家在实体店购买悬殊不大的话，那么很多买家就没必要在网上购买了。所以在选择商品时，一些较重的商品可以不做考虑，毕竟刚开始都是小本经营，比不得财大气粗的B2C商城，可以包干所有运费。

● 商品的特色与时代感：在网上销量较好的商品，基本都具有其不同于其他商品的独特性。太过普通的或大众化的商品，拿到网上销售也很难打开销路。另外，流行的、时代感比较强的商品卖起来也要比那种过时的、旧版的商品好些。特别是服装类和数码类商品等，是否流行、配置是否为当前主流对今后的销售非常关键。图1-3和图1-4所示的帐篷和围巾即为融合时下流行元素的产品，具有特色和时代感。

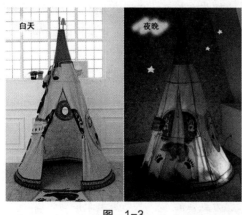

图 1-3

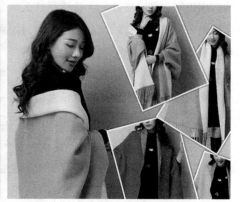

图 1-4

● 是否能够激发买家购买欲望：上网购物的买家都是通过卖家所提供的商品图片和描述来选择与确定购买商品的，这就要求卖家所销售的商品，通过图片与描述就能让买家对商品产生一定了解，引起买家的购买欲望。那些必须亲自见到实物才可能购买的商品，就不太适合在网上销售了。

● 是否只有在网上才能买到：有条件的话，网店应尽可能选择在线下很难买到，甚至只能在网上才能买到的商品，例如外贸订单商品，或者从国外带回来的商品等。这类商品销售起来优势很大，竞争也会相对小一些。

● 是否符合购买群体的需求：目前，在网上购物的群体主要是学生和上班族。当我们准备开网店时，可以多与身边经常网购的学生或者上班族进行交流，借机了解他们在网购时一般都有着怎样的具体需要，综合各个方面的意见来确定自己将要销售什么商品。

 小二开店经验分享——网上开店不可销售的商品，主要有以下几类

● 法律法规禁止或限制销售的商品，如武器弹药、管制刀具、文物、淫秽品、毒品。
● 假冒伪劣商品。
● 其他不适宜在网上销售的商品，如医疗器械、药品、股票、债券和抵押品、偷盗品、走私品或者以其他非法来源获得的商品。
● 用户不具有所有权或支配权的商品。

（2）通过对市场已有产品定位选择自己的商品

什么商品卖的人少就卖什么商品，第一个吃螃蟹的人往往能够赚钱。因此，选择商品还得看市场的动向。目前各大购物平台网站中都有大量的卖家，销售的商品种类也非常多。在选择自己的主营商品之前，不妨先到这些购物网站中去看看自己将要销售的商品，有没有其他卖家销售或者大概有多少卖家，对商品的品牌、价格等进行对比，看看自己将要销售的商品，和其他卖家相比在哪些方面有优势，优势有多大。

以淘宝网为例，目前淘宝网中有数万卖家，涉猎几千种商品分类，包括服装、化妆品、数码、虚拟等。意味着我们无论选择什么商品，都存在激烈的竞争。当然，也并不是建议大家选择购物网站上没有的商品销售，因为如果各大购物网站都没有销售某种商品的卖家，那很可能说明该商品在网上购物中没有市场。

通过了解购物网站中其他卖家的分布，在一定程度上可以分析出网上的市场需求。某类商品的卖家越多，一方面说明竞争激烈，另一方面也说明其市场需求很大。某类商品卖家中的皇冠卖家越多，就说明在网上购买这类商品的群体越大。

 小二开店经验分享——新手卖家在定位与规划自己的店铺时，需要不断学习

市场情况会持续变化，即使再有经验，能力再强的人，也无法面面俱到。因此，卖家需要不断学习，集百家之所长，方可在激烈竞争中胜出。

（3）分析自己的商品具有什么优势

了解选择商品的依据，分析购物网站的卖家分布，很有必要。但都只能在我们选择自己所销售的商品时作为参考。具体该选择什么商品，最终还要根据自己拥有的资源来决定。

开店之前，要分析自己现有货源下的商品具有什么优势。

● 品牌上的优势：要清楚自己所选择的商品在社会上是否具有较大的品牌影响力，因为商品的品牌在网上购物中的影响比现实中更为重要。由于无法看到商品实物，很多买家在选购商品时，对品牌的依赖非常大，毕竟一个影响力大的品牌，在一定程度上代表了其产品的优良品质。

● 价格上的优势：自己的商品在该类商品的卖家中有没有价格优势，价格优势有多大对于商品的选择非常重要。绝大多数买家选择网上购物，是因为网上销售的商品价格要明显低于实体店的价格。在选购商品时，也会在该商品的卖家中进行对比，如果商品其他方面都一致，只是价格存在差异的话，那么价格较低的卖家，无疑更容易把自己的商品卖出去。

● 售后质保上的优势：商品的售后服务也是非常重要的，尤其对于一些在售后质保上要求较高的数码产品，如手机、电脑等。购买这类商品的顾客，在选购的同时，也会将商品的售后服务考虑进来，如果卖家能提供更加周到的售后服务，让买家更放心，那么在竞争中自然更具有优势。

当然，一般情况下，商品的售后服务来自卖家进货渠道商所提供的服务，因此在选择货源时，要关注渠道商所能提供的商品售后服务。常见商品的售后服务包括服装类的退换、数码电器类产品的包退和包换以及质保时间等。

 小二开店经验分享——新手卖家在定位与规划店铺时，一定要根据自己的兴趣和能力而定

需要注意的是，新手卖家在定位与规划自己的店铺时，一定要根据自己的兴趣和能力而定。尽量避免涉及不熟悉和不擅长的领域。同时，要确定目标顾客，从他们的需求出发选择合适的商品。

1.3 网上开店有哪些销售模式

如果你正在考虑网上开店，应该了解网上开店有哪些具体的销售模式，根据个人的实际情况，选择一种适合自己的销售模式很重要。网上开店的销售模式主要有以下几种。

技巧10：产品分销模式

这是一种全新的销售模式，目前在淘宝新人圈内非常红火。很多新开店的用户都选择做实物代销来踏入网店经营行列。

分销商品是指通过上架供货商提供的商品进行出售，然后从销售利润中提取差价的一种经营模式。图1-5所示为分销流程图。

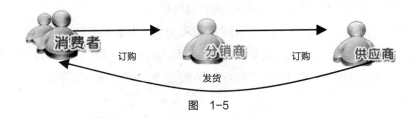

图 1-5

分销模式属于零投资零库存的销售方式,专门的供应商为分销卖家们提供了商品货源、商品发货以及商品的售后服务,分销卖家只要在自己的店铺中发布所代理商品的信息,当有买家下单后,分销卖家同步与供应商下单,供应商就会根据分销卖家提供的地址将商品发送给买家。而这个过程中产生的利润差价,就是分销卖家所能赚取的利润。

 小二开店经验分享——网店分销需要注意什么呢?

虽然分销模式的卖家无须投入任何成本,但分销销售仍然存在一定风险,因为在销售过程中,货物是不经过卖家的,卖家同样只能通过代理商提供的商品图片和描述来了解产品,而无法看到最终发给买家的商品实物,因此在代理销售中,卖家可能对自己销售的商品都不是很了解。

另外,一些不稳定的代理商可能让卖家网店无法经营下去,如卖家根据代理商提供的商品信息在网店中上架后,有买家对指定商品下单购买,但卖家联系代理商时却告知缺货,这对卖家来说是非常致命的,不但需要和买家解释协商,而且可能因此获得差评。需要知道的是,在网店中差评的出现,将意味着卖家将无法给买家提供一个基础的信任。

技巧 11:虚拟产品的销售

目前在淘宝网上,还有很多销售虚拟商品的商家,这类商品看不到具体实物,但却是现实生活中比较常用的。例如,充值卡、游戏币等。

虚拟商品包括充值卡、虚拟货币(如 Q 币、游戏点卡)等,这类商品有着不同于一般实物商品的特点,销售购买方便、无须发货、交易便捷,缺点就是利润比较低,不过,如果经营得好,也能赚大钱。

虚拟商品的货源一般都是从网上找,最直接的方法就是找一些购物平台网站中经营该类商品的店铺,与之合作。一般来说,许多较大的店铺都提供该类商品的货源服务。当然,也可以通过搜索引擎或者专业的货源网站寻找。

通常虚拟类商品进货有以下两种方式:一种是由自己先购买虚拟物品的卡号和密码,然后发布到自己网店中销售;另一种是与供货商建立合作代销关系,而仅仅在自己店铺中放置商品信息。当有顾客在自己店铺购买之后,我们再向供货商家购买,赚取其中的差价。具体采用哪种进货方式可以根据自己的销售方式来决定。

小二开店经验分享——虚拟类商品的销售方式主要有两种

　　该类商品的销售方式主要包括：一种是将卡号与密码交付给买家，由买家自行充值；另一种是当买家下单并提供充值信息后，直接按照买家提供的信息充值。如果采用前者，需要卖家先行进货，并采用自动发货的方式销售；如果采用后者，则可以使用代销方式。

　　各大购物网站中销售虚拟商品的卖家非常多，竞争激烈。由于虚拟物品一般不会涉及质量、售后等因素，竞争的关键是价格。虚拟物品本身利润空间非常小，有很多卖家甚至是以"赔钱赚人气"的心态来经营，因而对于准备经营虚拟物品的卖家来说，必须慎重考虑。当我们找到货源后，可以先在购物网站中看看其他同类商品的售价，与自己拿到的进价对比，看看自己的货源有多大优势。

　　即便如此，考虑经营该项业务还是有非常好的前景。首先，对于新开店的卖家而言，可以通过销售虚拟商品来积累人气与信用，并了解与熟悉网店的经营流程，一段时间后，再正式转向经营其他实物商品。因为淘宝网虽然将虚拟商品交易信用与实物商品交易信用分开计算，但都会同时体现在信用等级中。其次，虚拟类商品利润虽少，但薄利多销，销路宽了，还是能赚取一定的利润。

 小二开店经验分享——淘宝上面有很多便宜的虚拟平台，好不好？

　　代理充值软件最重要的是安全性高。目前很多网站和私人提供许多免费或者低价的代理充值，他们虽然功能齐全，但是使用人数不多，未经过用户验证，很多网上开店的新卖家也会选择自己的第一家店铺用来销售虚拟货物，因为它投资小、风险小、不用人工值守，相对开店更为方便。当然，相比实物销售，它的利润偏低，因此要做虚拟平台，需要考虑取胜的概率。对于新入行的朋友来说，最好谨慎使用。

技巧12：实物类产品的销售

　　实物类商品包罗万象，目前实物商品的范围很广，基本覆盖了人们生活的方方面面。

　　卖家们在进行实物类产品销售时，通过各类网站、市场或厂家等都可以找到适合自己货物的目标。图1-6所示为手机数码、家电销售以及护肤彩妆和母婴用品类销售商品。

　　在寻找货源时不要怕麻烦，一定要做到货比三家，相信只要找到物美价廉的货源，那么网上开店就成功一半了。一般实物类销售都是完全靠自己找货、定价、上货，这种方式需要一定的资金和库存，占用时间比较多，也比较辛苦，但是经营利润也是最大的。目前皇冠级别的大卖家都是采用这种销售模式。

图 1-6

技巧 13：服务类产品的销售

服务类产品比较特殊，它是一些商家专门针对淘宝卖家或买家进行服务所出售的宝贝。与淘宝普通市场不同，它没有自己独立店铺，主要依托淘宝网提供一些相关的服务，当然，进入的条件一般都是要求有实体经营的企业才行。

很多专门从事各种服务的团体也开始在淘宝网上提供相应服务。如为卖家提供商业摄影或装修服务、本地婚庆包办、教育咨询等。总的来说，提供这种服务的都是有一定团队背景或者相应专业技术的卖家，图 1-7 所示为部分服务类产品的销售。

图 1-7

另外，还有经营性质是专门为淘宝网所有开店掌柜提供服务的商家，内容包含商品摄影、运营托管、客服管理、装修、应用工具等，这类商家分属不同部门，大多数也没有独立的店铺，由淘宝网统一管理，图 1-8 所示为淘宝卖家服务界面。

图 1-8

本 章 小 结

本章主要给初学者详细介绍开店之初需要了解的一些基础知识与技能，首先介绍了网上开店的方式，其次介绍了网上开店前，需要根据自身情况进行自我评审，最后介绍了网上开店的一些常见销售模式。学习完本章内容后，读者能正确并理性认识网上开店。

蓄势待发，网上开店的准备技巧

本章导读

准备在网上开店之前，我们还需要进行相应的规划和准备，以便让自己在后续的开店过程中能够快速进入角色，成为一名合格的店铺掌柜。本章主要介绍网上开店前的相关准备工作，包括熟知网上开店流程、寻找网店的商品，以及网上开店的软、硬件准备等内容。

知识要点

通过本章内容的学习，让读者认识和掌握网上开店前的相关准备工作。学完后需要掌握的相关技能知识如下。

- 熟知网上开店流程
- 找准自己网店的定位
- 网上开店货源的准备
- 其他的相关准备

2.1 熟知网上开店的流程

虽然现在互联网上有多个网购平台，不过想要在这些网购平台上开设自己的网上店铺，所要进行的流程操作大多是类似的。主要包括做好店铺定位规划、店铺的装修、店铺进货与上架商品、营销推广以及售后服务等几大方面。

技巧 14：做好店铺定位规划

在网上开店，首先要有适宜通过网络销售的商品，这就是对自己网上店铺定位的前期规划；并非所有适宜网上销售的商品都适合个人开店销售。如可以利用地区价格差异来赚钱，因为许多商品在不同的地区，价格也会相差很多。

技巧 15：店铺的申请与装修

就当前来说，不管是知名度还是安全性，淘宝网都一枝独秀。因此，很多新开店的卖家都会选择淘宝作为首选阵地。

当我们确定开店平台以后，就需要了解该平台的开店规则并进行账号申请开通，其后应该通过学习或者找专业人士帮忙装修自己的店铺，将自己的店铺打造得更有特色（具体内容参考后面相关章节的讲解）。

技巧 16：进货与登录商品

最好是从熟悉的渠道和平台进货，控制成本和低价进货是关键。有了商品就可以准备登录到自己的网店，注意要把每件商品的名称、产地、所在地、性质、外观、数量、交易方式、交易时限等信息填写清楚，最好搭配商品的图片。商品名称也要尽量全面，突出其优点（具体内容参考后面相关章节的讲解）。

技巧 17：做好营销推广

为了提升自己店铺的人气，在开店初期适当地进行营销推广是非常必要的，而且要网上网下多种渠道一起推广。例如，通过购买"热门商品推荐"的广告位、与其他店铺和网站交换链接等方式，来扩大自己店铺被消费者关注到的可能性。当然，如果有条件的话，最好的推广方式还是使用如淘宝网提供的直通车、钻展位、天天特价、聚划算等手段（具体内容参考后面相关章节的讲解）。

技巧 18：交易与售后服务

顾客在购买商品时会通过多种方式和店主沟通交流，这时就应充分做好交流工作，具体交易方式则可根据双方交流约定办理。而售后服务则是体现自己店铺形象的无形资产，需要店主在建店初期即规划到位，力争为顾客提供最好的售后服务（具体内容参考后面相关章节的讲解）。

 小二开店经验分享——开店流程可以自由变化吗？

以上是大体的淘宝开店流程，但实际上大家可以根据自身情况进行调节，如开店和进货，可以先开店，也可以先进货，只要目标明确，方向正确就是开店最大的保障。

2.2 找准自己网店的定位

准确定位自己的网店，其实也就是确定要卖什么商品的问题。在考虑卖什么的时候，一定要根据自己的兴趣和能力而定。尽量避免涉足不熟悉、不擅长的领域。同时，要确定目标顾客，从他们的需求出发选择商品。

技巧 19：从自己的术业专攻着手

首先，要问问我们自己喜欢什么，究竟对哪些商品感兴趣，如果我们自己都不喜欢，是不能让买家喜欢我们的商品的。其次，也挖掘一下自己擅长什么，做自己擅长的，无疑就是一种竞争优势。这就是我们定位的第一步：专业才能专注。

如我们自己喜欢钻研淘宝，经常混迹于淘宝，那么就可以开一家面向淘宝卖家的综合性服务店铺，专门为开店有困难的卖家提供相关服务，如开店咨询、货源提供、装修服务等，开这种服务网店也是不错的选择。

技巧20：用百度查询网购人群的需求

首先确定主要面向哪类消费人群，然后把人群细分，寻找这类人群的物质需要：从衣、食、住、行、乐等方面开始挖掘。

通过百度搜索风云榜http：//top.baidu.com，进行网购人群需求查询，如图2-1所示。可以直观便捷地了解到当前网民对哪些行业、产品、服务有更高需求。

图 2-1

 开店经验谈——注重买家心理需求

为了让网店有更好的定位，不仅要满足这些消费人群的物质需求，还要多多关注他们的心理需求，比如对有实惠心理的买家而言，就要用"特价"来应付；更看重方便的买家，那我们的商品在使用和保养上一定要尽量简单。

技巧21：关注淘宝指数热销排行榜

如果读者对于卖什么宝贝没有具体的想法，那么还可以通过关注淘宝指数热销排行榜（http：//top.etao.com）来观察淘宝网内最近的热卖宝贝，通过淘宝网络中热搜的一些关键词得知哪些商品较受顾客喜爱，具体操作方法如下。

第1步 ❶ 打开淘宝网排行榜页面，在这里查看当前全国网民在淘宝中搜索最多、最热门的一些宝贝关键词情况，如图2-2所示。

第2步 ❷ 单击导航栏的产品种类，如"服饰"选项，切换到"服饰"页面查看相关信息，如图2-3所示。

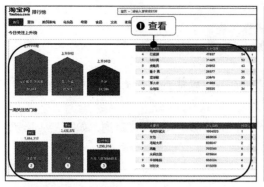

图 2-2

图 2-3

第3步 ❸ 单击切换到"搜索热门排行"页面，这里按照搜索热度进行排列，从这里可以看出当前连衣裙和中老年女装是搜索量最大的关键词，如图2-4所示。

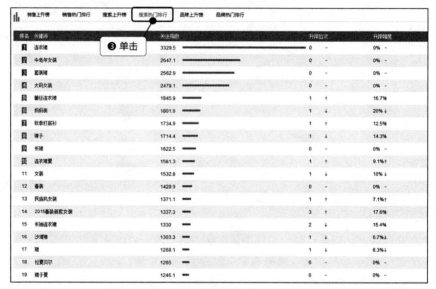

图 2-4

> **小二开店经验分享——互联网时代注重数据观察**
>
> 不管是百度搜索风云榜还是淘宝网排行榜，都可以很直观地显示某产品是否热搜，从而让我们更好地掌控全局。在互联网时代，学习和掌握数据观察是非常必要的手段。

2.3 寻找好货源的途径

开网店最重要的就是解决产品供货渠道的问题。在形形色色的各种批发商和商城之间，需要网店店主根据自己的经营状况来选择真正适合自己销售的货源渠道。

技巧 22：实体市场中寻货源

目前全国各地都布满了大大小小的各类批发市场，如浙江义乌的小商品批发市场、上海最大的露天花鸟市场、广州白马、成都荷花池、重庆朝天门批发市场等。

对于有一定经济基础的卖家，可以选择在批发市场进货。一般这类综合市场都云集了服装、化妆品、首饰、食品、餐饮用具、窗帘以及各种生活用品等，基本上覆盖了人们日常生活涉及领域的所有商品。图 2-5 所示为成都荷花池商品批发市场。

图 2-5

 小二开店经验分享——实体批发市场进货的注意事项

一般批发市场开市时间很早，因此对于量小的新买家而言，为了能够以适宜的价格购买到合适的产品，最好在凌晨 4 点左右就去市场探寻。因为这个时候批发商一般给出的价格都是批发价，而过了这个时间，商品的批发价格都会比较高甚至会达到零售价格。

而通过多次进货以后，每次拿货都会转变说法，如"这个多少""能换吧"等更简单明了地表达。要记住，这个时候不需要过于礼貌，你越是表现得高傲，批发商对你越是刮目相看。

除与商家洽谈外，在挑选货源的时候，大家还应该注意商品的质量。要知道淘宝价格是王道，但是价格便宜的基础上，不能忽视质量的作用，就算卖得再多，如果你的商品质量很差，那么就会产生很多退款和中差评，这样往往得不偿失，反而造成更严重的伤害。

技巧 23：联系厂家提供货源

在网上开店做得比较好的大卖家一般都是直接联系厂家提供货源的，厂家货源永远是一手货源，通常情况下也是市面上能拿到的最便宜的价格。拥有实体店铺或者其他分销渠道的朋友，可以直接联系相关厂家进行货源的寻找。

直接联系厂家提供货源适合有一定经济基础，或者拥有自己的实体店铺及其他分销渠道的大卖家，不适宜新手小卖家。因为厂家对进货数量有一定的要求，对拿货量小的卖家有限制。

技巧 24：阿里巴巴在线批发

随着电子商务的发展，网上进货必将成为一种主流的方式。对于一个新手卖家来说，网上进货可以是首选途径，因为门槛比较低，不需要你和厂家有关系，也不需要你跑批发市场；而对于老手卖家来说，也不失为一个很好的渠道，来丰富自己的店铺商品。

电子商务批发网站资源较多，首选的批发网站就是阿里巴巴（www.1688.com），里面有很多种类产品，也是全国厂商进驻最多的一个在线供需平台。如在阿里巴巴批发"女装连衣裙"，具体操作方法如下。

第1步 ❶ 输入阿里巴巴网址，按 Enter 键打开网站；❷ 在主页面上方输入搜索关键字"连衣裙"；❸ 单击"搜索"按钮（或按 Enter 键），如图 2-6 所示。

图 2-6

第2步 进入搜索结果页面，❹ 单击选择风格、材质、款式、流行元素等相关选项，筛选结果，如图 2-7 所示。

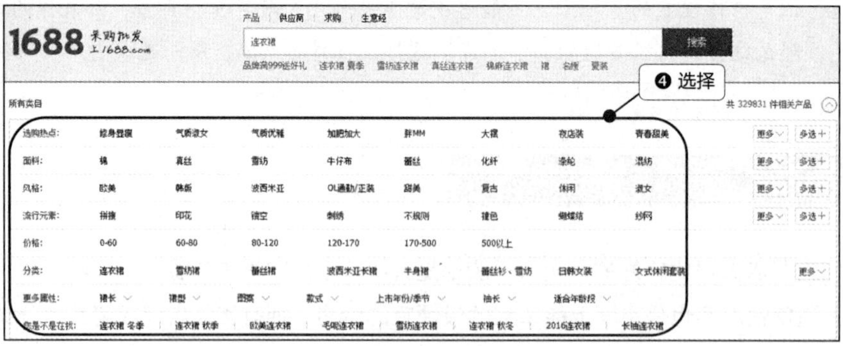

图 2-7

第3步 ❺ 在筛选到的结果列表中查看并单击需要的连衣裙商品链接或图标,如图2-8所示。

图 2-8

第4步 进入详情页面,列出了该款连衣裙的所有颜色、尺码,及不同批量对应的不同价格,❻ 设置各颜色对应不同尺码的批发量;❼ 单击"立即订购"按钮,如图2-9所示。

图 2-9

小二开店经验分享——设置收货人详细信息

首次使用阿里巴巴批发货源的卖家,在单击"立即订购"按钮之后,会进入收货地址确认页面,需要依次设置"所在地区""街道地址""联系电话"等收货详细信息,单击"确认收货信息"按钮即可完成收货人信息的设置。

第5步 ❽ 填写收货信息;❾ 单击"确认收货信息"按钮,如图2-10所示。
第6步 ❿ 确认订单信息无误后单击"提交订单"按钮,如图2-11所示。

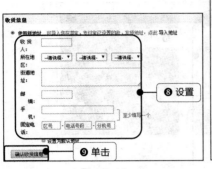

图 2-10

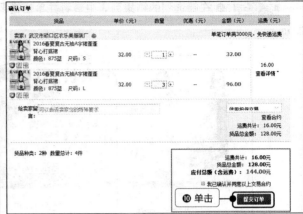

图 2-11

 小二开店经验分享——收货地址可直接导入淘宝、支付宝中的地址

在"收货信息"栏中的"使用新地址"右侧单击"导入地址"链接,在打开的对话框中可选择淘宝收货地址、淘宝发货地址以及支付宝地址至阿里巴巴中。

第7步 接下来继续按图2-12所示的流程选择付款方式并付款,之后等待收货即可。

图 2-12

 小二开店经验分享——商品在线批发技巧

作为新手,在网络上进行实体货源批发时,一定要根据自己平时在市场中进货的价格来定货,如你平时市场进货价格是50~100元,那么网络上你在这个基础上往下降价5元到10元拿货,如果低于这个价格,可能质量就不是你所期望的了。

技巧25:直接做网络代销

网店代销,又名网店代理。代销是指某些提供网上批发服务的网站或者能提供批发货源的销售商,与想做网店代销的人达成协议,为其提供商品图片等数据,而不是实物,并以代销价格提供给网店代销人销售。一般来说,网店代销人将批发网站所提供的商品图片等数据放在自己的网店上进行销售,销售出商品后通知批发网站为其代发货。销售商品只从批发网站发出到网店代销人的买家处,网店代销人在该过程中看不见所售商品。网店代销的售后服务也由批发网站负责。

1. 网店代销的特点

选择网络代销一般有两个原因:一是自身缺乏做生意的资金;二是尝试做生意,并不打算长期投资。网店代销的主要特点如下。

①不承担进货风险,零成本,零库存。网店代销人不用囤货,所售商品属于批发网站。

②看不见实物。一般只提供图片等数据资料,让网店代销人放在自己网店上销售。

③代发货。网店代销人销售出商品后,联系批发网站,由批发网站代其发货。

④一件起批。一般在批发网站进货,必须达到一定数量才可以享受批发价,而网店代销单件也是批发价。

⑤单笔交易支付,货到付款。一般情况下,网店代销不用提前付款给批发网站,而是销售出商品后,通知批发网站发货,使用支付宝等担保交易付款。

 小二开店经验分享——网店代销的流程

网店代销的流程:开通代销资格——下载商品数据包——网店代销下载数据库并上传到网店上架销售——网店代销人销售出商品并通过网站下单,发货给买家——买家收到货,交易完成。

2. 网店代销的优缺点

网络代销虽然有一定的优越性,但是也有一定的缺点。准备做网络代销的卖家要做好一定的心里准备。网络代销的优缺点如下。

(1)优点

代销者既不需要任何成本,也不用承担任何风险,就可利用业余时间,轻轻松松搞创收!代销者唯一需要做的就是将上家的产品加到自己的主页或网店中去。所有令代销者烦恼的问题就交给上家,代销者真正是"坐"享其成!

● 资金投入少甚至零

有些代销商需要先收取一定的预存金、加盟费、手续费等,无论什么形式的费用,就是要先收取你一部分钱,然后让你代销。有些是完全加入代销然后免费提供货源,但是不管怎么说代销这个显而易见的优势让很多初涉网店的朋友们选择了它。在一个现金为王的商业国度里,少投入一分钱就等于多赚一分钱。

● 零库存

不用进货还可以避免压货,谁都不想自己的家变成一个仓库吧?把积满灰尘的商品堆放在家里,对耐心和环境都是一种折磨。

● 低风险

押金、代理费等低或为零,加入风险低;不需要自己出本钱堆积商品,也不需要自己为商品的销路而烦恼,更不用因销量不好对着成堆的货物而叹气。不用自己包装和发货。即节省了路费,还避免了与邮局和快递交锋的过程,最大程度减少了自己的物流风险。

● 省时、省力

不用自己动手拍摄产品照片,这就省去了许多的人力和装备如数码相机等投资;产品图片直接拿来用,也不用投入时间和精力学习图片处理技术,这样就可以把时间集中到销售上了,类似代销网这样的网站还提供上传数据服务,免去自己上传商品的苦恼。

● 快速低成本地熟悉市场

做生意最忌讳往不熟悉的行当里砸钱,所谓"不熟不做"。网络代销可以在一个完全陌生的领域里以最小的成本换取更多的经验。

(2)缺点

商品不经过自己的手,品质难控制,由于对商品可能了解不够,与客户沟通较为复杂,如果遇到上家没在线又有客户想了解商品情况那样就最麻烦,自己不好直接下定论。还有售后等问题也是比较麻烦的。操作不好会得中评或差评。

所以做代销最好是寻找一些比较正规的有实力的上家,那样可以保证随时联系并且也能保证商品的质量等问题。

技巧 26:搜寻有地域或民族特色的货源

目前,网购一族偏向年轻化,更多人乐于追求独特的事物,如寻找具有特殊文化意义的物品,由于其民族特色足以使它在琳琅满目的商品中鹤立鸡群。网络店主之所以愿意用这类产品来充实自己的店铺,不仅是因为它们稀有、能吸引人的眼球,而且还拥有其他产品无法取代的优点。

民族特色的工艺品在商品的海洋中显得尤为突出,这也是网店货源一个不错的选择。图 2-13 所示的四川蜀绣,在网上销量一向都是很好的。许多人认为一些民族工艺品没有实际的用处,其实这些民族特色工艺品也有这样一些作用。

● 民族特色工艺品可以作为收藏品或赠品。

● 用于家居装饰。

● 作为随身的饰品。

图 2-13

> 小二开店经验分享——选择做民族工艺品的卖家需要注意的事项
>
> 此类商品的进货渠道有一定的限制,首先需要具备一定的当地民族文化底蕴,才可能有相对特色的民族商品;其次也需要卖家能够发掘和拓展出这些民族特色商品的独特性来。有这两点作基础,网上经营此类商品的利润是相当可观的。

2.4 开店前的其他相关准备

网店是一个虚拟商店，不需要支付昂贵的店面租金，不需要自己或雇佣营业员站柜台，可以说，只要具备网上开店最基本的条件，任何人都是可以在网上开店的。

技巧 27：准备好合适的硬件设备

不管是实体开店还是网上开店，硬件都是基础和根本，但是，网上开店的硬件不同于实体开店。要在网上开店需要的硬件包括电脑、数码相机、移动电话、扫描仪、传真机等，这些硬件不一定要全部配置，但是要尽量配齐，以方便经营。

1. 电脑

现在快节奏的生活、工作，都需要方便的移动办公设备。电脑是必配的，也是网络销售的基础硬件。网上开店最好能拥有一台方便携带、随时随地都能投入工作的笔记本电脑。用笔记本电脑可以更加快速、方便地与自己的客户和厂家进行沟通，还可以及时查看和回复买家的留言，此外，它还可以起到移动硬盘的作用。当然，如果没有条件，也可以配一台台式电脑，只要时间分配适当，同样可以达到事半功倍的效果。

2. 拍摄商品的器材

对于很多店铺而言，数码相机也是基本的装备。因为大部分的买家都是通过图片和文字叙述了解商品的。有了自己的数码相机，就可以自由地将产品多角度地反映在买家面前，使买家更加直观地感受和了解产品。如果没有货物的实物图片，商品就很难引起买家的注意和购买欲望，而且还会让买家怀疑该物品是否存在。

因此，好的数码相机和娴熟的拍摄技术就显得尤为重要。当然，在拍摄技术方面，可以多请教一下相关的专业人士，也可以通过网络搜索一些拍摄方面的技巧，而且下面的内容页也会讲到。帮助自己快速掌握拍摄技术，以免出现高质量的数码相机拍摄出低水准图片的尴尬。

3. 电话

电话这一联系方式是必不可少的，通过电话随时都可以让客户找到你。而且现在很多手机功能都可以取代电脑功能了。如手机卖家版的千牛软件，就可以帮助卖家随时收发买家的消息和订单，同时通过聊天还可以使买家和卖家的关系更加的融洽。

固定电话和手机都是最完整的配备，这样便于客户与店主联系，客户打电话来询问，那就说明客户有一定的购买意向！客户也希望老板能很好地解答自己的问题，所以提供一个方便联系客户的移动电话是很重要的。

技巧 28：准备好开店的必备软件

网店是通过联网的电脑进行管理和经营的，因此卖家需要具备一定的电脑使用技能，包括在线与买家交流、对自己网店商品的更新等。常用到的软件包括"图片编辑、即时聊天工具、数据处理工具、电子邮箱"等，下面一一介绍。

（1）图片编辑软件

用数码相机拍摄的商品图片是要上传到网店的，但为了让商品图片更吸引买家，在上传之前一般都要再处理一下，如添加文字说明、加个漂亮边框、多张图片组合等，这就需要图片处理软件来帮忙了，图 2-14 所示为美图网提供的在线图像制作软件。

图 2-14

 小二开店经验分享——其他图像制作软件

除了美图秀秀，还有光影魔术手、可牛图片处理、iSee 等。当然，最权威的软件还是 Photoshop，它能够实现所有能想到的任何图片后期处理效果，但由于其操作比较专业，所以建议普通用户还是选择便于上手、操作简单的图像处理软件。

（2）即时聊天工具

"淘宝千牛"是淘宝网官方指定的在线交易沟通工具，它的聊天记录可以作为交易纠纷的依据之一，所以在淘宝网上开店的卖家一定要下载安装此聊天工具。

千牛通过官方网站即可下载到，需要注意的是这里提供了手机版、电脑版（千牛）两种不同类型的聊天工具，如图 2-15 所示。

图 2-15

（3）数据处理软件

在网店开设过程中，无论店铺的日常管理，还是商品的文字描述，都需要用到各种办公编辑软件，其中最普遍的就是图 2-16 所示的文字处理软件 Word 和图 2-17 所示的数据管理软件 Excel。

图 2-16　　　　　　　　　　　　　图 2-17

（4）电子邮件

电子邮件是 Internet 应用最广泛的服务，它是一种通过网络与其他用户进行联系的简便、迅速、廉价的现代通信方式。它不但可以传送文本，还可以传递多媒体信息，如图像、声音等。在通常情况下，一个独立的网络中邮件在几秒钟之内就可以送达对方邮箱。同时，还可以得到大量免费的新闻、专题邮件，轻松地实现信息搜索。

技巧 29：做好网络畅通的准备

目前，电脑接入 Internet 的方式有多种，既可以有线接入，也可以无线接入；既可以通过电话线拨号连接，也可以通过社区宽带直接连接。下面，介绍几种常见的接入方式，用户可以根据自己的实际情况选择合适的上网方式。

（1）通过电话线 ADSL 拨号连接

ADSL 拨号上网是目前最常见的、使用最广泛的一种上网方式，特别适合家庭用户。电脑使用 ADSL 连接上网，必须先要安装一部电话。

ADSL 上网具有传输速度快、接入方便的优点。它与普通电话共存于一条电话线上，互不影响，在现有电话线上安装一台 ADSL 终端设备和一只电话分离器，通过网卡与电脑连接即可。

（2）小区宽带连接

目前，有许多网络运营商将上网宽带安装在社区中，用户可以通过社区的宽带与家中的电脑相连，即可让电脑上网。这种接入方法不需要安装电话，只需在用户的电脑中安装一块网卡，然后由运营商派技术人员上门安装，用一根网线将用户电脑与社区宽带的路由器相连即可。

目前，常见的社区网络运营商有长城宽带、电信宽带、艾普宽带等。它主要的特点是价格便宜、带宽也高，但是稳定性不好，上网高峰时段上网人太多的话就比较容易掉线。

（3）通过无线上网

所谓无线上网，就是不管何时何地，都可以通过无线接入的方式，实现上网操作。目前实现无线上网的方式主要有两种，WLAN无线和移动通信上网两种。

技巧30：准备好相关的开店证件

要在网上开店，需要准备相关的证件以备开店认证时使用，这里主要分为个人和企业。

淘宝开店个人卖家需要：卖家身份证正反面扫描件、卖家手持身份证照片、卖家半身像、银行卡一张、手机一部（需与开通银行卡注册的手机号一致）。

淘宝企业开店卖家需要：企业执照、企业注册号、企业对公账号、企业缴税证明，企业法人或者代理人身份证件、企业其他资质和品牌资质等。

技巧31：申请开通自己的网上银行

办理银行卡并开通网上银行也是开网店前必须做的工作之一，开通了网上银行后，日常收支查询管理就都可以在线操作，灵活方便，也提高了效率。要开通网店，首先必须拥有一张开通网上银行的银行卡。下面就以在工商银行网站开通网上银行业务为例讲述如何开通网上银行。

第1步　登录工商银行网站http://www.icbc.com.cn/，❶单击"个人网上银行"下面的"注册"按钮，如图2-18所示。

第2步　进入用户自助注册页面，❷输入卡号、密码及验证码；❸单击"提交"按钮，如图2-19所示。

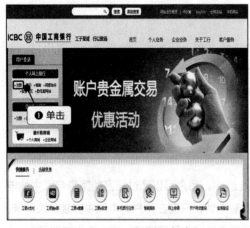

图 2-18

图 2-19

第3步　进入详细用户填写页面，认真如实填写个人信息，❹设置网银密码，输入验证码，如图2-20所示。

第4步　确认无误后，❺单击"提交"按钮，进入"用户自助注册确认"页面，❻单击"确定"注册成功，如图2-21所示。

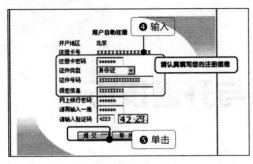

图　2-20

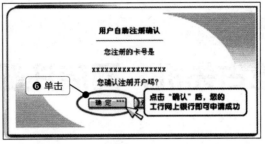

图　2-21

 小二开店经验分享——这里输入的查询密码和申请银行卡的交易密码的区别

　　查询密码是用户登录自己的网上银行时需要使用的密码；而交易密码是在进行现金交易时输入的密码。

本 章 小 结

　　本章详细介绍了开店前的相关准备。首先熟知网上开店流程，进而介绍了找准店铺的定位和精准定位自己要销售的商品，多种寻找货源的途径，最后详细介绍了开店前的其他相关准备工作。学习本章后，可以全面系统地了解如何网上开店，要做哪些准备工作，从而为后续的开店实际操作打好基础。

第3章

抢占先机，网店注册与开通技巧

本章导读

前期准备工作做好后，即可开通店铺。本章主要介绍如何注册与开通店铺。同时还讲解了如何设置店铺的基本信息。通过本章的学习，读者可以熟悉淘宝和支付宝的基本功能，以及掌握网银安全知识。

知识要点

通过本章内容的学习，读者能够学习到淘宝账号的申请、网上店铺的开通与设置等。学完后需要掌握的相关技能知识如下。

- 注册淘宝开店平台
- 设置店铺信息
- 开通淘宝店铺
- 掌握网银相关安全问题

3.1 抢先注册淘宝开店平台

要想在淘宝网上开店，当然需要先注册成为淘宝会员，然后再以注册会员身份登录才能申请开店。本节内容主要介绍淘宝店铺注册的技巧。

技巧 32：注册淘宝账号

要在淘宝网上开店，需要先注册成为淘宝会员，然后再以注册会员身份登录才能申请开店。注册申请淘宝账号，具体操作方法如下。

第 1 步 在地址栏中输入网址 http://www.taobao.com/，打开淘宝网首页，❶ 单击"免费注册"按钮，如图 3-1 所示。

第 2 步 进入"淘宝网账户注册"界面，可以使用手机号码注册，也可以使用邮箱注册，❷ 这里单击"使用邮箱注册"链接，如图 3-2 所示。

图 3-1

图 3-2

第 3 步 ❸ 输入电子邮箱地址及验证码；❹ 单击"下一步"按钮，如图 3-3 所示。

第 4 步 ❺ 输入手机号码；❻ 单击"免费获取校验码"按钮，如图 3-4 所示。

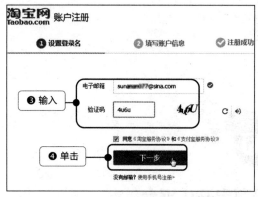

图 3-3

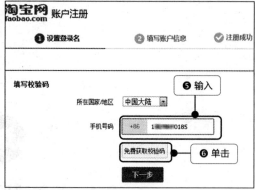

图 3-4

第5步 淘宝网即刻以短信方式发送一个6位数的校验码到所输入的手机号码上，❼ 输入短信中的校验码；❽ 单击"下一步"按钮，如图3-5所示。

第6步 提示验证邮件已发送到邮箱，❾ 单击"立即查收邮件"按钮，如图3-6所示。

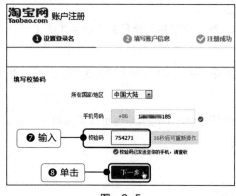

图 3-5

图 3-6

> **开店经验谈——什么是校检码**
>
> 校检码是淘宝网推出的一串防止恶意注册的数字，它通过手机进行认证，从而有效避免有人恶意注册淘宝账号，造成资源浪费。所以，这里输入的手机号码必须真实有效，否则无法接收淘宝网发送的校检短信，也就无法继续注册步骤。

第7步 进入邮箱登录页面，❿ 输入邮箱地址及登录密码；⓫ 单击"登录"按钮，如图3-7所示。

第8步 进入邮箱首页，⓬ 单击"网站通知"链接，如图3-8所示。

第9步 ⓭ 单击"淘宝网新用户确认通知信"链接打开邮件，如图3-9所示。

第10步 ⓮ 单击"完成注册"按钮，如图3-10所示。

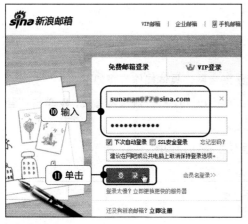

图 3-7

图 3-8

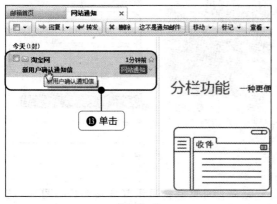

图 3-9

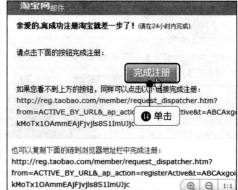

图 3-10

第 11 步 进入"填写账户信息"界面，⑮输入登录密码及会员名；⑯单击"确定"按钮，如图 3-11 所示。

第 12 步 即可注册成功，如图 3-12 所示。

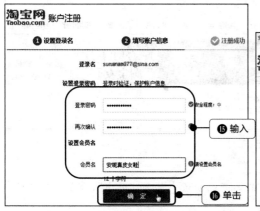

图 3-11

图 3-12

技巧33：登录淘宝账号

注册成为淘宝网会员后，即可使用该账号登录淘宝网，具体操作步骤如下。

第1步 在地址栏中输入网址 http://www.taobao.com/，打开淘宝网首页，❶单击"登录"链接，如图3-13所示。

第2步 ❷输入用户名和密码；❸单击"登录"按钮，如图3-14所示。

图 3-13

图 3-14

第3步 经过上述操作即可登录该淘宝账户，同时也会显示其会员名，如图3-15所示。

图 3-15

> **小二开店经验分享——退出淘宝账号**
>
> 单击淘宝网左上角的会员名下拉按钮，在打开的面板中单击"退出"命令，即可退出当前账户。

技巧 34：开通支付宝账号

支付宝是淘宝网安全网络交易的核心保障，支付宝作为诚信中立的第三方机构，可以充分保障货、款安全及买卖双方的利益，交易过程中无后顾之忧。在开通淘宝账号时，默认情况下都带有支付宝，如果用户需要单独注册支付宝账户，具体操作方法如下。

第1步　打开"注册 – 支付宝"主页，❶ 单击"使用邮箱注册"链接，如图 3-16 所示。

第2步　❷ 输入电子邮箱地址和验证码；❸ 单击"下一步"按钮，如图 3-17 所示。

图 3-16

图 3-17

第3步　❹ 输入手机号码；❺ 单击"点此免费获取"按钮，如图 3-18 所示。

第4步　❻ 输入手机短信中的校验码；❼ 单击"下一步"按钮，如图 3-19 所示。

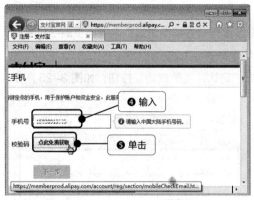

图 3-18

图 3-19

第5步　网站自动将验证邮件发送至邮箱，❽ 单击"立即查收邮件"按钮，如图 3-20 所示。

第6步　打开注册时所填写的邮箱，❾ 单击"收信"按钮；❿ 单击收信列表中"支付宝"标题链接，如图 3-21 所示。

图 3-20

图 3-21

第7步 打开邮件，⓫单击"继续注册"按钮，如图 3-22 所示。

第8步 ⓬进入"注册 – 支付宝"页面，输入登录密码、支付宝密码与身份信息；⓭单击"确定"按钮，如图 3-23 所示。

图 3-22　　　　　　　　　　　　图 3-23

第9步 ⓮在"设置支付方式"页面中，输入银行卡号和申请银行卡时留下的手机号码；⓯单击"同意协议并确定"按钮，如图 3-24 所示。

第10步 ⓰输入短信中的校验码；⓱单击"确认，注册成功"按钮，如图 3-25 所示。

图 3-24

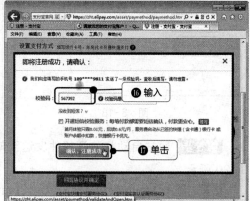

图 3-25

第 11 步 经过以上操作，即可成功注册支付宝账户，如图 3-26 所示。

图 3-26

技巧 35：激活支付宝账号

申请了淘宝账号后，会自动获得一个支付宝账号，只有激活这个账号，才能够在淘宝网上进行支付和收款。激活支付宝账号，具体操作方法如下。

第 1 步 登录淘宝网以后，❶ 单击"我的淘宝"链接，如图 3-27 所示。

第 2 步 进入"我的淘宝"页面，❷ 在页面中单击"实名认证！"链接，如图 3-28 所示。

图 3-27

图 3-28

第 3 步 进入"支付宝注册"页面，❸ 填写身份信息；❹ 单击"确定"按钮，如图 3-29 所示。

第 4 步 ❺ 设置支付方式；❻ 单击"同意协议并确定"按钮，如图 3-30 所示。

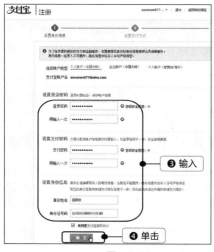

图 3-29

图 3-30

> **小二开店经验分享——身份证信息必须有效**
>
> 需要注意的是,这里输入的身份证信息一定要真实有效,因为在之后的操作中会向淘宝网提交身份证扫描图像以进行确认,如果证件不符合,就无法完成认证操作。

第5步 ❼输入手机收到的短信中的校验码;❽单击"确认,注册成功"按钮,如图3-31所示。

第6步 此时,即可成功开通支付宝服务,如图3-32所示。

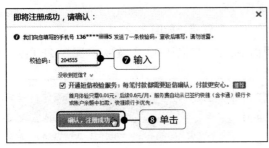
图 3-31

图 3-32

3.2 正式开通自己的淘宝店铺

成功申请淘宝账号并激活支付宝账号后,还需要再次进行实名信息认证,待认证通过后,才能顺利开通淘宝店铺。

技巧36:支付宝实名认证

在进行支付宝实名认证的同时会核实会员的身份信息及银行账户信息,通过支付宝实名认证后,相当于拥有了一张互联网身份证,就可以在淘宝网等众多电子商务网站开店、出售商品。实名认证支付宝,具体操作方法如下。

第1步 登录支付宝,❶在首页单击"账户设置"选项卡;❷单击该界面左侧的"基本信息"选项;❸单击"实名认证"栏中的"升级"链接,如图3-33所示。

第2步 进入"实名认证"页面,❹单击"个人信息所在面"右侧的"点击上传"按钮,如图3-34所示。

第3步 ❺在打开的对话框中选择身份证正面图片;❻单击"打开"按钮,如图3-35所示。

第4步 开始上传,❼上传成功后,在弹出的对话框中单击"继续上传另一面"按钮,如图3-36所示。

抢占先机，网店注册与开通技巧 第3章

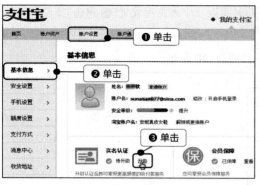

图 3-33

图 3-34

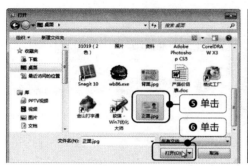

图 3-35

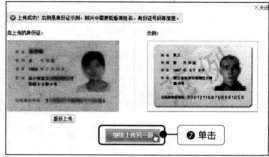

图 3-36

第5步 ❽ 在打开的对话框中选择身份证背面图片；❾ 单击"打开"按钮，如图 3-37 所示。

第6步 身份证背面上传成功后，❿ 单击"确定"按钮，如图 3-38 所示。

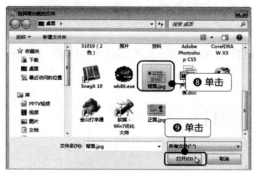

图 3-37

图 3-38

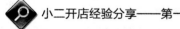
小二开店经验分享——第一代身份证，可以进行验证吗？

　　支付宝是支持第一代和临时身份证认证的，但为了验证支付宝，后面必须通过银行卡来进行操作，但现在大部分银行已经不支持除第二代身份证以外的证件进行银行卡申请，因此如果没有银行卡的用户就不能使用第一代身份证进行认证。

page | 39

第7步 返回认证界面，⑪填写身份证到期时间以及个人常用地址；⑫单击"提交"按钮，如图3-39所示。

第8步 证件进行人工审核，需要等待，如图3-40所示。

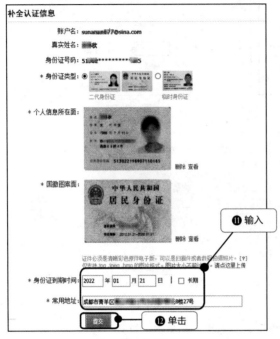

图 3-39

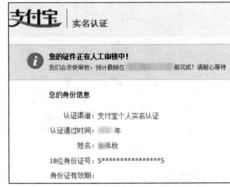

图 3-40

第9步 48小时之内，会收到支付宝发来的手机短信，提示证件审核通过，在支付宝查看详情。此时，在基本信息选项下，⑬单击"实名认证"栏中的"查看"链接，如图3-41所示。

第10步 即可查看到实名认证已通过，如图3-42所示。如果超过48小时没有收到短信提示，那么需要重新扫描身份证图片上传。

图 3-41

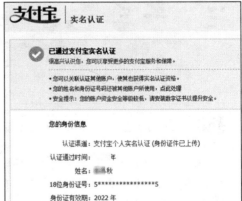

图 3-42

小二开店经验分享——支付宝认证系统有什么优势

由于众多知名银行共同参与，支付宝认证系统更具有权威性；同时，还除身份证信息核实外，还增加了银行账户信息核实，极大提高了其真实性。支付宝认证为第三方认证，而不是交易网站本身认证，因而更可靠和客观。

技巧 37：淘宝开店认证

除了支付宝认证外，还需要进行淘宝开店认证，只有通过此认证才能继续网上开店操作，具体操作方法如下。

第 1 步　登录淘宝网，进入"卖家中心"。❶ 单击"马上开店"按钮，如图 3-43 所示。

第 2 步　进入"免费开店"界面，❷ 单击"淘宝开店认证"右侧的"立即认证"链接，如图 3-44 所示。

图 3-43

图 3-44

第 3 步　进入"淘宝开店认证"界面，❸ 填写与支付宝认证一致的真实姓名和身份证号码；❹ 单击"手持身份证照片"中的"上传并预览"按钮，如图 3-45 所示。

第 4 步　❺ 在打开的对话框中选择拍好的手持身份证上半身照片；❻ 单击"打开"按钮，如图 3-46 所示。

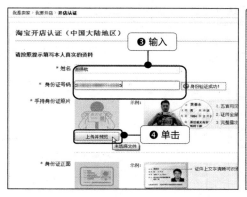
图 3-45

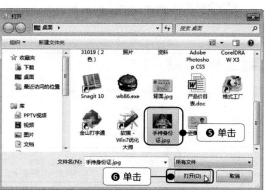
图 3-46

第5步 ❼ 在弹出的对话框中拖动浮框至身份证处,预览证件信息是否清晰可见;❽ 单击"确认"按钮,如图3-47所示。

第6步 ❾ 继续上传身份证正面,如图3-48所示。

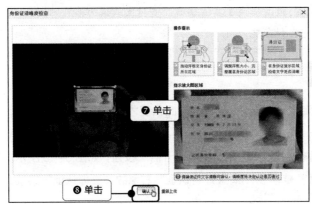

图 3-47

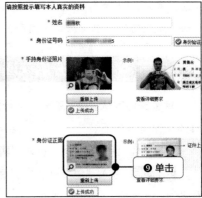

图 3-48

第7步 ❿ 填写联系地址、联系手机及验证码;⓫ 单击"提交"按钮,如图3-49所示。

第8步 弹出提示对话框,⓬ 单击"确定"按钮,确认在认证过程中不修改本人真实资料,如图3-50所示。

图 3-49

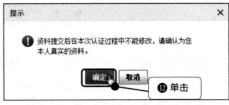

图 3-50

第9步 等待人工审核,审核时间约为 1~3 个工作日,如图3-51所示。

第10步 审核完成后,即可查看到淘宝开店认证已通过,如图3-52所示。

图 3-51

图 3-52

小二开店经验分享——用户个人信息认证的作用

用户个人信息认证可以更安全地验证用户的身份证信息是否属实,是否为原证件本人使用,可防止他人冒用自己的身份信息进行店铺认证。

技巧38:完善店铺信息顺利开店

通过了相关认证后,即可创建店铺,填写店铺基本信息,即可成功开店,具体操作方法如下。

第1步 进入"淘宝网卖家中心"界面,❶单击"免费开店"选项下的"马上开店"按钮,如图3-53所示。

第2步 ❷单击"创建店铺"按钮,如图3-54所示。

图 3-53

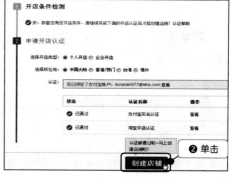
图 3-54

第3步 弹出"签署开店协议"对话框认真阅读后,❸单击"同意"按钮,如图3-55所示。

第4步 此时,即可成功创建店铺,❹单击"完善店铺基础信息"按钮,如图3-56所示。

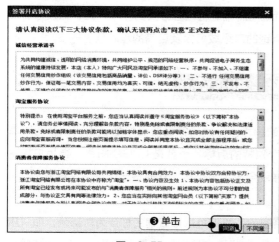
图 3-55

图 3-56

第5步 进入"店铺基本设置"界面,❺输入店铺名称、店铺简介;❻选择经营类型,如图3-57所示。

第6步 ❼继续输入联系地址、店铺介绍;❽设置主要货源、是否有实体店、是否有工厂或仓库等信息;❾单击"保存"按钮,如图3-58所示。

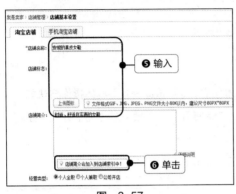

图 3-57

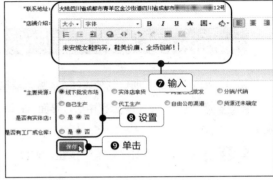

图 3-58

第7步 此时,"保存"按钮右侧出现"操作成功"字样,表示成功开通店铺并设置好相关基本信息。

> 小二开店经验分享——选择商品类目
>
> 淘宝规定卖家的商品必须与所选的类别一致,否则上传的商品会被自动下架,严重者甚至会被扣分。所以大家一定要谨慎选择与自己销售商品一致的类目属性。

3.2 网上开店基本设置

成功开通网店后第一步要做的工作,就是对店铺进行一些必要的基本设置,如设置店铺名及LOGO,设置店铺的类目和免费开通店铺的二级域名以及店铺的基本信息等。

技巧 39:为店铺设置响亮的店名及LOGO

店铺名有时会直接影响到店铺中商品的销售,好的店铺名能更好地吸引买家。同时淘宝网准许每一位卖家为自己的店铺设计一个独特的商标,也就是LOGO图片,当用户提供LOGO图标后,在点评首页的掌柜信息区域就会显示出店标,从而塑造店铺品牌形象。

1. 设置店铺名称

对于网店来说,一个好的店铺名称是需要的,我们可以把店铺名称分为两部分,即"店铺名+商品类别",如图3-59和图3-60所示。这样取名的好处是便于买家记住我们的店铺,而商品特色则可以让买家明确了解我们店铺中销售哪些商品。

另外，店铺名称最好能直接反映出店铺销售商品的类型，因为在建立友情链接或是其他推广方式时，都需要用到店铺名称，因而卖家对店铺名称应当认真分析，合理命名。

图 3-59　　　　　　　　　　　　　图 3-60

 小二开店经验分享——店铺名修改后一般为 24 小时生效

店铺名修改后会有滞缓期，一般为 24 小时生效，如超过时间仍然未显示，建议在店铺基本设置中查看是否修改成功，并清空浏览器历史记录和 Cookies，关闭浏览器后重新登录即可。

2. 添加店铺 LOGO

LOGO 即是店铺的标志图片，一个精致且有特色的店标能在顾客脑海中树立起店铺的形象，提高店铺知名度，所以在网络店铺的个性化过程中，要为店铺添加 LOGO 图标，具体操作方法如下。

第 1 步　❶ 在"淘宝网卖家中心"界面左侧单击"店铺基本设置"链接，如图 3-61 所示。

第 2 步　❷ 在"店铺标志"栏中单击"上传图标"按钮，如图 3-62 所示。

图 3-61　　　　　　　　　　　　　图 3-62

第 3 步　❸ 在打开的对话框中单击选择设置好的标志图片；❹ 单击"打开"按钮，如图 3-63 所示。

第 4 步　❺ 成功上传店铺标志，单击"保存"按钮，如图 3-64 所示。

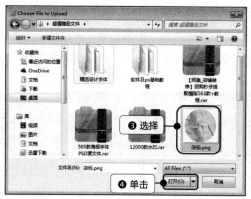

图 3-63

图 3-64

第 5 步 稍等片刻,即可在"我是卖家"首页查看店铺标志。

> 小二开店经验分享——店标大小的规定
>
> 店标可分为静态店标与动态店标,格式为 GIF、JPG、JPEG、PNG 均可,大小 80KB 以内,80 像素 ×80 像素。我们可以先通过图像软件设计制作店标,然后将其保存为 JPG 格式,再上传到店铺中。

技巧 40:免费开通店铺二级域名

当卖家开通店铺后,淘宝网会提供一个"shop+ 数字 .taobao.com"的店铺地址,通常这些数字比较复杂,如"shop23927.taobao.com",我们新手卖家在设置店铺信息时,可以为店铺申请一个独特的二级域名,也就是店铺地址,样式通常为 http://xxxx.taobao.com,这样更便于买家访问以及网店的宣传推广,具体操作方法如下。

第 1 步 ❶ 在"淘宝网卖家中心"界面左侧单击"店铺管理"栏中的"域名设置"链接,如图 3-65 所示。

第 2 步 进入"域名设置"页面,❷ 单击"更改域名"链接,如图 3-66 所示。

图 3-65　　　　　　图 3-66

第3步　❸输入个性域名；❹单击"查询"按钮,查询是否有卖家已经使用了这个域名；❺如该域名可用,单击"申请绑定"按钮,如图3-67所示。

第4步　❻在弹出的对话框中单击"确定"按钮,确定更改域名,如图3-68所示。

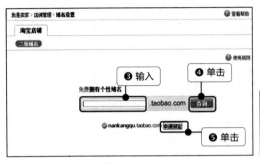

图 3-67

图 3-68

第5步　❼在规则界面中勾选"同意以上规则"复选框；❽单击"绑定"按钮,如图3-69所示。

第6步　此时,即可成功绑定域名,如图3-70所示。

图 3-69

图 3-70

 小二开店经验分享——申请域名的注意事项

　　域名不能低于4个字符,不能超过32个字符。只能含有"字母""数字""-",并且"-"不能出现在最前面或最后面；已经被使用的域名是不会申请成功的；同时,涉及相关非商品性名称、著名城市地区名、专有词汇、著名网站等,不能申请成功；相关驰名商标,以及受商标法约束的部分普通商标,不能申请成功。

技巧41：设置店铺介绍

　　店铺介绍可以对店铺整体情况进行说明,也是宣传店铺的一种方式。它主要用于展示介绍店铺的经营特色、认证资质、购物须知等重要信息。为顾客留下深刻印象,让顾客全面了解店铺。店铺介绍可以时时修改,操作方法为进入"卖家中心"—"店铺管理"—"店铺基本设置"页面修改店铺介绍即可,如图3-71所示。

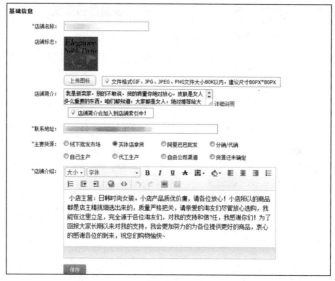

图 3-71

3.4 支付宝的运用与安全

随着淘宝店铺的开张,经常需要利用网上银行来处理个人资产,如查询、转账、支付或交易,并且在交易过程中需要尽量保障资金安全,避免不必要的损失。

技巧 42:银行卡绑定手机保护

如今在办理银行卡时都会与手机号进行绑定,然后很多与银行卡有关的交易活动,就会通过手机号码进行验证。因此当手机号更换时,需要及时更换银行卡绑定的手机号。以建设银行为例,修改银行卡绑定的手机号最直接有效的方法就是去对应银行营业厅柜台进行办理,如图 3-72 和图 3-73 所示。在办理时需要出示银行卡和身份证。

图 3-72

图 3-73

同时还可以借助网上银行来修改手机号，具体操作方法是：登录对应银行的网上银行→单击"客户服务"→"个人资料修改"→"修改手机号"，在该页面就可以修改手机号。通常情况下我们需要将凭证或 U 盾之类的 USB 接口设备插入电脑中，在安装了安全控件后才可以正常登录网上银行。

技巧 43：为支付宝安装数字证书

只要是开通了支付宝账户的用户，都尽量申请并安装上支付宝数字证书，以确保账户安全，具体操作方法如下。

第 1 步 登录支付宝页面，❶ 在"安全中心"页面下单击"数字证书"右侧的"申请"链接，如图 3-74 所示。

第 2 步 在打开页面中，❷ 单击下方的"申请数字证书"按钮，如图 3-75 所示。

图 3-74　　　　　　　　　　　图 3-75

第 3 步 自动进入"申请数字证书"页面，❸ 输入身份证；❹ 设置使用地点并输入验证码；❺ 单击"提交"按钮，如图 3-76 所示。

第 4 步 ❻ 输入手机接收到的校检码，❼ 单击"确定"按钮，如图 3-77 所示。

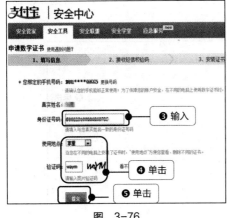

图 3-76　　　　　　　　　　　图 3-77

第5步 安装过程非常快，稍等 1~2 秒左右即可完成，如图 3-78 所示。

第6步 稍等片刻，提示数字证书已经安装成功，如图 3-79 所示。

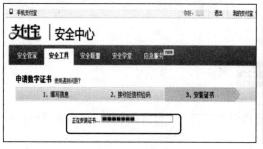

图 3-78

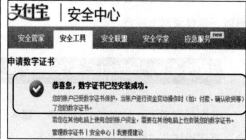

图 3-79

> **小二开店经验分享——数字证书安装后的注意项**
>
> 一旦申请并使用数字证书，那么在其他电脑上登录支付宝账户是无法进行支付与转账操作的，因此用户应该选择自己使用时间最多的电脑来安装证书。
>
> 如果需要重装电脑系统或想在其他电脑上对账户资金进行操作，只需在安全中心重新安装或取消数字证书即可。

技巧 44：开通手机动态口令

当我们为淘宝账户绑定手机后，也就同时为支付宝账户绑定了手机，这时就可以申请手机动态口令来保障支付宝账户的安全。

申请手机动态口令后，当对支付宝账户的资金进行操作时，绑定的手机就会收到相应的动态口令，而只有输入正确的动态口令后，用户才能对账户资金进行操作，从而增强支付宝账户资金的安全性。开通手机动态口令功能的具体操作方法如下。

第1步 在支付宝安全中心页面，❶单击"手机动态口令"列表右侧的"开通"按钮，如图 3-80 所示。

图 3-80

第2步　❷单击"立即点此开通"按钮,如图3-81所示。

第3步　在打开的许可协议页面中阅读相关许可协议后,❸单击页面下方的"我已阅读并接受协议"按钮,如图3-82所示。

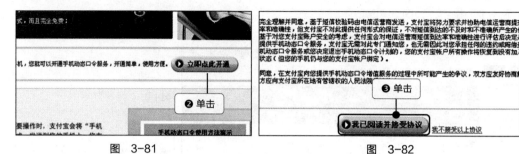

图 3-81　　　　　　　　　图 3-82

第4步　打开"设置额度"页面,❹在页面中分别设定单笔支付额度、每日支付累计额度,并确认绑定的手机号码,❺输入支付宝支付密码;❻单击"下一步"按钮,如图3-83所示。即可成功开通"手机动态口令"。

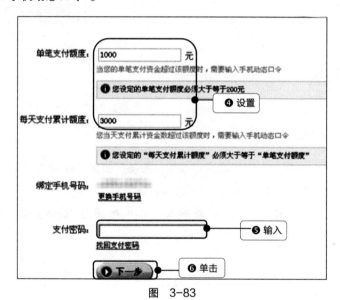

图 3-83

 小二开店经验分享——设置手机动态口令的注意事项

设置手机动态口令后,以后如果交易额度超过了设定额度,那么在交易付款时,就需要通过验证手机收到的动态口令来继续操作。

技巧45：向支付宝中充值

充值就是把银行卡上的钱转到支付宝账户上的过程,成功后可以进行付款。给支付宝账户充值具体操作步骤如下。

第1步 进入"支付宝"首页，❶在"账户余额"栏中单击"充值"按钮，如图3-84所示。

第2步 进入"支付宝充值"界面，❷默认显示支付宝绑定的中国工商银行账号，单击"下一步"按钮，如图3-85所示。

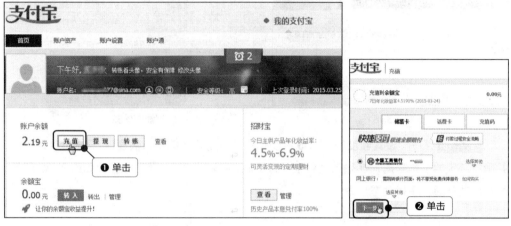

图 3-84　　　　　　　　　　　　　　　图 3-85

> 小二开店经验分享——支付方式的其他选择
>
> 　　在"支付宝充值"页面中，单击默认银行账号右侧的"选择其他"链接，可以在打开的页面中选择银行，然后输入账号即可。

第3步 进入"中国工商银行客户订单支付服务"页面，❸输入充值金额以及支付宝支付密码；❹单击"确认充值"按钮，如图3-86所示。

第4步 弹出"信息校验"提示框，❺输入校验码；❻单击"确认充值"按钮，如图3-87所示。

图 3-86　　　　　　　　　　　　　　　图 3-87

第5步 此时，即可将填写的金额成功充值到支付宝中，如图3-88所示。

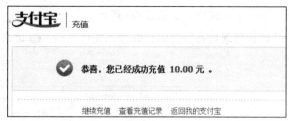

图 3-88

技巧46：将支付宝资金转移到银行卡上

我们知道，买家在淘宝网购物时，货款最终将支付到卖家支付宝中，而支付宝中的资金只能用于淘宝网或支付宝交易。如果要取现的话,还要先将支付宝中的资金转移到银行卡中，这个过程就是"提现"。从支付宝中提取现款，具体操作方法如下。

第1步 ❶ 登录到个人支付宝首页，单击"提现"按钮，如图3-89所示。

第2步 ❷ 切换到"提现"页面，单击"添加银行卡"链接，如图3-90所示。

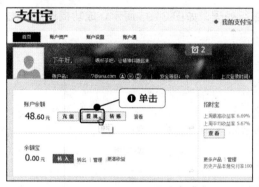

图 3-89

图 3-90

第3步 ❸ 在打开的界面中选择银行；❹ 输入银行卡号；❺ 单击"保存账户"按钮，如图3-91所示。

第4步 弹出"支付宝钱包提现"对话框，❻ 单击"关闭"按钮，如图3-92所示。

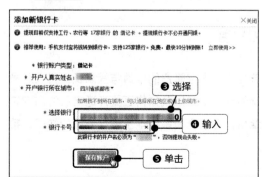

图 3-91

图 3-92

第5步　即可进入"提取余额到银行卡"页面，❼输入提现金额；❽选择提现方式以及到帐时间；❾单击"下一步"按钮，如图 3-93 所示。

第6步　切换到"确认提现信息"页面，❿输入支付密码；⓫单击"确认提现"按钮，如图 3-94 所示。

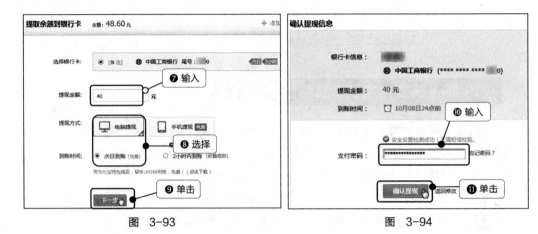

图 3-93　　　　　　　　　　　　图 3-94

第7步　即可成功提交提现申请，等待银行处理，如图 3-95 所示。成功提现后，支付宝绑定的手机号码会收到短信提示。

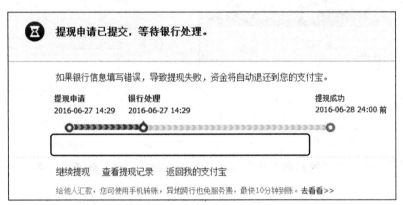

图 3-95

本 章 小 结

本章详细介绍了如何在淘宝网注册开店。首先了解淘宝账户的申请与登录及支付宝账号的激活和实名认证支付宝，接着介绍了设置店铺的基本信息以及如何正式开通自己的淘宝店铺，最后讲解支付宝使用的安全问题。学习本章后，可以全面系统地了解这方面的知识，帮助大家完成开店操作。

第4章

脱颖而出，淘宝店铺装修技巧

本章导读

设置好店铺基本信息后，我们接下来要做的就是对店铺进行"装修"，让店铺更具吸引力，以增加给买家的良好印象。在淘宝店铺中，只要装修得当，即可为店铺带来不错的买家流量，进而转化为收益。本章将详细介绍淘宝店铺"装修"的相关知识。

知识要点

通过本章内容的学习，读者能够学习到如何对店铺进行装修，学完后需要掌握的相关技能知识如下。
- 淘宝首页装修技巧
- 淘宝店其他装修设计
- 淘宝店高级装修设计
- 在线生成网店 Banner 图片

4.1 淘宝首页装修技巧

对于淘宝店铺来讲，一个好的店铺设计至关重要，而首页又是页面中的重中之重。一个好的首页，能清晰地展示推广宝贝，还能为客户带来美的享受，从而增加客户的信任感，树立起店铺的品牌形象，为店铺推广打下坚实的基础。

技巧 47：设计出好店招的技巧

店招设计是网店装修的一部分，它在旺铺视觉营销中占据了相当重要的位置。作为店主，最好把店招当广告牌来用，那么显眼的一个位置，一定要将最核心的信息展示出来，让顾客一看就懂，一目了然。

新手店家在设计店招时，首先要知道店招的内容是什么，确定好内容之后，再想一想它的功能是什么？然后再动手开始设计。设计店招必须具备以下几个要素。

- 品牌 LOGO 和店铺名：一定要出现在醒目的位置。
- 品牌 Slogan（广告语）：展现你店铺的特点、风格、形象。
- 视觉点：可以是促销信息、优惠信息等。
- 关注或收藏店铺的入口。

优质店招的展示，如图 4-1 所示。

图 4-1

小二开店经验分享——在店招设计过程中的注意事项

店招整体尺寸为1920像素×120像素，但是核心的内容如店铺LOGO、店铺名称、联系方式务必放在画面中央，即950像素以内。（如果首页导航栏的30像素也包括在内，那么店招的高应该设置为150像素。）其次在制作店招过程中还需特别注意以下几点。

· 店招一定要突显品牌的特性，让客户很容易就清楚你是卖什么的，包括风格、品牌文化等。

· 视觉重点不宜过多，有1~2个就够了，太多了会给店招造成压力，要根据店铺现阶段的情况来分析，如果现阶段是做大促，可以着重突出促销信息。

· 整体风格要与店内产品统一。

· 颜色不要复杂，颜色一定要保持整洁性。

· 如果店招里有季节的要素，需要根据季节及时更换。比如女装店要注意随着季节变化及时调整，不要放置过季服装在店招上。

技巧48：设置店铺的色彩风格

淘宝网为卖家的网上店铺内置了多种界面风格，以方便卖家在不同节日促销时、转换经营方向时更换使用，具体操作方法如下。

第1步 在"卖家中心"的店铺管理栏目下，❶ 单击"店铺装修"链接，如图4-2所示。

第2步 ❷ 打开装修页面，在顶部单击"装修"下拉按钮；❸ 单击"样式管理"链接，如图4-3所示。

图 4-2

图 4-3

第3步 打开模板颜色更换页面，❹在这里选择一种风格样式；❺单击"保存"按钮，如图4-4所示。

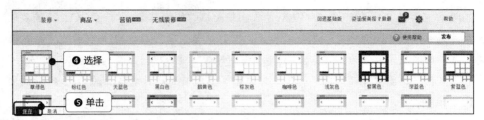

图 4-4

> 小二开店经验分享——如何选择与自己销售商品风格相匹配的模板颜色呢？
>
> 卖家在设置模板时，最好根据自己所销售宝贝的分类、属性来进行选择，如出售儿童用产品，可以选择活泼的绿色；出售女士用品，可以选择粉红等艳丽的颜色。

技巧49：将店铺分类当作广告位使用

将店铺分类当作广告位使用，不但能使店铺分类更加直观，而且很大程度上还增加了店铺的整体美观性，吸引了顾客停留，有利于提升店铺转化率。

通过模块可以向顾客展现店铺销售的商品分类，通过合理的排序，可以让顾客便捷快速地寻找需要的商品。还可以把你的广告词和重要的公告做成宣传图片，把这个图片添加到分类里，这样，买家不只是在店铺首页看到你重要的广告和公告，在商品页面也能看到。图4-5所示即是将分类做成了广告。

图 4-5

小二开店经验分享——分类广告怎么做呢?

将广告写成文字,这种方式的优点是操作非常方便,缺点是不够吸引人。

添加图片广告,放在分类栏中,能添加动态的广告图像更佳。

技巧 50:增加店铺导航分类

除了默认显示的页面分类外,卖家还可以根据需要来增加店铺分类导航,从而让买家以更直接、方便的方式进行购买,具体操作方法如下。

第1步 进入"店铺装修"页面,❶ 在"店铺招牌"模块中单击"添加模块"按钮,如图 4-6 所示。

图 4-6

第2步 弹出"导航"对话框,❷ 在"导航设置"选项卡中的右下角单击"添加"按钮,如图 4-7 所示。

第3步 弹出"添加导航内容"对话框,❸ 单击"自定义链接"选项卡;❹ 单击"添加链接"按钮,如图 4-8 所示。

图 4-7

图 4-8

第4步 ❺输入链接名称，粘贴先前在相应页面中复制的地址；❻单击"保存"按钮，如图4-9所示。

第5步 此时，即可默认添加该链接，❼单击"确定"按钮，如图4-10所示。

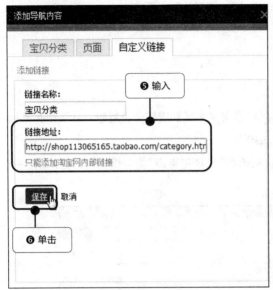

图 4-9

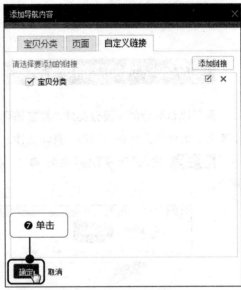

图 4-10

第6步 返回"导航"对话框中，单击"确定"按钮，回到装修页面，❽单击右上角"发布"按钮，如图4-11所示。

第7步 ❾在弹出的"发布"对话框中单击"确定"按钮，确认发布，如图4-12所示。

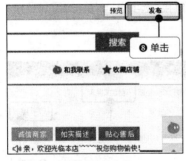

图 4-11

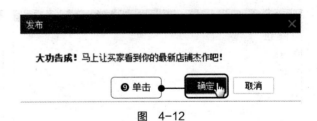

图 4-12

小二开店经验分享——店铺导航分类不宜设置过多

店铺宝贝导航分类的设置，可以按宝贝类别、按款式，或是按季节设置分类，也可以增加个性化分类，例如"热销宝贝""手机专享""会员专享"等。切忌店铺导航分类不宜设置很多，因为首页左侧模块还可以利用。

技巧 51：调整导航页面的排列顺序

淘宝店铺装饰需要定时、定期更改，调整导航页面排列顺序，达到店铺装饰的不断升华。如将"图片轮播"与"宝贝推荐"模块调换位置，具体操作方法如下。

第 1 步 进入装修页面，在"图片轮播"模块右上角单击"下移"图标，如图 4-13 所示。

第 2 步 此时，即可快速将"图片轮播"模块与下方的"宝贝推荐"模块调换位置，如图 4-14 所示。

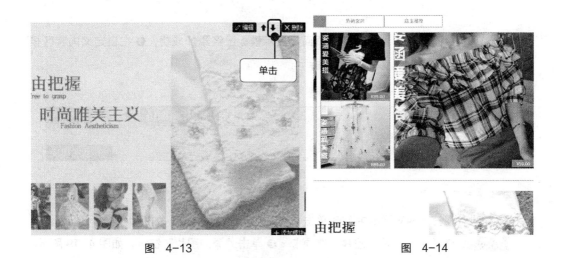

图 4-13　　　　　　　　　　　　　图 4-14

小二开店经验分享——删除不需要的模块

在调整首页模块过程中，对于不需要的模块可以直接在其右上角单击" ❌删除 "按钮，将其删除。

技巧 52：设置首页左侧的显示模块

卖家可以在店铺左侧的自定义内容区上添加自己所需模块，例如在店铺首页左侧添加店铺收藏功能，具体操作的技巧如下。

第 1 步 进入店铺装修页面中，❶ 在任一板块中单击"添加模块"链接，如图 4-15 所示。

第 2 步 打开"添加模块"对话框，❷ 在"自定义内容区"模块右侧单击"添加"按钮，如图 4-16 所示。

图 4-15

图 4-16

第3步 页面自动回到店铺装修页面，提示模板已经添加成功，❸ 在自定义内容区模板上方单击"编辑"链接，如图4-17所示。

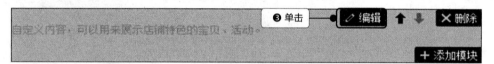

图 4-17

第4步 在打开的对话框中，❹ 单击"插入空间图片"按钮，如图4-18所示。

第5步 ❺ 单击"上传新图片"选项卡；❻ 单击"添加图片"链接，如图4-19所示。

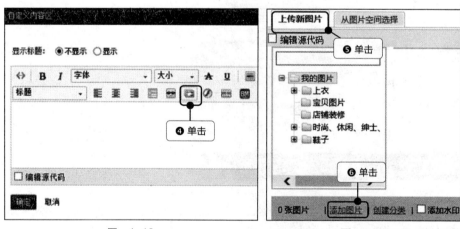

图 4-18　　　　　　　　　　图 4-19

第6步 ❼ 选择要上传的图片，❽ 单击"打开"按钮即可，如图4-20所示。

第7步 开始上传，稍等片刻，❾ 单击"插入"按钮，如图4-21所示。

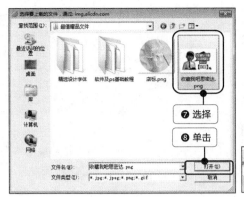

图 4-20

图 4-21

第8步 插入后就会看见我们所选择的图片，❿ 单击"确定"按钮，如图 4-22 所示。

第9步 回到自定义对话框，就会看见我们添加的收藏店铺图片，如图 4-23 效果所示。

图 4-22 　　　　　　　　　　图 4-23

> **小二开店经验分享——添加店铺收藏图片时的注意事项**
>
> 首先要寻找或者制作适合做店铺收藏的图片，图片要注意几点：一是图片风格要和装修风格一致；二是图片需要新颖活泼；三是图片不宜过大，建议尺寸 200 像素 ×150 像素以内。
>
>
>
> 图 4-24

技巧 53：设置首页商品显示模块

淘宝店铺首页商品显示模块，是展示热卖产品或者推荐产品的最佳位置，具有吸引消费者眼球的作用。卖家首先要学会在首页展示推荐的宝贝，设置首页商品显示模块，具体操作方法如下。

第1步 在装修页面中，❶ 在任意一块模板上单击"添加模块"按钮；❷ 选择模块尺寸（如 750）；❸ 拖动模块选区中的宝贝推荐模块，如图 4-25 所示。

第2步 在宝贝推荐模块中，❹ 单击右上角的"编辑"按钮，如图 4-26 所示。

图 4-25

图 4-26

第3步 进入宝贝推荐页面，❺ 依次设置"宝贝推荐的方式""类目""价格""数量展示方式"等操作，❻ 单击"保存"按钮，如图 4-27 所示。

第4步 设置宝贝推荐效果，如图 4-28 所示。

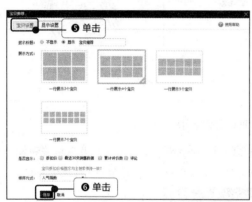

图 4-27

图 4-28

技巧 54：设置商品列表页

如果店铺有几十个或者上百个宝贝都使用系统推荐、系统分类的话，宝贝展示区就没有办法体现产品特点，设置商品列表页能够准确地展示宝贝，提高用户购买效率，提升转化率。在旺铺中的自定义宝贝列表模板，可以手动添加多个列表页。每一个列表页都可以手动绑定一个或多个一级分类，具体操作方法如下。

第1步 在装修页面中，❶ 在"首页"右侧单击下拉按钮"∨"，如图 4-29 所示。

第2步 进入"我的全部页面"，❷ 单击选择"宝贝列表页"下的"默认宝贝分类页"选项，如图 4-30 所示。

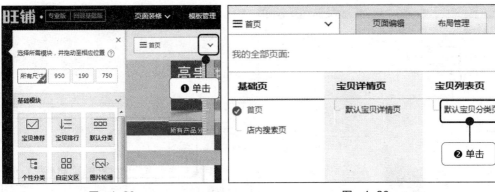

图 4-29　　　　　　　　　　　图 4-30

 小二开店经验分享——店铺旺铺的宝贝列表页的种类

旺铺的宝贝列表页有三种类型,其中主要包括"店内宝贝搜索页""默认宝贝分类页"还有"自定义宝贝列表页"。

● 自定义列表页可以根据自己的需要任意装修。

● 店内宝贝搜索页(即默认搜索页)就是买家在店内搜索关键词所出现的页面,这个页面是不可以装修的。

● 默认宝贝分类页中有一个自定义区域,这个自定义区是所有列表页公用的,所以装修时可以在这个模块放置店铺的公共信息。

第3步　跳转到"页面装修"中,❸单击"所有宝贝"模块右上角的"编辑"按钮,如图4-31所示。

图 4-31

第4步　弹出宝贝列表设置对话框,❹单击"分类导航"中的"打开"单选项;❺单击"显示方式"中的"图表"单选项,如图4-32所示。

第5步　❻继续设置排序方式"人气指数"、每页展示宝贝数"16"以及依次购选是否显示单选项,所有的设置完成后;❼单击"保存"按钮即可,如图4-33所示。

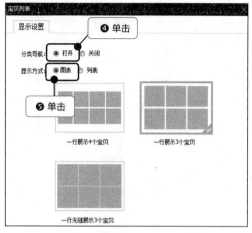

图 4-32

图 4-33

> 小二开店经验分享——淘宝店铺首页装修的特殊技巧
>
> （1）从装修市场直接购买装修模板进行装修，比较简易。但由于装修模板是根据模板设计师自我感觉进行制作，面向所有用户，因此很难贴合自己店铺理想中的风格与效果，可能令店铺风格与品牌形象不突出，效果差强人意。
>
> （2）通过淘宝设计师为店铺专门定制首页，装修过程相对会比较复杂。但整个首页都会完全贴合店铺，使店铺风格突出，树立良好的品牌形象。而且宝贝摆放与页面布局更为自由，更能使店铺风格与推广内容相辅相成。

4.2 淘宝店其他装修设计

在如今这个视觉营销的时代，如何把店铺设计得更漂亮，除了淘宝首页的装修，还需要对各页面进行装修设计。

技巧 55：淘宝分类页面装修

当店铺发布的宝贝数目众多时，合理设计分类就显得尤为重要，那样能使店铺的商品更清晰，方便卖家和买家快速浏览与查找自己想要的宝贝。淘宝宝贝分类页面的装修，具体的操作方法如下。

第1步 进入店铺装修页面，❶在任一板块中单击添加一个"宝贝分类（个性化）"模块，如图 4-34 所示。

第2步 添加宝贝分类列表成功，❷单击"编辑"按钮，如图 4-35 所示。

图 4-34

图 4-35

第3步 ❸ 进行分类的自定义设置，包含删减分类、移动分类顺序等；❹ 单击"保存"按钮即可，如图 4-36 所示。

第4步 回到装修页面，即可查看到分类板块效果，如图 4-37 所示。

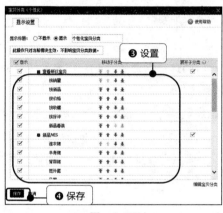
图 4-36

图 4-37

技巧 56：淘宝详情页面装修

同行卖家都会有相同或类似的商品，如何让消费者选择你而非别家？想要提升购买转化率以及培养用户的黏性，让消费者下定决心在你的店铺购买，收藏并且下次再来？

这一系列的触动都需要你的宝贝详情页面去传达和渲染，这也是吸引和抓紧消费者到达购买欲望的落实点。这里就来分析一下买家最关注的宝贝详情页和宝贝详情页描述遵循的原则以及宝贝详情页该如何装修。

1. 分析买家最关注的宝贝详情页

这里以服装为例，买家最关注详情页面中的哪些内容，所占比例如图 4-38 所示。

● 买家评价详情：与其显示销量多少，还不如多些给力好评，因为消费者更愿意相信消费者，在买家使用的评价中提高对此商品的进一步认同感。

● 商品细节：商品细节又叫近距离展示商品亮点，展示清晰的细节（近距离拍摄），如

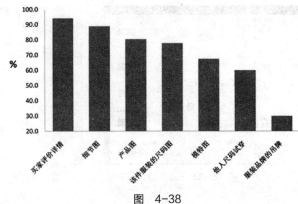

图 4-38

服装类商品就要呈现面料、内衬、颜色、扣/拉链、走线和特色装饰等细节,特别是领子、袖子、腰身和下摆等部位,如有色差需要说明,可搭配简洁的文字说明。

● 产品图:我们卖家在展示商品全貌时,主要包含产品正面、背面清晰图,根据衣服本身的特点选择挂拍或平铺,运用可视化的图标描述厚薄、透气性、修身性、衣长、材质等产品相关信息。

● 尺码/他人试穿尺码:帮助用户自助选择合适的尺码,该商品特有的尺码描述(非全店通用),模特信息突出身材参数。

● 模特图片:模特展示上身效果,激发购买冲动,模特符合品牌的定位,清晰的大图(全身),呈现正面、背面和侧面的上身效果(每张图片都增加不同信息来表现服装)若有多个颜色,以主推颜色为主,其他颜色辅以少量展示,排版宽度一致(可以采用拼贴),减少无意义留白。

 小二开店经验分享——宝贝详情页的表述注意事项

· 表述要具有真实感:商品真实感是再现商品本身,在展示商品时,多个面的展示(正面、侧面、背面等)。

· 详情表述要具有逻辑性:卖家在制作宝贝详情页面时,要根据买家需求进行部局和针对商品卖点成列,达到层层铺设,以促成买家购买。

· 要具有亲切感:卖家要根据消费者的特性,进行文案及图像的风格设定,让买家倍感亲切。

· 要具有对话感:网店在营销过程中,商品介绍是靠文字图片的描述完成的,作为网上虚拟的掌柜,在宝贝详情描述中要具有对话感。

· 要具有氛围感:宝贝详情的营销氛围和实体店一样重要,要形成多人购买的气氛,以达到让买家因从众心理而产生购买冲动。

2. 装修宝贝详情页面

了解宝贝详情页面相关信息后,即可开始装修,具体操作方法如下。

第1步 在店铺装修页面中，❶单击"宝贝详情页"按钮，如图4-39所示。

第2步 在页面上方添加一个"自定义模块"，❷单击"编辑"按钮，如图4-40所示。

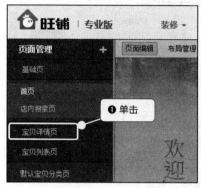

图 4-39

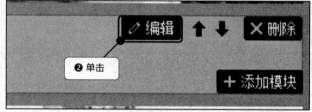

图 4-40

第3步 在打开的编辑页面中，❸单击"插入图片"按钮，如图4-41所示。

第4步 在打开的"图片设置"对话框中，❹输入图片的地址，其他设置保存默认；❺单击"确定"按钮，如图4-42所示。

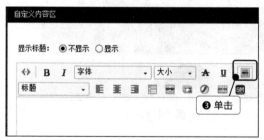

图 4-41　　　　　　　　　　　　图 4-42

小二开店经验分享——宝贝详情页图片的要求

宝贝详情页中的图片宽度必须是750像素，通常包括宝贝的图片介绍、相关通知、物流发货收货说明等。

第5步 稍等片刻，图片将自动插入编辑框中，❻确认无误后直接单击"确定"按钮保存，如图4-43所示。

第6步 回到宝贝详情页面，在页面下方再次添加一个"自定义内容区"模块，❼单击"添加"按钮，如图4-44所示。

图 4-43

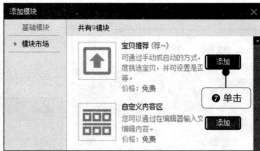

图 4-44

第7步 在当前添加的模块右侧，❽单击"编辑"按钮，如图4-45所示。

第8步 再用同样的方法插入产品的其他介绍图片，这里插入了面料洗涤介绍图，如图4-46所示。

图 4-45　　　　　　　　　　　图 4-46

第9步 最后，同样的方法插入商品购物须知图，如图4-47所示。

图 4-47

技巧 57：淘宝导航页面装修

淘宝店铺的导航页面包含多种元素，如页头、店招、宝贝分类、宝贝展示等，用户可以自由进行分配优化，让自己的店铺更具吸引力，具体操作方法如下。

第1步 进入"店铺装修"页面，❶ 单击"装修"下拉按钮；❷ 单击"页面管理"选项，如图 4-48 所示。

第2步 在打开的页面中，❸ 单击"布局管理"按钮，如图 4-49 所示。

图 4-48　　　　　　　　　　图 4-49

第3步 根据需要，添加相应的模块，所有添加的模块都会在首页页面中显示，效果如图 4-50 所示。

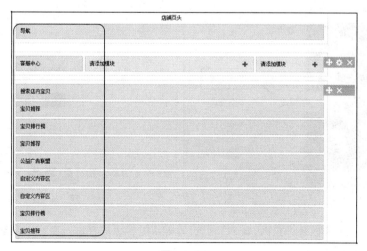

图 4-50

> 小二开店经验分享——设置页面布局的注意项
>
> 我们在设置页面布局模板时，根据自己所需要的模板进行添加，所有添加的模块都会在首页页面中进行显示。并且这里的页面顺序是对应的，掌柜可以自由更改排列顺序，并进行同步更新。

4.3 淘宝高级装修技巧

除了店铺的基本装修设计外，淘宝网还提供了更多的店铺装修增值功能，不但能够美化店铺，还能对店铺起到一定的推广作用。这里主要介绍常用的一些高级装修功能。

技巧58：在装修市场中购买装修模板

在淘宝装修市场中，有许多专业制作模板的商家，如果觉得自己的制作水平不好，可以直接购买他们的模板来进行替代。在装修市场中购买装修模板，具体操作方法如下。

第1步 打开装饰页面，❶单击"装修"下拉按钮；❷单击"模板管理"链接，如图4-51所示。

第2步 进入模板管理页面，❸单击"装修市场"，如图4-52所示。

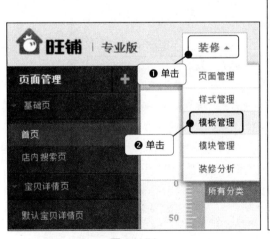

图 4-51

图 4-52

第3步 进入模板装饰页面，❹对自己打算购买的模板属性进行自定义设置；❺单击"确定"按钮，如图4-53所示。

第4步 显示很多模板，如图4-54所示，打开适合自己店铺的装修模板，❻单击想要查看的模板图片即可进行详细查看。

图 4-53　　　　　　　　　　　　　　图 4-54

第5步 如果打算查看自己店铺应用的效果，❼单击"马上试用"按钮，如图4-55所示。

第6步 在打开的"提醒"对话框中，❽选择应用店铺；❾单击"确定试用"按钮，如图4-56所示。

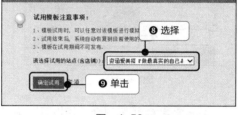

图 4-55　　　　　　　　　　　　　　图 4-56

第7步 查看该模板效果，如果确认符合自己店铺的风格，❿则直接选择使用周期；⓫单击"立即购买"按钮，如图4-57所示。

第8步 完成付款操作后，即可得到该模板效果，如图4-58所示。如果对模板效果不满意则可以继续选择其他的模板。

图 4-57　　　　　　　　　　　　　　图 4-58

技巧59：让专人为自己设计店铺

淘宝官方模板每月30元的价格在部分新手卖家看来，还是有点偏贵，毕竟新开店，能省则省。此时，我们可以让专人为自己设计店铺，一次性购买可终身使用，非常划算。例如，在"青牛电商"网站中购买定制模板，装修店铺，具体操作方法如下。

第1步 打开青牛电商网站，❶单击"我们服务"选项卡；❷单击"淘宝装修模板"链接，如图4-59所示。

第2步 ❸进入模板中心，在左侧选择所要装修店铺的行业、风格分类，右侧会显示当前筛选结果；❹选择合适的模板，如图4-60所示。

图 4-59

图 4-60

第3步 ❺预览到合适模板后，将鼠标指针移动到模板图片位置，将出现模板放大效果图，确定后单击"马上试用"按钮，如图4-61所示。

第4步 ❻打开购买页面，这里再次单击"马上试用"按钮，如图4-62所示。

图 4-61

图 4-62

第5步 打开模板预览页面，❼ 详细查看当前模板的预览效果，如图4-63所示。
第6步 返回模板购买页面，❽ 单击"立即购买"按钮，如图4-64所示。

图 4-63　　　　　　　　　　　　　图 4-64

第7步 ❾ 由于是第一次使用青牛电商提供的模板，因此这里需要单独注册，输入注册资料；❿ 单击"下一步"按钮，如图4-65所示。

第8步 ⓫ 选择购买版本，90元全集版模板无限使用，30元普通版模板终身使用，这里尝试先选择"普通版淘宝模板"，如图4-66所示。

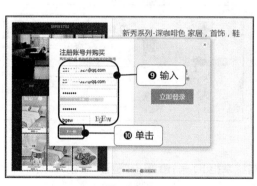
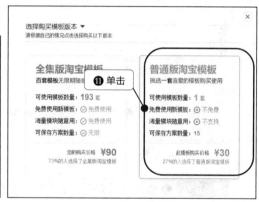

图 4-65　　　　　　　　　　　　　图 4-66

第9步 ⓬ 确认订单信息，输入验证码；⓭ 单击"确认购买"按钮，如图4-67所示。
第10步 ⓮ 再次确认订单信息，单击"去支付宝付款"按钮，如图4-68所示。

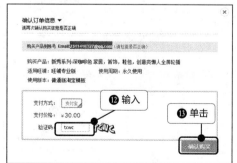

图 4-67　　　　　　　　　　　　　图 4-68

第 11 步 打开支付宝，按照提示进行支付，支付成功后会出现提示框，⑮ 单击"关闭窗口"按钮，如图 4-69 所示。

第 12 步 ⑯ 单击"我已付款成功"按钮，如图 4-70 所示。

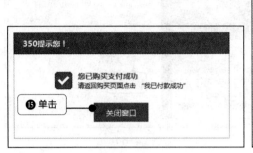

图 4-69

图 4-70

第 13 步 ⑰ 提示付款成功，单击"立即使用"按钮，如图 4-71 所示。

第 14 步 ⑱ 进入用户管理后台，输入之前注册的账户用户名；⑲ 单击"确认提交"按钮，如图 4-72 所示。

图 4-71

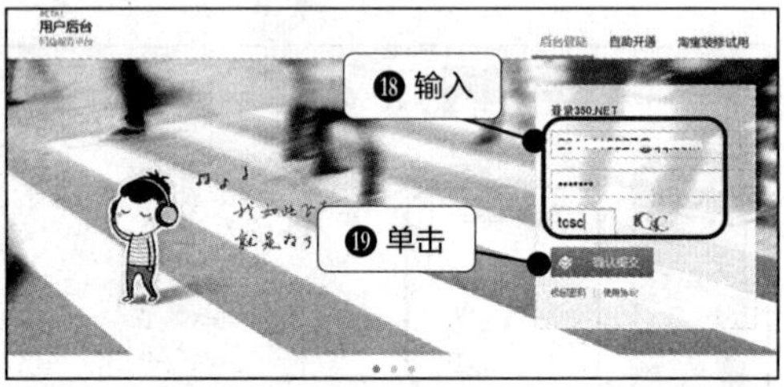

图 4-72

第 15 步 ⑳ 输入自己要进行装修的淘宝店铺掌柜 ID 号；㉑ 单击"验证"按钮，如图 4-73 所示。

第 16 步 ㉒ 单击"查看店铺"按钮，打开你的店铺进行确认，以免授权错误，如图 4-74 所示。

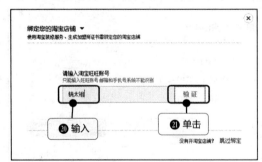

图 4-73

图 4-74

第 17 步 ㉓ 确认店铺无误后,单击"确认绑定"按钮,如图 4-75 所示。
第 18 步 ㉔ 提示成功绑定店铺,这里直接单击"关闭窗口"按钮,如图 4-76 所示。

图 4-75

图 4-76

第 19 步 ㉕ 绑定成功后,在页面左上侧单击"装修我的店铺"按钮,如图 4-77 所示。
第 20 步 ㉖ 在打开页面单击"应用模板"按钮,如图 4-78 所示。

图 4-77

图 4-78

第 21 步 应用模板成功,在这里可以对当前模板进行编辑,将鼠标指针移动到要编辑的区域,㉗ 在右上侧出现的命令中单击"编辑",如图 4-79 所示。
第 22 步 ㉘ 打开设置页面,在这里可以对当前模块进行设置,包含店招图片、高度、热点区域等;㉙ 设置完成后单击下方的"保存"按钮即可,如图 4-80 所示。

图 4-79

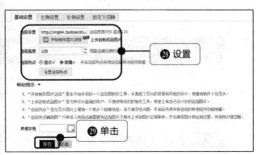

图 4-80

第23步 ⑩ 用同样的方法，可以设置替换其他模块，如将鼠标指针移动到店招文字处，单击即可进行店名修改；㉛ 修改完成后单击"编辑"按钮，如图4-81所示。

第24步 设置模板完成后，㉜ 单击"继续安装"按钮，出现如图4-82所示页面。

图 4-81　　　　　　　　　图 4-82

第25步 安装模板完成，同步到淘宝店铺，㉝ 单击"查看效果"按钮，如图4-83所示。

第26步 进入淘宝店铺，可以看到当前店铺已经完成装修，得到如图4-84所示效果。

图 4-83　　　　　　　　　图 4-84

技巧60：自己动手制作广告效果

在宝贝列表页上方的广告最好是当前分类中的商品广告，这样更具吸引力，具体制作方法如下。

第1步 在店铺装修页面中，❶ 单击"宝贝列表页"选项，如图4-85所示。

第2步 ❷ 在打开页面的最下方单击"添加模块"按钮，如图4-86所示。

图 4-85

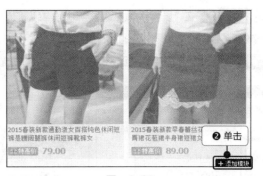
图 4-86

第3步 ❸在"图片轮播"右侧单击"添加"按钮，新增一个轮播模块，如图4-87所示。

第4步 添加轮播模板成功，将鼠标指针移动到右侧，❹单击"编辑"按钮，如图4-88所示。

图 4-87

图 4-88

第5步 ❺在打开的页面中输入图片地址；❻输入店铺中该宝贝的商品页面链接地址；❼单击"添加"链接，按钮如图4-89所示。

第6步 用同样的方法，继续添加几张用作广告的宝贝图片，如图4-90所示。

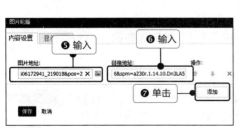
图 4-89

图 4-90

 小二开店经验分享——图片大小的要求

注意这里导入的图片宽度必须为750像素，否则显示时会不正常，而图片高度则可以根据情况自由安排，没有影响。

第7步 ❽在"显示设置"选项卡中设置当前模块的高度以及图片切换效果；❾确认后，单击"保存"按钮，如图4-91所示。

第8步 设置成功后，回到装修页面，即可查看当前的广告效果，如图4-92所示。

图 4-91

图 4-92

 小二开店经验分享——图片轮播的内容设置中图片地址和链接地址有什么区别？

  这里输入的图片地址是自己制作的广告图片地址，要在首页中显示图片，需要先将其上传到图片空间，然后复制在这里进行粘贴；链接地址是指买家单击广告图片后进入的页面，也就是该款宝贝的商品详情。

技巧61：利用代码装修店铺

  店铺首页面的页尾也是一个不可忽视的地方，在页尾我们可以加上买家须知、所用快递、客服中心、买家须知等，这样即有利于减少我们的客服咨询量，同时如果买家浏览到最后，想要咨询店家，就可以直接点击客服中心咨询，即方便又省事。利用代码装修店铺，具体操作方法如下。

第1步 ❶在装修后台下拉至最底部，即页尾区域，单击"可添加模块"选项，如图4-93所示。

第2步 成功添加自定义内容区模块，❷单击"编辑"按钮，如图4-94所示。

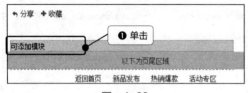

图 4-93

图 4-94

第3步 打开自定义内容区，❸显示标题设置为"不显示"；❹单击"<>"源码按钮；❺复制我们设计好的模块代码进去即可，如图4-95所示。

第4步 ❻同样单击"<>"源码按钮，此时我们即可对自定义区域的内容进行编辑修改等；❼单击"保存"按钮即完成页尾设置，如图4-96所示。

图 4-95

图 4-96

技巧 62：打造广告轮播效果

我们店铺的第一屏往往是最重要的，必须要在"有限空间"里展现"更多内容"。所以可以使用图片轮播模块动态翻页展示多张图片，进行"爆款""促销活动"等内容的展示，具体操作方法如下。

第1步 ❶ 单击图片轮播模块右上角的"编辑"按钮 。即可进入图片轮播编辑页面，可以自由设置内容以及添加图片地址与链接地址等操作，如图 4-97 所示。

第2步 对图片地址和图片链接进行编辑后，❷ 单击"保存"按钮，如图 4-98 所示。

图 4-97

图 4-98

第3步 保存后，返会到装修页面即可看到轮播图片效果，如图 4-99 所示。

图 4-99

 小二开店经验分享——装修店铺轮播图片注意事项

在设置图片轮播效果时，需要注意的就是这里所涉及的图片地址和链接地址，我们可以先把需要的轮播图片上传到图片空间中，再从中复制图片地址和链接地址。

技巧63：编辑网店LOGO背景图

编辑制作一个精美的店标是很重要的，能在顾客脑海中树立起店铺的形象，提高店铺知名度。编辑网店LOGO背景图，具体操作方法如下。

第1步 打开Photoshop，按Ctrl+N组合键，打开"新建"对话框，❶设置宽度为80像素，高度为80像素；❷单击"确定"按钮，如图4-100所示。

第2步 即可新建一个80像素×80像素的背景层，如图4-101所示。

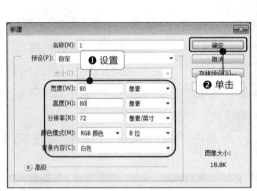
图 4-100

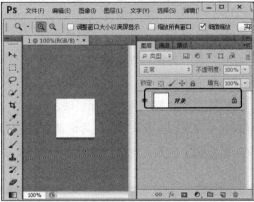
图 4-101

第3步 单击右侧工具栏中的" "按钮，拾取前景色为"红色"，如图4-102所示。

第4步 按Alt+Delete组合键，即可为店铺LOGO的背景填充一个红色的底层，如图4-103所示。

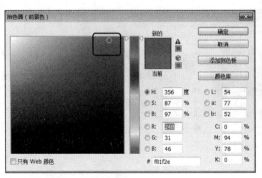
图 4-102

图 4-103

第5步 按Ctrl+L组合键，弹出色阶设置对话框，拖曳输出色阶小滑块，如图4-104所示。

第6步 即可调整图片背景层的颜色，效果如图4-105所示。

脱颖而出，淘宝店铺装修技巧 第4章

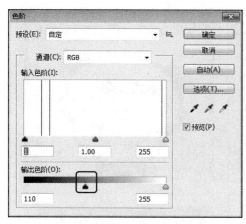

图 4-104

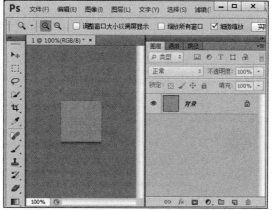

图 4-105

技巧 64：制作阿里旺旺动态头像

给自己的阿里旺旺添加一个动态头像可以吸引买家的注意力，给网店带来额外的流量。这里介绍阿里旺旺动态头像制作过程，具体操作方法如下。

第1步　在 Photoshop 中打开需要制作阿里旺旺动态头像的图片，如图 4-106 所示。

第2步　❶ 单击打开"窗口"菜单；❷ 选择"时间轴"命令，如图 4-107 所示。

图 4-106

图 4-107

第3步　双击"图层1"图层，打开"图层样式"对话框，❸ 勾选"外发光"复选框；❹ 拖动"不透明度"滑块 ；❺ 单击"确定"按钮，如图 4-108 所示。

第4步　即可添加"外发光"效果，如图 4-109 所示。

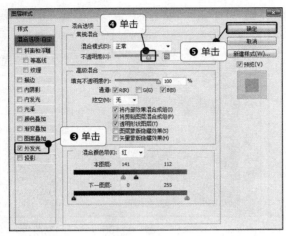

图 4-108

图 4-109

第5步 ❻ 在"时间轴"面板中，单击"时间间隔"右侧的下拉按钮▼，将帧的延迟时间设置为0.2s，❼ 单击"循环次数"右侧的下拉按钮▼，设置为"永远"，如图4-110所示。

图 4-110

第6步 单击"复制所选帧"按钮，复制一帧，如图4-111所示。

图 4-111

第7步 再单击"复制所选帧"按钮，再添加一个动画循帧，然后重新打开"图层样式"对话框，添加"渐变叠加"效果，如图4-112所示。

第8步 添加"外发光"效果，如图4-113所示。

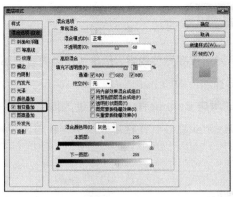
图 4-112

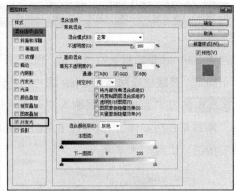
图 4-113

第9步 继续重复复制步骤设置多个图层，单击播放"▶"按钮，即可查看动态头像，效果如图 4-114 所示。

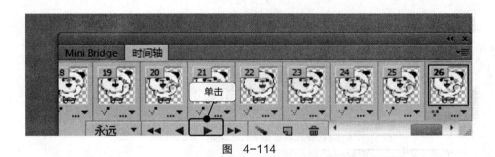
图 4-114

第10步 继续动画文件制作后，❽单击"文件"菜单按钮；❾选择"储存为 Web 所用格式"命令，如图 4-115 所示。

第11步 弹出"储存为"对话框，❿选择储存为"GIF"格式；⓫单击"保存"按钮将文件保存，如图 4-116 所示。之后我们就可以将该动画文件上传到阿里旺旺头像上。

图 4-115

图 4-116

技巧 65：在线生成网店 Banner 图片

网店 Banner 是指居于网页头部，用来展示网店主要宣传内容、形象或广告内容的部分，大小不固定，在线生成网店 Banner 图片，具体操作方法如下。

第1步 在"百度"首页输入"在线生成网店 Banner 图片"，如进入淘宝店标在线制作"刚哥哥在线制作"，鼠标往下滑动移至 Banner 在线制作栏目板块中，❶ 单击"开始制作"按钮，如图 4-117 所示。

图 4-117

第2步 在打开的页面中，❷ 在标题1栏目框中输入"小女子日韩时尚潮流服装"；❸ 单击"确认提交"按钮，如图 4-118 所示。

图 4-118

第3步 稍等片刻，即可生成网店 Banner 图片，如图 4-119 所示，设计完成后，将店标上传到自己的店铺中即可。

图 4-119

技巧 66：在线生成网店店标

网店店标代表着店铺的风格、店主的品位、产品的特性，是一个店铺的形象参考，也可起到网店推广的作用。在线生成网店店标，具体操作方法如下。

第1步 在"百度"首页输入"在线生成店标",这里以淘宝店标在线制作"三角梨"为例,如图4-120所示。

第2步 将鼠标指针往下滑动移至店标栏目板块中,❶单击"点此开始制作"按钮,如图4-121所示。

图 4-120

图 4-121

第3步 在打开的网页中,❷在标题栏目框中输入"小同学韩版潮流女装";❸单击"确定提交"按钮,如图4-122所示。

第4步 稍等片刻,即可生成网店店招效果,如图4-123所示,店标设计完成后,将店标上传到自己的店铺中即可。

图 4-122

图 4-123

技巧67:在线合成宝贝图片效果

在设置宝贝效果图时,除了单张图片,我们还可以在线合成宝贝图片效果,具体操作方法如下。

第1步 在"百度"首页输入"图片编辑",这里以"在线美图秀秀"为例,如图4-124所示。

第2步 ❶单击"图片拼接"按钮,在打开的网页中,❷单击切换到"图片拼接设置"选项卡,依次设置图片拼接效果,如竖排、图片间距以及边框形状为直角等,如图4-125所示。

图 4-124

图 4-125

第3步 ❸单击"选择边框"按钮右侧下拉按钮 ；❹在图片列表下，单击"上传多张图片"按钮，如图4-126所示。

第4步 弹出"选择要上传的文件"对话框，❺单击"选择新建文件夹"；❻单击"打开"按钮，如图4-127所示。

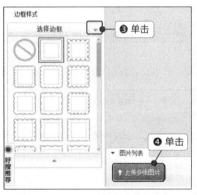

图 4-126

图 4-127

第5步 在打开的文件夹中，❼依次选择需要的图片；❽单击"打开"按钮，如图4-128所示。

第6步 在打开的网页中即可自动生成合成图片，效果如图4-129所示

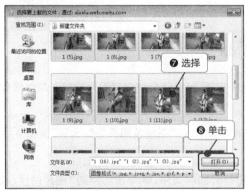

图 4-128

图 4-129

第7步 此时,单击网页右上角的"　"按钮,即可显示全屏查看效果,如图4-130所示。

第8步 鼠标指针移至网页右下角调整缩放图片大小"　"滑块,向右拖动小圆点将图片继续放大,查看效果如图4-131所示。

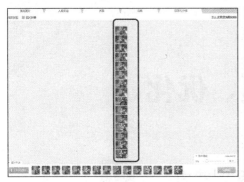

图 4-130

图 4-131

第9步 同时也可以单击切换"模板拼图"选项卡以及"海报拼图",效果分别如图4-132、图4-133所示。除此之外,美图秀秀还提供了很多的模板可以选择。

图 4-132

图 4-133

本 章 小 结

本章详细地介绍了淘宝网店铺的装修技巧,首先对淘宝首页的装修技巧进行介绍,进而针对淘宝其他类目装修进行了合理的设计。最后介绍店铺的高级装修,读者通过本章的学习后,可以根据自己店铺的具体情况对其进行装修,以达到最佳的展示效果。

第5章

展示商品，宝贝拍摄、优化、上下架技巧

本章导读

网店与传统店铺最大的区别就是没有实物，网上购物的买家对产品的第一印象靠的就是卖家放在店铺中的商品图片。因此，拍摄出好的商品图片并进行适当的美化处理，便能以最佳的方式展示宝贝图片，然后将其发布到店铺中。本章将详细讲解如何对店铺商品宝贝进行优化和管理。

知识要点

通过本章内容的学习，读者能够学习到如何拍摄好的宝贝图片以及如何对图片进行美化，包括商品拍摄的技巧、图片的美化、商品的管理以及宝贝的展示等技能。学完后需要掌握的相关技能知识如下。

- 商品拍摄的技巧
- 图片的美化技巧
- 商品的发布技巧
- 商品的管理、展示技巧

5.1 商品的拍摄技巧

要将商品展现得更逼真，首先要拍出好的商品实物照片来。虽然拍照人人都会，但如何拍出能够赚钱的商品图片，却不是一件简单的事情。因为这也需要一些拍摄技巧。

技巧 68：选购适宜的拍摄器材

目前市面上的数码相机品牌众多，令人眼花缭乱，这让新手卖家在购买数码相机的时候，常常有些无所适从，这里主要介绍一下市场上数码相机的分类，根据数码相机的类型可以简单地分为数码单反相机、数码卡片机、单电数码相机等。

1. 数码单反相机

数码单反相机指的是单镜头反光数码相机，即Digital（数码）、Single（单独）、Lens（镜头）、Reflex（反光）的英文缩写（DSLR）。常见的数码单反相机品牌有尼康、佳能、松下、索尼、三星、富士等。

数码单反相机的特点是可以更换不同规格的镜头，适合比较专业的人士使用，另外，现在数码单反相机都定位于中高端产品，因此感光元件的面积远远大于普通数码相机，这使数码单反相机的每个

图 5-1

像素点的感光面积也远远大于普通数码相机，因此能表现出更加细致的画面和色彩范围。对于拍摄网店商品图片来说，如果要求较高，且卖家有一定的拍照技术，建议使用数码单反相机拍摄。图 5-1 所示是尼康单反相机。

2. 数码卡片相机

数码卡片相机没有明确的概念，小巧的外形、相对较轻的机身以及超薄时尚的设计是衡量此类数码相机的主要标准。另外，数码卡片相机与数码单反相机的主要区别在于它不能更换镜头，而且焦距很短，光圈也相对较小，所以拍摄产品时会受到一定的限制。

图 5-2

数码卡片相机的特点是外观时尚、大屏幕液晶屏、机身小巧纤薄、操作简单、便于携带，图5-2所示为佳能卡片机。如果开店卖家对所卖产品的展示图片要求不高，就可以使用数码卡片相机来拍摄产品图片，操作既简单又快捷，投入成本还少些。

3. 单电数码相机

近两年，各大相机生产厂商推出了单电数码相机。单电数码相机是指采用电子取景并且具有数码单反相机功能的相机。单电数码相机有单反数码相机相似的特点，都能换镜头，具有较大的影像传感器，都能自动对焦等。

图 5-3

我们知道，单反数码相机指单镜头反光取景的相机。因此"单电"和"单反"的数码相机主要区别是取景方式的不同。单反相机的取景是光学取景方式，单电相机采用的是光学+电学的取景方式。图5-3所示就是一款奥林巴斯单电数码相机。

网店卖家可以根据自己的摄影技术和宝贝图片的要求来选择适合自己的数码相机。

技巧69：搭建自己的摄影棚

摄影棚是在室内拍摄商品的最主要的场所。摄影棚无非是灯光、布景、照相机加上与镜头相适应的景深空间，现在的数码相机配合镜头其实可以在很狭小的空间拍摄到高质量的照片，需要的大小完全可以根据拍摄的商品来决定。

在拍摄商品器材店中，亮棚的售价不高，如果商品不是很大可以买一个现成的简易棚。图5-4所示淘宝上卖的简易摄影棚。

但是专业的摄影棚需要较大的空间和较专业的摄影灯光，对于一般的卖家来说是一笔高昂的支出。对于一切都紧巴巴的新店店主而言，无疑又是一笔不小的支出。毕竟新开的店，还没有赚到几个钱。自己能做一个，肯定是最好。图5-5所示的简易摄影棚主要是由一个白纸粘贴在内部的大箱子，节能灯管两个，插头及灯座组成。

图 5-4

图 5-5

技巧 70：用普通数码相机拍出好照片的技巧

虽然数码相机总是标榜操作简单使用方便，但这并不表示随随便便就能拍出好照片。其实不管是傻瓜相机、数码相机，都需要拍摄者动动脑来思考。因为，好的照片不会凭空而降，所以多增加一些专业知识可以真正发挥先进设备的功能，拍出好的照片。

一般我们拍摄产品照片的时候最好用 M 手动模式，把相机微距打开，这样产品的细节就可以很清楚地表现出来。图 5-6 所示为使用 M 手动模式把相机微距打开拍摄的物品。

在拍摄的地方放一张白纸，将相机设置为手动白平衡，然后将镜头对着白纸，使白色充满相机屏幕中间的框，按下设置键（不同的相机有不同的设置键，会在相机屏幕上有提示），如图 5-7 所示。

图 5-6

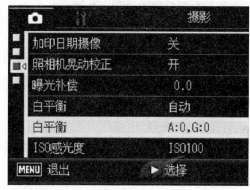

图 5-7

这时你会发现，相机中看到的白纸和刚刚看到的白纸的颜色有了变化。这说明设置成功了。然后在刚刚放白纸的同一个地方，放上商品拍摄，白平衡就是正确的了。如果换一个地方拍摄，那么就需要重新设置手动白平衡。

很多照片拍不好都是因为相机晃动。拍照时可用右手拿稳相机，左手轻扶相机底部。不过现在的相机越做越轻巧，而且有合乎人体工程学的设计，握好相机不算吃力，所以一定要拿稳。还有拍照时，不要让配件或手指遮住镜头及闪光灯。

注意正确的曝光，观察环境光线是否充足。若非要达成特殊效果，尽可能避免逆光拍照，应让光线照在拍摄物上，拍摄者要站在光线来的方向，应使用柔和的光源，例如阴天或阴影处。选择适当的光圈及快门速度，光圈的大小是以数字表示，数字越大光圈越小，数字越小光圈越大，光圈越大同一时间内进入镜头的光线越多。光线不足处就要使用闪光灯，但应注意闪光灯的有效距离，一般闪光灯有效范围只有三四米。

相机的曝光补偿功能可以在拍摄时进行调节，补充光线不足或光线过于强烈时会引起曝光不足和过曝。

总的来说要拍出好的照片，首先相机设置方面要正确，尽量使用手动模式，设置正确的白平衡和曝光补偿，在拍摄环境方面尽量使用单色背景，尽量找光线明亮干扰小的地方。

> 小二开店经验分享——网上商品拍摄的要求
>
> 商品拍摄的总体要求是将商品的形、质、色等充分表现出来，而不夸张。
> - 形，指的是商品的形态、造型特征以及画面的构图形式。
> - 质，指的是商品的质地、质量、质感。商品拍摄对质的要求非常严格。体现质的影纹层次必须清晰、细腻、逼真。尤其是细微处，以及高光和阴影部分，对质的表现要求更为严格。
> - 色，商品拍摄要注意色彩的统一。色与色之间应该是互相烘托，而不是对抗，是统一的整体。在色彩的处理上应力求简、精、纯，避免繁、杂、乱。

技巧71：在户外拍摄商品

商品拍摄离不开光线照明，在众多人类可以利用的光源之中，户外的太阳光是免费又好用的。一般，经营服装店的卖家为了让宝贝图片能从众多搜索图片中脱颖而出，会使用真人在室外拍摄展示自己的商品。

1. 寻找适合的光线

不同方向的光线、不同长度的阴影、不同的色彩感觉会带来不同的效果。要选择最合适气候下的最合适的时间去拍摄。

在一天当中，自然光线的品质和方向都会发生变化，在不同的天气状况下，这种变化就更加明显。通常，太阳的光线在清晨和傍晚的时候，因为较暖的色调和较长的阴影而更能给人愉悦的视觉感受，甚至在阴天的情况下，不同的云层和太阳的状况也会给画面提供不同的效果。有的时候，阴天的散射光线仍然可能非常刺目，而平常柔和的光线会为底片提供丰富的色彩和相当不错的饱和度。

如果在海滩上拍摄模特，你很有可能选择阳光明媚的日子而避开龙卷风的天气。选择合适的天气和一天中合适的时间进行拍摄，有助于增强画面语言的生动性。设想一下，模特躺在海浪冲刷的岸边，暖洋洋的阳光笼罩着整个海滩，下午晚些时候的海水是深蓝色的，暖白色的沙滩被海浪冲出了漂亮的波纹，模特拖着长长的影子，低角度的太阳为模特勾出了金黄色的轮廓。

> 小二开店经验分享——户外拍摄商品，选择光线时的注意事项
>
> - 人像摄影要选择合适的背景，尽量不要站在树荫下，否则茂密的树枝、树叶会在人的身上、脸上留下阴影。
> - 尽量选择简洁的画面构成，避免景物过多、过杂，干扰主体的表现。

- 强烈光线下，尽量不要穿反光过强的服装，否则容易造成反光，不利于人物和服饰的表现。
- 户外顶光时，人像摄影尽量避免站在水泥地上，因为这时地面会形成较强的反射光，这种光线其实就是所谓的"脚光"，容易将人物置于恐怖氛围之中。
- 明亮的阳光下注意补光的运用。因为这时光线强，景物的反差很大，为了减少反差常常需要补光，但是切记要把握好分寸，让光线在被摄体上过渡自然。
- 一般情况下上午9~11点、下午3~5点，是拍照比较适合的时间。避免中午阳光直射，在头顶和脸上形成不均匀的光斑。光线不足的情况下，很多普通的相机拍不出好看的图片，所以大家尽量选择下午5点前的光线来拍照。
- 不少摄影爱好者在户外拍照喜欢使用自动曝光模式，殊不知这种自动曝光模式只能处理一些普通的情况，而遇到阴阳面各半或逆光等情况便会变"傻"，所以还得见机行事，根据具体情况进行适当的曝光调整。

2. 拍摄场景布置

拍摄环境中有柳树、草坪、花丛、走廊、墙壁以及柱子等元素时容易得到好照片。道具和环境的配合，应根据商品来处理，选择更能发挥出模特最美一面的道具进行组合，如结合汽车、摩托车、自行车，甚至灯杆也可以利用。

一般说来，经营服装网店的卖家为了能从众多搜索图片中脱颖而出，使用真人展示自己商品是最好的选择。那么服装模特拍摄过程中对于拍摄地点有什么要求呢？

（1）公园拍摄

寻找一些可以免费进入的公园，毕竟现在稍微有些名气的公园景点票价都不低。而且公园通常面积比较大，最好能开车前往，既解决了模特换衣服的困扰，也不必担心东西太多，拿不了。公园随处设立的长凳可以成为理想的拍摄场地。

（2）在商场、大型超市拍摄

可以拍摄一些具有都市气息的模特逛街照片。而且,商场里面拍摄的照片比较贴近生活，可以给客人十足的亲近感，利于商品的销售。但是，在拍摄的时候要注意画面的干净简洁，尽量不要将不相关的东西拍摄进去，在这类场景中拍摄很容易犯这样的错误。最后要注意的是，在这类地方拍摄，因为周围的照明光线比较复杂，有时候因为色温的缘故使商品颜色出现偏差，所以尽量不要在过于偏黄的光线下拍摄。

（3）河边拍摄

河边也是好的拍摄地点，日出日落的光线可以带来特殊的颜色和场景氛围。在黄昏，夕阳西下，阳光能将景物变得金黄，这些都是好照片需要的元素。

（4）树林里拍摄

寻找一些树林，尤其秋天的树叶被霜浸染得绯红，可以很好地烘托出秋冬的气氛。色调方面也比较好搭配，不太容易出现不协调的色彩。

（5）在大学里拍摄

首先可以尝试在照片背景里面加入一些学生的活动场面，很容易体现出一些具备校园风的服装鞋帽的特色。其次，大学里的一些大型建筑（如图书馆、主教学楼）也是不错的场景，使用镜头广角端拍摄，将大型建筑的线条和模特一并清楚地拍摄下来，也十分具有视觉冲击力。

（6）在酒吧街拍摄

一般酒吧街装修都比较有格调，在街上可以拍出异国风，但要注意背景不要过于杂乱，尽量选择比较单一的背景（如窗台、大门、太阳伞下）。如果有相熟的酒吧，进入里面拍摄也是不错的选择，无形当中增加了许多时尚的元素，一般下午前去，店里不会有很多客人，既不会影响店家，也可以获得不错的拍摄环境，但是要注意室内的光线，可以考虑在窗口附近拍摄或者使用闪光灯补光。图5-8和图5-9所示为在酒吧里拍摄古典的服装。

图 5-8

图 5-9

技巧72：不同类型的商品拍摄

目前网店中销售的商品，主要可以分为服饰类、化妆品类、数码类及生活用品类等，对于不同类型的商品，在拍摄方案、拍摄技巧上也各不相同。

下面针对这几类商品来提供相应的拍摄建议与拍摄技巧，广大卖家在拍摄商品图片时可以作为参考。

（1）服装类商品拍摄技巧

服装类商品的摆放有相当大的学问，一般选择两种拍摄方案，一种是真人试穿，另一种是将服饰摆放好直接拍摄。对于真人试穿拍摄，建议在室内选择一面较为光滑的白色墙面真人实拍，如图5-10和图5-11所示，而绝大多数用户都能满足这个需求。

图 5-10　　　　　　　图 5-11

而仅对于衣服拍摄，由于要涉及到衣服的摆放，适合将衣服铺在水平地面上拍摄，如果室内地板颜色较深，那么可以选择在地板上铺一层白纸，然后将衣服摆放在上方，图 5-12、图 5-13 所示为室内摆拍。

图 5-12　　　　　　　图 5-13

为了让照片更加逼真、更加全面地展示出实物，我们通常要对服装的各个角度进行拍摄，具体如何拍摄，卖家可以结合自己的经验来操作。如果是品牌服饰，那么还可以单独拍摄品牌 LOGO 以及服饰品牌。

（2）化妆品类商品拍摄技巧

化妆品类商品一般采用盒装或者瓶装，体积均较小，在拍摄环境选择上也非常方便，如一张桌子、一个凳子均可，为了彰显出质感，可以采用白纸作为底面。另外，很多化妆品是透明玻璃瓶装，在这类商品的拍摄上，则可以采用背景物件，如图 5-14、图 5-15 所示，从而突出商品的轮廓与层次。

图 5-14　　　　　　　图 5-15

小二开店经验分享——化妆品类拍摄时的光源

在拍摄采光上,由于化妆品类商品本身体积较小,因此可以因地制宜地选择光源,如室内拍摄可以采用台灯、日光灯等。

(3)数码类商品拍摄技巧

数码类商品同样不需要太大的拍摄空间,建议读者采用鞋盒或者其他纸箱(内面为白色)作为拍摄空间,这样的好处是拍摄出的照片布光均匀,并且可以避免由于数码类商品表面比较光滑而产生反光或倒影,如图5-16、图5-17所示。

图 5-16

图 5-17

 小二开店经验分享——数码类产品拍摄的注意项

对于表面反光的数码商品,在拍摄时不建议使用相机闪光灯,而采用布光比较广泛的光源,同时光源距离商品不宜太近。

对于带有屏幕的数码类商品,在使用相机拍摄时,往往会在屏幕中留下相机的倒影,针对这种情况,我们可以在一张白纸上剪出与相机镜头大小相同的洞,然后将报纸套到镜头上拍摄。

(4)生活类商品拍摄技巧

生活用品类覆盖的范围比较广,材质体积也各不相同,所以需要根据商品的特性来进行不同的拍摄了,如体积大的需要较大的拍摄空间、材质较亮的不宜采用闪光灯等。

对于居家类生活用品,我们可以进行简单搭配后再拍摄,这样更容易展现出商品在实际使用中的装饰效果,如图5-18、图5-19所示。

图 5-18

图 5-19

技巧 73：宝贝拍摄中的实用技巧

卖家不一定是摄影家，拍摄商品照片时通常都会遇到一些技术问题，所以我们最好能掌握一些拍摄技巧，这样可以大大减少后期处理图片的工作量。

（1）照片太模糊

网购买家不能亲眼见到商品实物，而只能通过照片进行直观和了解。照片模糊，买家就无法看到商品的细节，这将严重影响商品的交易。造成照片模糊主要有以下一些原因，我们可以针对性地采取措施解决。

● 拍摄抖动：如果是手持相机进行拍摄，那么在按下快门的瞬间即使轻微的抖动，也可能导致拍摄的照片发生模糊。对于这类情况，建议使用三角架，或者将相机放置在相对固定的位置进行拍摄。

● 聚焦不准确：采用自动聚焦，有时取景器聚焦位置没有定位到拍摄主体上也会造成模糊。此时可移动相机调节自动聚焦框定位于主体再进行拍摄，或使用相机的聚焦锁定功能。

● 镜头脏污：镜头脏污造成相机取景困难也会使拍出的图像模糊，因此要想拍出好照片别忘了相机的保养，定期使用专用清洁布清洗相机镜头。

● 拍摄模式不正确：拍摄时相机选择的是标准模式，但主体与相机的距离小于镜头的最小有效距离。这就要求我们在拍摄时注意根据拍摄需要及时转换拍摄模式。

（2）照片太暗

在室内拍摄，因光线条件不好容易导致拍摄出来的照片太暗。一般来说，只要找到合适的光源，就能避免这个问题，但如果排除了光源的因素，拍摄出的照片还是太暗，就要考虑以下几个因素。

● 闪光灯是否被手指挡住。如果是，应当马上调整拍摄姿势。

● 使用外挂闪光灯，是否在闪光灯充电之前按了快门释放键。正确的方法应该是等到橙色指示灯停止闪烁后再拍摄。

- 需要布光的环境，相机是否开启闪光灯。在该环境下应当开启相机闪光灯后再拍摄。
- 拍摄主体是否位于闪光灯的有效范围之外。此时应当将拍摄物置于闪光灯有效范围之内。
- 是否拍照主体太小而且逆光。在这种情况下应当采用辅助闪光模式或使用定点测光模式。

（3）照片偏色

照片偏色大多是因为白平衡没有调节好造成的。现在的数码相机一般都提供自动白平衡功能，能够根据当前的拍摄环境自动对相机的白平衡参数进行调整。但自动白平衡功能不一定适合所有拍摄环境，如果拍摄出来的照片仍然发生偏色的话，就需要我们手动对白平衡参数进行调整。

调整相机白平衡，可以先准备一张白纸，或者纯白色的物体，然后将相机镜头对准白纸或白色物体，在显示屏上边查看边调节，直至显示屏中显示的色调为纯白色。调整好之后，试拍白色物体，看拍摄效果是否还存在偏差，如果存在的话，则需要继续调整，直至色差几乎不可分辨。

（4）照片上有污点

卖家在拍摄之后，有时可能会发现商品照片中存在影响美观的污点。这种情况多数出现在夜景的拍摄中，由于感光度太高造成的，那些"污点"也称为噪点。一般，感光度调整得越高，画面的质量就会越粗糙；感光度的数值越低，画面就会越细腻。但感光度高又意味着对光线的敏感度高，在弱光下拍摄时，我们需要选择高感光度。如果相机本身的降噪系统不够好，就会产生噪点。

避免噪点的出现，我们也可以手动将感光度调得稍低一些，然后用相对较长的曝光时间来补偿光线的不足。这样，拍出来的照片既有层次，也更加细腻了。

技巧74：使用手机给商品拍照的技巧

现今智能相机的像素越来越高，拍照功能也越来越强大，不过要想使用手机拍出高品质的照片，也要掌握一些技巧。

1. 选准焦点

不同的焦点，能营造不同的效果。选择焦点时，应使被摄对象处于画面中间，一般情况下应该选取画面上最吸引人的部分。

2. 注意光线

光线充足，拍摄效果才好。相应改变拍摄角度，注意观察光线的照射方向，尽量使被拍摄物体能自然地被光线照射到。

3. 持稳拍摄

照相手机的延迟现象比较明显，在按下快门的瞬间如果手抖动，拍出的照片就会发虚或模糊不清。所以在拍摄时一定要持稳手机，同时按下拍摄键后一定要停顿一下，稍等一两秒再看拍摄效果。

4. 随拍随设置

一般手机的内存都不大，装不了多少照片，最好随时拍随时挑选，并注意调整图像分辨率。

5.2 利用 Photoshop 软件对宝贝进行优化

对于有较多时间学习的卖家，建议学习并使用 Photoshop 对商品图片进行处理与美化，这样不但自行设计的空间较大，而且熟悉了 Photoshop，以后无论是处理个人照片，或者店铺装修设计，都会特别方便。本节中就来认识 Photoshop，并了解使用 Photoshop 处理与美化商品图片的各种功能。

技巧 75：快速复制照片到电脑

要在电脑中修饰拍摄的照片，首先需要将数码相机中的照片导入电脑才行。数码相机一般采用 USB 接口与电脑连接。将数码相机连接到电脑并拷贝照片的具体操作方法如下。

第 1 步 将数码相机附带的数据线一端插入相机的 MiniUSB 接口上，如图 5-20 所示。然后将另一端插入电脑 USB 接口中。

第 2 步 启动数码相机，屏幕中将显示连接选项，通过控制键选择"PC"选项，（不同相机的连接选项可能不同，用户可参考说明书进行操作），如图 5-21 所示。

图 5-20

图 5-21

小二开店经验分享——将相机与电脑连接后，为什么没有发现相机呢？

出现这种情况的原因很多，最容易忽略的一个原因就是连接数据线后，没有开启相机并进行设置所致。在链接好之后一定要打开数码相机电源，并将连接方式设置为与电脑连接，这样电脑才能识别出相机。

第 3 步 电脑将开始检测并安装新设备,设备安装完毕后。稍等片刻，在桌面上双击"计算机"，窗口中将显示出新磁盘分区，❶ 双击 "可移动磁盘（H）"，如图 5-22 所示。

第 4 步 ❷ 进入该磁盘中，并进入对应的照片存储目录，在其中即可查看到所有照片，然后将照片复制或剪切到电脑中其他位置即可，如图 5-23 所示。

图 5-22

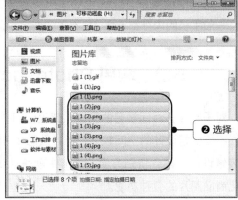

图 5-23

 小二开店经验分享——快速选择多张照片

按住 Ctrl 键单击鼠标可以连续选择多个图像文件，按 Ctrl+A 组合键可以快速选择当前文件夹中的所有文件。

技巧 76：调整曝光不足的照片

在拍摄照片时，往往由于光线、相机类型等原因而照片略与实物颜色存在偏差，此时，在 Photoshop 中可以对图片色调进行调整，以还原实物颜色，具体操作方法如下。

第 1 步 在 Photoshop 中打开要处理的商品照片，❶ 单击打开"图像"菜单，❷ 指向"调整"选项；❸ 在其子菜单中选择"亮度\对比度"选项，如图 5-24 所示。

第 2 步 在打开的"亮度\对比度"对话框中，❹ 用鼠标拖动亮度滑块调整图像亮度，直至调整到最合适亮度，如图 5-25 所示。

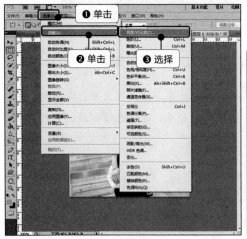

图 5-24

图 5-25

第3步 ❺拖动对比度滑块调整画面的对比度，调整到最佳对比度后，❻单击"确定"按钮关闭对话框，如图5-26所示。

第4步 此时即可看到调整亮度与对比度后的图片与实物色调更加接近了，效果如图5-27所示。然后对图片进行保存即可。

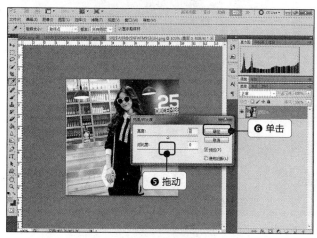

图 5-26

图 5-27

技巧77：制作背景虚化照片效果

所谓背景虚化就是，为了突出照片中的主体物品，减少背景的干扰，可以将照片中除主体物品以外的其他景物加以模糊处理，本例将凸显衣服，具体操作方法如下。

第1步 打开需要制作虚化背景的照片，如图5-28所示。

第2步 ❶单击打开"滤镜"菜单；❷指向"模糊"选项；❸在下一级子菜单中执行"场景模糊"命令，如图5-29所示。

图 5-28

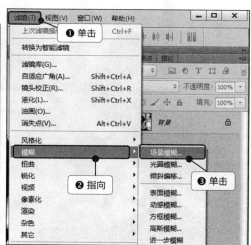

图 5-29

第3步 在画面中会出现一个图钉，如图5-30所示。

第4步 ❹单击并将该图钉移动到人物的头像上；❺在右侧的"模糊工具"面板中，将"模糊"参数设置为0像素，如图5-31所示。

图 5-30

图 5-31

> 小二开店经验分享——图钉的管理
>
> 在商品图片中，单击一个图钉可将其选择，选择后可以调整它的参数，按下Delete键可以将其删除。

第5步 在人物衣服上单击，再添加一个图钉，将"模糊"参数设置为0像素，如图5-32所示。

第6步 在工具选项中取消" "选项的勾选，以加快处理速度。添加多个图钉，并分别调整它们的参数，如图5-33所示。

图 5-32

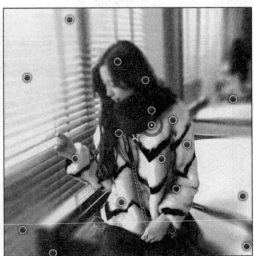
图 5-33

第7步 在"模糊效果"面板中调整参数,勾选"预览"复选框,即可看到模糊效果如图 5-34 所示。

第8步 单击"确定"按钮后应用滤镜效果,即可得到背景虚化的照片,如图 5-35 所示。

图 5-34

图 5-35

技巧 78:给图片添加美观的边框

淘宝店铺上的商品图片,大多数都被添加了一些修饰边框,特别是饰品类的商品,有了精美的边框修饰,这些饰品会变得更加耀眼夺目,具体操作方法如下。

第1步 打开需要处理的图片,❶ 单击工具栏中的"边框"选项;❷ 单击"撕边边框"右侧"展开"按钮,如图 5-36 所示。

第2步 打开"撕边边框"编辑框,❸ 选择要应用的边框样式;❹ 在边框颜色中,选择颜色"■",如图 5-37 所示。

图 5-36

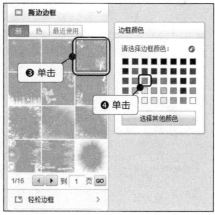
图 5-37

第3步　此时，即可预览添加边框后的效果，如图5-38所示。
第4步　重新选择边框样式，为商品图片添加不同的边框效果，如图5-39所示。

图 5-38

图 5-39

技巧79：添加图片防盗水印

辛苦拍摄的商品图片，却被一些不劳而获的淘宝店主直接拿来用，这就需要为商品图片加上防盗水印；另外，制作精美的图片水印也能起到宣传自己店铺的作用。添加水印的具体操作方法如下。

第1步　启动Photoshop，打开需要添加文字水印的照片"拉手01.jpg"。❶在工具栏中右击"文字工具"展开按钮；❷在打开的列表中单击"横排文字工具"命令，如图5-40所示。

第2步　❸此时，在图片中需要输入文字处单击鼠标，输入文字"金益家居配件"，如图5-41所示。

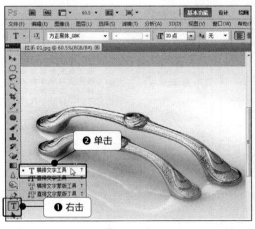

图 5-40

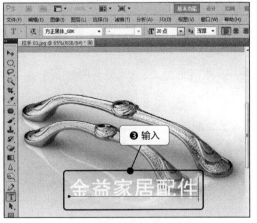

图 5-41

第3步 输入后，❹ 单击工具栏中的"移动工具"按钮，完成输入。此时，在"图层"面板中自动添加一个文字图层；❺ 双击文字图层，如图 5-42 所示。

第4步 弹出"图层样式"对话框，❻ 在"混合选项"区域中设置相应的参数；❼ 单击"确定"按钮，如图 5-43 所示。

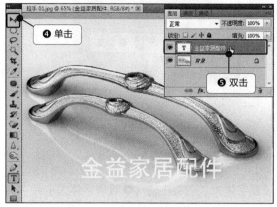
图 5-42

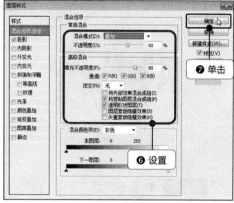
图 5-43

第5步 设置文字图层样式后，选择移动工具，❽ 拖动调整文字在图片中的位置，效果图 5-44 所示。

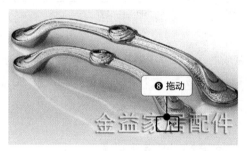
图 5-44

小二开店经验分享——每一张商品图片，都需要重复制作水印吗？

当我们在一张商品图片中制作好水印后，可以发现水印是以图层形式存在的，那么以后为其他图片添加水印时，只要通过拖曳的方法来快速复制图层即可。另外，如果当前图片中的水印以后要用于其他图片，那么在保存时必须保存为 PSD 格式。

技巧 80：为图片添加文字说明

在商品图片中添加文字说明，有利于买家对商品特色以及特点有直观了解，刺激买家下单购买，具体操作方法如下。

第1步 打开要添加文字的图片，如图 5-45 所示。

第2步 ❶ 选择 "　　　"；❷ 设置前景色为 "　"，如图 5-46 所示。

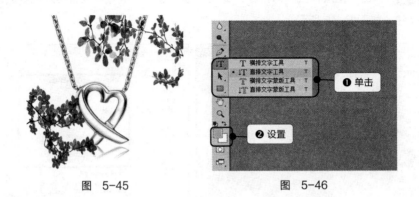

图 5-45　　　　　　　　　图 5-46

第3步 ❸ 单击字体"下拉"按钮，设置字体为"　　　"；❹ 设置字体大小为"36点"，如图 5-47 所示。

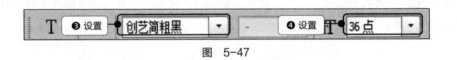

图 5-47

第4步 设置字体完成后，在图片中输入文字"一宝首饰"，效果如图 5-48 所示。

第5步 在输入的字体中选择"一宝"词组，设置其字体为"30点"，单击选项栏中的"　"按钮，效果如图 5-49 所示。

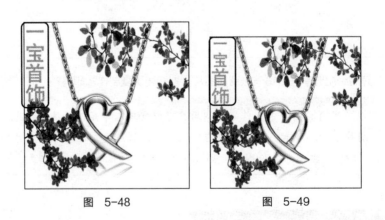

图 5-48　　　　　　　　　图 5-49

第6步 单击图层面板下方的"添加图层样式"按钮，❺ 在弹出的面板中选择"投影"复选框，如图 5-50 所示。

第7步 ❻ 在该样式面板中设置其参数，如图 5-51 所示。

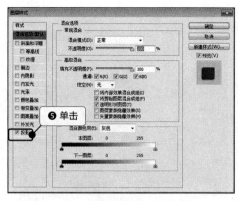

图 5-50

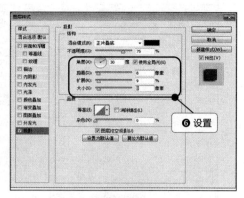

图 5-51

第8步 ❼ 在左侧选择"外发光"复选框；❽ 在其右侧设置"外发光"参数；❾ 设置完成后，单击对话框右上角的"确定"按钮，如图 5-52 所示。

第9步 即可查看字体添加效果，如图 5-53 所示。

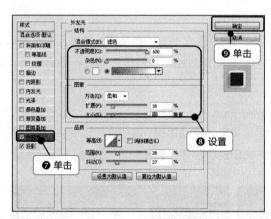

图 5-52

图 5-53

技巧 81：调整模特身材提升服装效果

在拍摄的服装图片中，并不是每个模特的身材都够好，此时，对于模特的胖瘦、高矮、妆容，我们都可以在后期进行处理，以提升宝贝效果，比如，将服装模特的身材处理得更为高挑，具体操作方法如下。

第1步 打开需要调整模特身高的图片。❶ 单击工具栏中的"矩形选框工具" ；❷ 拖动鼠标指针在腿部以下创建选区，如图 5-54 所示。

第2步 按 Ctrl+T 组合键，❸ 拖动"自由变换"定界框下方的控制点，把腿部拉长至适合的位置，如图 5-55 所示。按 Enter 键确定，按 Ctrl+D 组合键取消选择即可。

图 5-54

图 5-55

技巧 82：调整偏色的图片

使用相机拍摄的照片，因为拍摄时光线处理得不好而导致的商品图片偏色问题，我们会时常遇到。在 Photoshop 中，可以通过"色相"功能对图片的整体色调进行综合调整，具体操作方法如下。

第 1 步 打开有色差的图片，如图 5-56 所示。

第 2 步 在"图像"菜单的"调整"子菜单中选择"色相/饱和度"命令，在打开的对话框中拖动"输出色阶"区域中的三个滑块对图像的色阶进行调整即可，效果如图 5-57 所示。

图 5-56

图 5-57

5.3 商品发布技巧

前期的准备工作完成后，接下来要做的就是在店铺中发布与展示商品，发布商品时会涉及很多因素，如出售方式、商品分类、商品规格、商品价格、商品图片与描述、运费以及商品附属信息等。所以在这个过程中，必须掌握各种商品的发布技巧。

技巧 83：设置宝贝的图文布局

商品展示内容，也就是当买家查看商品页面时，商品页面中所展示出的图片和关于商品的描述内容，这些内容在发布商品时就需要编辑好。当我们的图片与描述内容固定时，展示页面的布局以及设计就成为了重点，在商品布局上，一般采用以下三种方式，其结构如图5-58 所示。

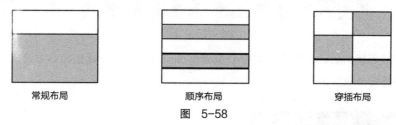

图 5-58

1. 常规布局方式

该布局方式是多数网店商品所采用的，在页面上方显示关于商品的描述内容，而在页面下方依次排列商品的各种实物效果图片，在商品全景图展示时，多采用该方式。

2. 顺序布局方式

该布局方式为图文混排，首先显示商品的描述内容，下方同步搭配商品实物图，接下来继续显示局部或细节描述内容，并同步搭配实物图片……这种布局方式便于买家查看图片，同时通过相应的文字说明内容可以对商品进一步地了解。采用该方式时，可以一侧编排，也可以双侧编排。如果仅一侧编排，那么与常规布局基本相同，双侧编排则多用于展示细节图。

3. 穿插布局方式

该布局方式的功能与顺序布局方式相同，不同的是将上下顺序调整为左右顺序，而且采用该布局时，可以调换图文的左右顺序，让图文对应更加直观，但是采用该布局方式会限制图片的大小，因而多适用于展现商品局部效果。

技巧 84：准备发布宝贝的相关资料

我们在发布商品前，首先需要准备好商品的相关资料，这主要包括经过处理后的商品图片、关于商品的介绍内容等。对于商品图片，建议保存为 JPG 格式，这里提示一点，就是淘宝详情页面默认最宽能够显示 750 像素的图片，如果全屏显示，可以显示 950 像素的图片，但一般情况下,都是采用左右双栏,所以我们在处理图片时,最好将宽度控制到 750 像素。

对于商品描述内容,可以先在记事本等程序中撰写并整理好,然后直接保存为文本文档,当发布商品时,打开文档复制内容就可以了。

另外,由于一个店铺中通常会发布数量较多的商品,因而为了避免商品资料混乱,在保存时也应该采用合理的结构,通常来说,将不同商品的相关资料分类保存到不同的文件夹中,图 5-59 所示为建议的商品资料保存结构。

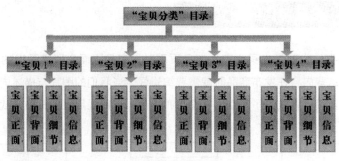

图 5-59

等一切准备就绪后,只需在卖家中心页面单击"发布宝贝"链接,然后选择"一口价"方式即可进行宝贝的发布。

技巧 85:拟定宝贝标题

买家在购买商品时,首先关注的就是商品名称,一个吸引眼球的商品名称,不但能增加商品的浏览量,还能激起买家的购买欲望。

在商品的命名上面,提供以下几点建议。

(1)在商品名称前加上自己店铺的名称,建立自己的品牌形象。

(2)知名品牌商品,建议在商品名称前添加品牌名称,从而通过品牌自身的影响力来吸引买家。

(3)对于一些商品尽可能在名称中表现出个性、时尚、潮流等特性;季节性或者时间性强的商品,也可以从商品名称中表现出来。

(4)尽可能在商品名称中添加能表现商品特性的内容,如"新款上市""商品质地""商品风格"等信息。

(5)实时掌握热门关键词语,并将商品名称相关联,以增强买家的关注度。

> 小二开店经验分享——商品名称的作用
>
> 由于商品名称的独特性,在购物网站中可能有很多商家都销售同一种商品,那么我们为自己的商品赋予一个独特的名称,不但能在同类商品中彰显出来,还可以避免买家通过商品名称与同类商品进行价格对比。

技巧 86：制定合理的商品价格

在淘宝网这个竞争如此激烈的平台，定价的好与不好，不管是对销售，还是对后期的发展，都有很大的影响。恶意的低价竞争导致后来根本没有赚钱，也导致卖家的积极性受挫。只有合理定价才可以让卖家获得更高的利润与市场认同，所以卖家在定价前需要掌握以下几方面的信息。

1.产品定价误区

产品只根据成本定价：很多淘宝卖家对产品定价没有一个正确的认识，认为自己的产品进价是多少，大概赚多少钱就好，那么价格就定下来了，根本没有考量市场和消费者的因素。

这里和大家分享一个小故事，一个美国商人进购了一批做工精细、质量上等的礼帽，为了有个好的销路，商人把价格定在和其他一般礼帽一样的水准，可销路并没有比别人的更好。这让他很奇怪，因为这批礼帽真的非常的精致、漂亮。一天这个商人生病了，他委托同样做小生意的邻居帮他代卖这些礼帽，这个邻居把商人写的价格 12 美元错看成 120 美元，结果礼帽被一抢而空。

所以在这个小故事中我们可以看出商品定价不是越便宜越好，甚至在我们的产品出售价低于市场出售价很多的时候，消费者会想"这么便宜能用吗？""这么便宜是不是假货啊？"等，说明我们产品价格定得不恰当，不仅赚不到应得的利润，顾客还不领情。因为客户不仅仅要买便宜，还要买的是"划得来""超值"。

2.消费者的购买心理和对价格的认识

消费者对价格与产品本身的重视程度：客户有时候会因为促销价格的吸引而购买一些自己并不是很需要的产品，所以，他们只是在某一价格区间里面寻找"性价比"很高的产品。

消费者永远不知道产品的实际价格，但知道对比价格。换句话来说，就是他们不知道这件产品值多少钱，但是知道通过对比来得知它便宜不便宜，如图 5-60 所示，其中三件商品，一眼可以知道中间那款最便宜。

消费者对低价的理解：价格高的产品不一定是好货，但"便宜无好货""一分钱一分货"，

图 5-60

所以对很多客户来说，低价就是低品质，绝对不会购买低品质的产品，当然是指在某一价格区间里的"低品质"。所以如果新手卖家前期走低价路线，那么价格不宜过低，只需要比同质地商品稍低即可（相似产品，相近的卖家实力）。新的店铺成交少，没有销量和评论供买家参考，过低的价格容易使买家在挑选产品时对产品质量产生怀疑，反而不利于成交。

　　消费者大部分会避免购买最贵或是超便宜的产品，而会选择相对稳定的中间路线，比如网上的同一款商品，如图5-61所示。第一家卖36元，第二家卖89元，第三家卖58元，那么消费者会相对思考，89元的会担心自己买贵了；而36元的心理会想便宜没有好货，认定这是质量差才卖这么便宜；而58元的相对正常价格较容易被消费者选择。

图 5-61

3. 产品定价技巧

（1）混合增值法：定价的前提就是让客户丧失比较能力，例如，你有一件单品，在网上有很多款商品与之竞争，价格相当，其实优势也不突破。那么你可以增加一些赠品或者与另一单品搭配进行整体出售，这样可以有效地混淆买家的比价能力，让买家不知道该值多少钱，如图5-62所示的搭配出售。

图 5-62

或者也可以反向思维，如果网上大多数卖家都是整套出售的同款，我们也可以采取以单件形式定价，再在详情页面中与其他单品组成套餐，如图 5-63 所示。

图 5-63

（2）平值法：在淘宝搜索自己产品所在类目主关键词，然后按照排序，取前 200~500 的产品价值均值，得到一个价格即可作为自己产品的价格，但同时要考虑自身产品的利润等。

（3）数字定价法：数字代表不同的含义，如用"8"来定价，可以满足顾客想"发"的心理需求，带弧形线条的数字，如 6、8、9、0、3 容易被顾客接受，而 1、4、7 不带弧形线条的数字就不太受欢迎。

（4）最小单位报价法：定价使用最小单位，可以使得客户在心理上有捡到便宜的感觉。这种定价法相对来说对那些价格比较贵的单品比较合适，如等级很高的西湖龙井茶，对网上的消费者来说，一斤的价格实在有些贵，所以可以考虑使用小单位标价的方式出售。再如一些化妆品，可以考虑推出一些旅行试用装让价格看上去低一些。

4. 全店产品价格规划

（1）低价位（引流款）：价格低于同行，主要作用在于吸引买家进店浏览下单。这部分产品数量应占全店产品数量的 20% 左右，不能太多，太多就会让买家觉得这是一家专卖便宜货的地摊店铺。

（2）中等价格（利润款）：这是店铺利润的核心来源，价格不高不低，无论是在店铺中还是在行业同类产品中都属于消费者比较喜欢的"中庸"价。这类产品数量应占全店产品数量的 70% 左右。

（3）高价位（定位款）：这里的高价位不是绝对高价，而是店铺中的相对高价，目的是告诉买家：我们店是注重产品品质的！这类产品数量应占店铺产品总量的 10% 左右。

技巧 87：设置商品的类别和属性

商品类别也就是宝贝的分类情况。淘宝规定卖家在发布宝贝时必须对应相应的分类，否则会屏蔽或是下架该商品，因此卖家在选择分类时应该格外地注意。

用户在发布宝贝时可以在分类列表中选择自己所销售商品的详细分类，方式为从左到右，一般先选择商品大类，然后进一步选择小的分类、品牌等，如图 5-64 所示。

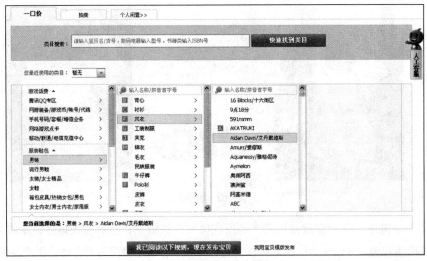

图 5-64

小二开店经验分享——设置商品类目要精准

绝大多数买家在淘宝网中选择商品时，都会通过商品类别来一步步进行浏览，因此广大卖家在设置商品类别时，必须要设置得细致、准确，这样被买家搜索到的概率就会大大增加，同时也在一定程度上增加了商品的销售概率。

相反，如果商品的类别没有设置准确，那么买家在浏览过程中，可能会直接将商品排除在购买意向外，如我们将"男士西服"分类到"女装"中，那么浏览女装的买家，就会完全忽略这件商品。而且淘宝也对分类有硬性规定，随便安排类目是会下架商品甚至扣分的。

在选择商品类别后，接下来在页面中首先需要对商品的基本信息进行设置。在商品类型中，需要选择商品是全新或二手。在接下来的选项中，大家应根据自己商品的情况，正确选择商品的各个属性，具体操作方法如下。

第1步 登录千牛工作平台，❶ 单击选择"常用入口 ≡"功能；❷ 单击"发布宝贝"链接，如图 5-65 所示。

第2步 进入一口价发布商品页面，❸ 为自己发布的宝贝选择正确的类别；❹ 单击"我已阅读以下规则，现在发布宝贝"按钮，如图 5-66 所示。

第3步 ❺ 选择宝贝类型为"全新"；❻ 设置宝贝的其他属性，如图 5-67 所示。

第4步 ❼ 继续设置宝贝的相关属性，如宝贝的面料、填充料、工艺处理、款式细节等，如图 5-68 所示。

展示商品，宝贝拍摄、优化、上下架技巧 第 5 章

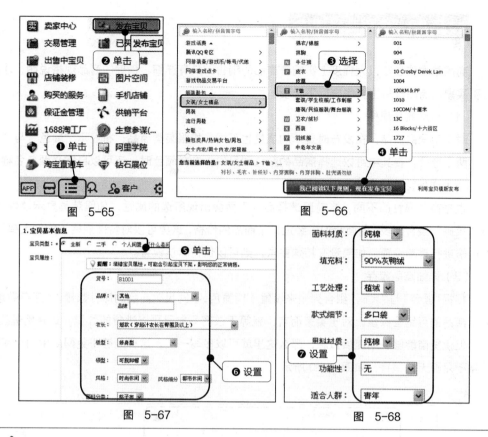

图 5-65　　　　　　　　　　图 5-66

图 5-67　　　　　　　　　　图 5-68

> 小二开店经验分享——如果自己销售的服装不是品牌商品怎么办？
>
> 　　一般情况下，如果自己销售的服装不是品牌商品，可以选择"其他"。如果是自己创建的品牌，可以在其他下方输入自己创立品牌的名称。

　　这里所选择的各项属性，最终将以表格形式显示在商品销售页面，买家也会在一定程度上根据卖家所提供的商品属性决定是否购买，因此，卖家必须对自己的商品全面了解后再设置商品属性，以避免由于商品与描述不符而造成交易纠纷，如图 5-69 所示。

图 5-69

技巧88：填写商品规格

商品基本信息在很大程度上影响着商品的销售，只有详细、精确的商品规格说明，才能吸引买家。商品规格主要包含以下选项。

（1）详细商品规格

对于不同的商品，在发布时显示的属性也不同，如服装类商品，将显示"颜色"与"尺码"两个选项，在其中可以选择商品的颜色和尺码，选择颜色时，还可以自定义颜色名称。

（2）详细特殊规格的定价

根据商品属性的不同，当前面选择后，下面会出现所选的属性，如服装类显示"颜色"与"尺码"组合列表，前面我们已经定义了商品的价格，这里可以对特殊规格（如加大码等）的价格进行重新设置，如果没有特殊要求，则可以保持默认设置。

（3）详细商品库存

根据"颜色"与"尺码"组合列表来设置不同颜色、不同尺码商品的库存数量。"库存数量"表示商品的可销售数量，对于卖家而言，就等于该商品自己可以进货的数量，如开始进货5件，但供货商能够长期提供货源，那么这里就可以多写一些，这样能够避免网店中由于库存数量不足而无法销售，如图5-70所示。

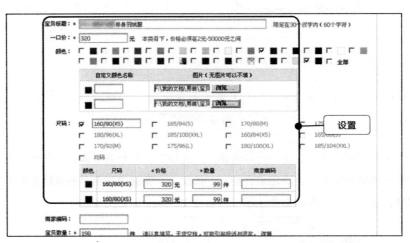

图 5-70

 小二开店经验分享——"货号"与"商家编码"

在商品信息区域中，"货号"与"商家编码"两项内容可以任意填写，只要能便于卖家自己区分商品与商家来源即可。如果网店是代销，那么货号最好与代销商家提供的货号一致，这样便于以后联系代理商发货或咨询是否有货等。

技巧 89：上传商品缩略图

在宝贝页面中，除了名称，就是宝贝缩略图（主图）最吸引人了。很多买家都是通过第一感官的图片来选择是否购买当前商品。对于上传商品的缩略图，卖家通常首先保存于电脑中，然后再通过电脑上传于淘宝图片空间，通过图片空间将商品图片上传至宝贝展示页。具体操作技巧如下。

第1步 在宝贝发布页面，❶ 单击"上传新图片"按钮为宝贝上传商品图片，如图 5-71 所示。

第2步 ❷ 在"打开"对话框中选择电脑中拍摄的宝贝图片；❸ 单击"打开"按钮，如图 5-72 所示。

图 5-71　　　　　　　　　　　图 5-72

第3步 即可将该图上传，继续单击"文件上传"按钮，上传 6 张大小不超过 3MB 的主图图片，效果如图 5-73 所示。

图 5-73

技巧90：填写商品描述

商品描述也是商品发布中最重要的一部分，输入宝贝的详细描述和图片信息，能有效体现销售商品的特色，其中主要包括设置商品的缩放图、具体的商品描述内容，可以让买家更形象地了解自己的商品。填写商品描述，具体操作方法如下。

第1步 在"宝贝描述"栏中（即宝贝详情）；❶ 单击切换到"电脑端"选项卡，❷ 单击"上传图片"选项，如图5-74所示。

第2步 弹出"上传新图片"选项；❸ 单击"从图片空间选择"；❹ 单击选择"图片文件夹（如9075）"；❺ 依次勾选所需的宝贝图片，如图5-75所示。

图 5-74

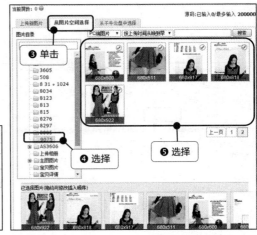

图 5-75

第3步 在添加图片完成后，❻ 单击"插入"命令，如图5-76所示。

第4步 即可将其插入宝贝描述栏目板块中，如图5-77所示。

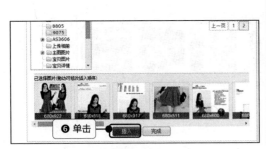

图 5-76

图 5-77

技巧 91：使用物流模板发布宝贝

在网上交易的商品都是通过物流来运输的，最主要的运输方式有快递、EMS 以及平邮这三种，这里我们需要根据自己的商品情况来设置相应的物流模板发布宝贝。

第 1 步 在使用物流模板发布宝贝时，❶ 首先要选择自己的所在地（商品的发货地址）；发货时间、选择运费的承担方以及商品运送方式等，如图 5-78 所示。

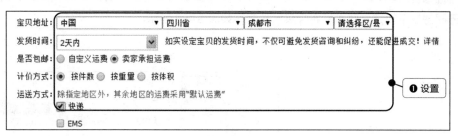

图 5-78

第 2 步 设置完商品运费模板后，❷ 单击"发布"按钮，如图 5-79 所示。

第 3 步 即可成功发布商品，如图 5-80 所示。

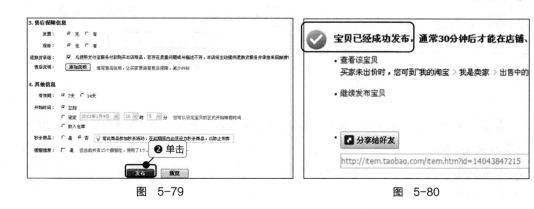

图 5-79　　　　　　　　　　图 5-80

对于运费的价格可以在网上查询，或者到当地邮局、快递公司进行咨询，也可以参照其他同行卖家的运费价格来填写。

 小二开店经验分享——运费模板的运用

在网店的经营中，我们通常会发布很多商品，这些商品的运费大致上是相同的，为了以后的方便，我们可以选择使用"运费模板"，然后为某一特定的商品设置专门的运费模板，以后在发布商时，选择此模板即可。对于个别商品的运费，卖家可以进行单独设置，其设置方法也大致相同。

技巧 92：用拍卖方式发布宝贝

对于新开店的卖家，为了赢得较高的关注率，可以设置以拍卖的方式来发布宝贝。拍卖是指商品仅设置最低起拍价，让买家竞价购买，在指定的拍卖时间内，出价最高的买家可以购买到该商品。一般情况下在店铺搞活动促销时使用，具体发布方法如下。

第 1 步 ❶ 进入我的淘宝，切换到"我是卖家"；❷ 单击"我要卖"链接，如图 5-81 所示。

第 2 步 ❸ 单击"拍卖"选项；❹ 在这里为自己发布的宝贝选择正确的类别；❺ 单击"我已同意以下规则，现在发布宝贝"按钮，如图 5-82 所示。

图 5-81

图 5-82

第 3 步 ❻ 输入拍卖宝贝的标题、起拍价格；❼ 设置加价幅度为"系统自动代理加价"；❽ 输入宝贝数量，如图 5-83 所示。

第 4 步 设置其他宝贝发布信息，具体操作方法可参考技巧 87，❾ 完成后单击下方的"发布"按钮，如图 5-84 所示。

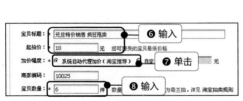

图 5-83

图 5-84

小二开店经验分享——拍卖方式发布宝贝的注意项

这里的起拍价格一定要足够吸引人，越低越好，价格幅度可以选择"系统自动加价"，也可以自定义每次的加价幅度，最后"宝贝数量"一定要填写正确，否则到时候本来只是做活动赚人气，但由于数量设置失误，被买家拍下却无法发货时就得不偿失了。

技巧93：发布设置好的宝贝

卖家发布商品的第一步，就是先设置好商品的各种属性和规格信息，并把该商品宝贝上传至卖家的仓库中。发布仓库中的宝贝，具体操作方法如下。

第1步 登录千牛工作平台，进入"卖家中心"后台；❶ 单击"宝贝管理"栏中的"仓库中的宝贝"链接，如图5-85所示。

第2步 打开"仓库中的宝贝"页面，❷ 单击选择需要编辑上架的宝贝商品右侧的"编辑宝贝"链接；如图5-86所示。

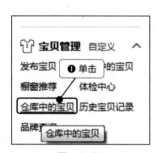

图 5-85

图 5-86

第3步 跳转到淘宝网"一口价发布"产品信息页面，如图5-87所示。

第4步 检查、核对宝贝信息后，❸ 在"4.其他信息"栏下的"开始时间"后面单击选择"立刻"单选项；❹ 单击页面最下端的"确认"按钮，如图5-88所示。

图 5-87

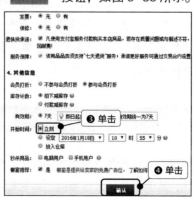

图 5-88

第5步 此时，即可将已经设置好的商品宝贝成功编辑上架，效果如图5-89所示。宝贝发布成功后，一般30分钟后才能显示在淘宝网上。

图 5-89

> 小二开店经验分享——设置商品基本信息时的注意事项
>
> 淘宝新手在设置宝贝基本信息时带"*"属于必选、必填项，注意填写宝贝详细信息时，宝贝数量、宝贝尺寸、宝贝颜色等千万别漏填。
>
> 另外，还需要注意的是最后面的运费承担选项，默认是卖家承担运费的，各位在发布之前最好事先设置一个运费模版。

5.4 使用淘宝助理批量发布宝贝

网店一旦开张后，卖家就会在店铺中补充各种商品，也就是增加货源。而在线发布商品的操作比较烦琐，而且由于网速原因，卖家也可能需要经历一定的等待时间，这对于需要大量发布商品的卖家而言，就非常费时费事。而通过淘宝助理软件，则可以轻松解决这个问题，下面介绍具体使用方法。

技巧94：创建独特的宝贝模板

一个网店中，往往会销售很多相同类别的商品，而且这些商品除了名称、价格以及描述内容不同外，其他属性都大致相同。如果每次都一个个修改，相当麻烦。

此时，通过淘宝助理提供的"宝贝模板"，我们可以先为同类商品设置一个通用模板，这样以后发布这类商品时，只要直接采用模板，然后将模板中的商品名称、价格、图片、描述内容以及一些可变选项替换即可，从而加快商品的发布速度。创建宝贝模板，具体操作方法如下。

第1步 登录淘宝助理，❶单击"宝贝管理"选项；❷在左侧列表中选择"宝贝模板"选项，如图5-90所示。

第2步 ❸单击"创建模板"按钮，如图5-91所示。

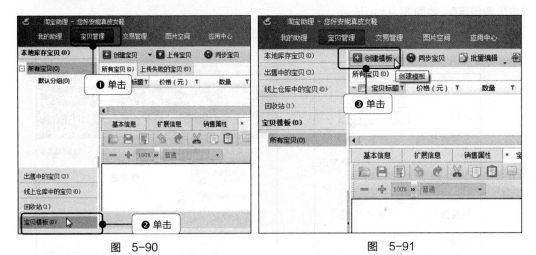

图 5-90　　　　　　　　　　　图 5-91

第3步 打开"创建模板"对话框，❹在各个选项卡中按照新建商品信息的方法选择与设置各选项，对于一些可变选项，简单填写或留空即可；❺单击下方的"保存"按钮保存模板，如图5-92所示。

图 5-92

技巧95：创建宝贝运费模板

我们开网店后，往往会发布很多商品，这些商品在运费上大致是相同的，因此可以进行统一的运费模板设置。在发布商品时直接选择某一个固定的模版即可，创建运费模板，具体操作方法如下。

第1步 进入"淘宝卖家中心"后台，❶ 单击"物流管理工具"栏中的"物流工具"选项，如图5-93所示。

第2步 在打开的"物流工具"页面中，❷ 单击"运费模版设置"选项卡；❸ 单击"新增运费模版"，如图5-94所示。

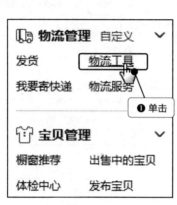

图 5-93

图 5-94

创建了商品模板后，以后发布该模板类别的商品时，就可以自己套用该模板，如图5-95所示。

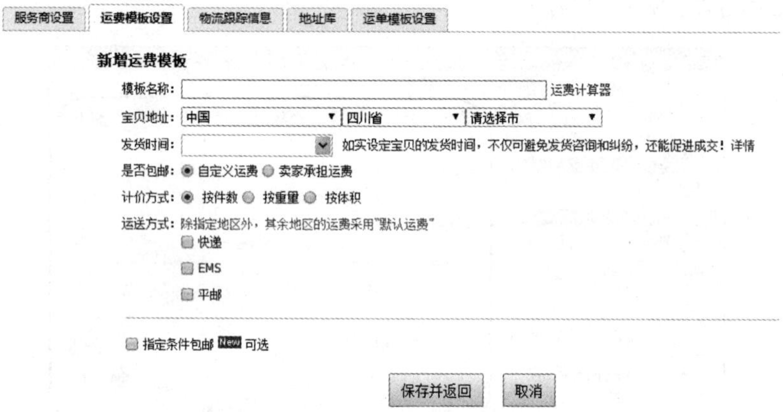

图 5-95

技巧96：导入宝贝数据包

出售虚拟商品和代销供货商的商品，都不需要自己提供宝贝资料，一般情况下其官方或者上级供货商手中都会有一份最新的宝贝数据包。下载此数据包后，即可将其上传到我们的店铺中，具体操作方法如下。

第1步 ❶ 在左侧分类列表中选择"本地库存宝贝"选项；❷ 单击右侧工具栏的"导入 CSV"选项，选择从 CSV 文件导入（增加为新宝贝），如图 5-96 所示。

图 5-96

 小二开店经验分享——CSV 数据包的使用

代理商所提供淘宝数据包的格式为".CSV"，一般需要从代理商网站下载并解压到自己电脑中，然后使用淘宝助理导入。另外，在这里也可以直接在列表中单击鼠标右键，然后选择"从 CSV 文件导入（增加为新宝贝）"命令。

第2步 ❸ 在"打开文件"对话框中选择要导入的数据包文件；❹ 单击"打开"按钮，如图 5-97 所示。

第3步 此时，即可将数据包中商品信息导入淘宝助理中，同时弹出提示框告知用户导入商品的数目，❺ 单击"关闭"按钮。如图 5-98 所示。

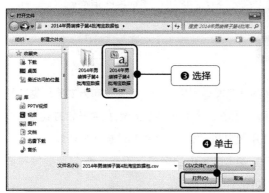

图 5-97　　　　　　　　　　　图 5-98

这里导入的数据，与我们自己创建的数据一样，包含宝贝标题、归属地价格信息、宝贝图片、宝贝详情介绍等。

 小二开店经验分享——让淘宝助理本地数据与淘宝店铺中的数据同步

为了确保本地数据与淘宝店铺中的数据同步，在登录淘宝助理后，应该对数据进行更新，更新方法很简单，只要单击工具栏中的"更新类目"按钮即可。

技巧 97：利用淘宝助理批量修改宝贝价格

如果要修改价格的宝贝数量过多，通过淘宝助理批量修改则相当简便，具体操作方法如下。

第1步 ❶ 在"宝贝管理"选项卡中选择需要统一更改价格的宝贝；❷ 单击"批量编辑"下拉按钮；❸ 在打开的列表中单击"价格"命令，如图 5-99 所示。

第2步 ❹ 在打开的对话框中设置价格更改方式；❺ 单击"保存"按钮，如图 5-100 所示。

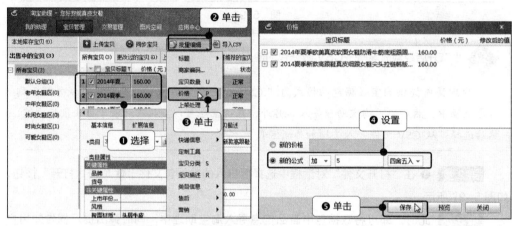

图 5-99　　　　　　　　　　　　图 5-100

第3步 返回"基本信息"页面，单击下方"保存"按钮，保存更改信息。

技巧 98：直接创建宝贝并上传

上传商品也就是将淘宝助理中创建好的商品信息发布到店铺中，具体发布方式将根据商品的开始方式来决定，如商品的开始方式为"立即"，那么发布后将立即上架；如果开始方式为"放入仓库"，那么将会发布到"我的仓库"中。使用淘宝助理发布商品的具体操作方法如下。

第1步 在淘宝助理中进入"库存宝贝"或"出售中的宝贝"列表，❶ 勾选要发布商品前的复选框；❷ 单击"上传宝贝"按钮，如图 5-101 所示。

第2步 ❸ 打开"上传宝贝"对话框，其中列出了将要上传的所有商品，在右下角的下拉列表中选择"宝贝图片"选项，❹ 单击"上传"按钮，如图 5-102 所示。

 小二开店经验分享——发布商品时所要用到的商品图片没有保存到图片空间

只有当编辑商品描述内容时，插入了本地图片，发布时才会将图片保存到淘宝图片空间，如果商品描述中链接了图片，或者采用数据包的话，由于这些图片已经上传到网络中了，因此不会在发布时再保存到淘宝图片空间。

展示商品，宝贝拍摄、优化、上下架技巧 第5章

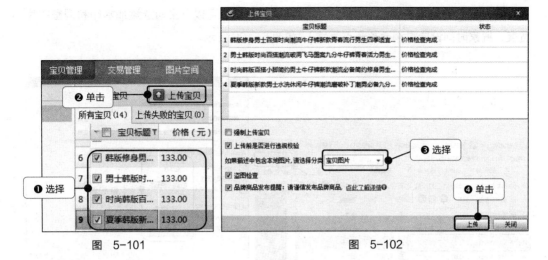

图 5-101　　　　　　　　　　　　　　　图 5-102

第3步　此时开始上传商品，同时对话框上方显示上传进度，如图 5-103 所示。

第4步　每件商品上传完毕后，商品列表右侧均显示"上传成功"字样；当所有商品上传完毕后，将在下方提示用户，❺ 单击"关闭"按钮，如图 5-104 所示。

图 5-103　　　　　　　　　　　　　　　图 5-104

 小二开店经验分享——商品发布后会延迟展示

　　有些用户会发现当发布商品后，店铺中并没有显示出所发布的商品，这是因为淘宝针对发布商品有一定的延迟时间，一般为半小时或者几小时。

技巧 99：使用淘宝助理对商品图片搬家

　　有些卖家通常会将自己的宝贝图片保存在其他相册中，为了避免外部相册各种不稳定的因素，此时，可以通过淘宝助理把商品图片搬家，具体操作技巧如下。

第1步　登录到淘宝助理中，❶ 在出售中的宝贝中勾选需要搬家的宝贝图片；❷ 单击"图片搬家"按钮，如图 5-105 所示。

page | 129

第2步 ❸ 选择并设置搬移到图片空间中的分组（可以自主勾选添加水印和调整图片宽度，搬家时间设置得稍微长一点为好），如图5-106所示。

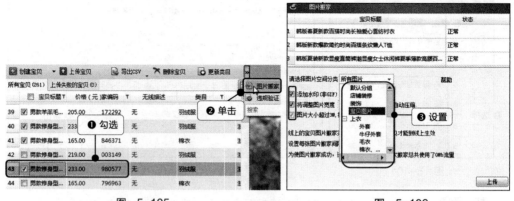

图 5-105　　　　　　　　　　　图 5-106

> **小二开店经验分享——建议使用最新版本的淘宝助理进行搬家**
>
> 这里的图片搬家只能使用最新版淘宝助理，否则搬家失败的概率大增，并建议使用之前无数据包的商品，先导出CSV文件作商品备份，以防搬家失败后做紧急数据恢复。

第3步 ❹ 单击"上传"按钮，即可开始上传图片（如果搬家的图片太多可能会需要一些时间，请耐心等待，其间记住不要操作电脑），如图5-107所示。

图 5-107

小二开店经验分享——图片上传需要注意的事项

修改后的宝贝必须进行上传操作，否则修改无法生效，同时上传的宝贝会自动替换原始出售宝贝，不会重复铺货。

第4步 搬家成功后可在"宝贝描述代码"中检查图片地址是否被替换为"taobaocdn.com"，且在"宝贝描述中"查看图片是否正常显示，如果没有正常替换或者图片不显示，请勿做下一步操作，否则图片将无法展示，如图5-108所示。

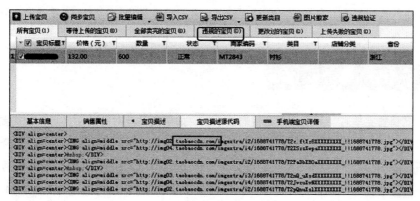

图 5-108

第5步 确认图片能够正常显示后，❺单击"保存并上传"按钮，店铺中的商品详情显示正常才算真正完成图片搬家，如图5-109所示。

图 5-109

 小二开店经验分享——商品图片搬家需要注意的事项

图片搬家后的上传，不算重复铺货，也不会抹去交易记录。淘宝助理搬家只支持商品详情页，不支持店铺装修和供销平台的外部图片，另外如果外部图片打不开或者链接失效，也会导致图片搬家失败，建议等到图片能够显示的时候再搬家。

5.5 商品宝贝的管理技巧

店铺中不断发布新商品，在销售的过程中，卖家还应做一件重要的事情，那就是对店铺中的商品进行实时管理。只有把商品管理好了，才能使店铺稳步经营。这里我们来看一下管理店铺的技巧。

技巧100：将宝贝上架

当商品销售完毕后，淘宝会自动将商品下架，如果商品及时补货了，那么就需要将商品重新上架销售。要上架宝贝可以直接在"仓库中的宝贝"中进行，具体操作方法如下。

第1步 进入"我的淘宝"页面中，❶单击"卖家中心"按钮，如图5-110所示。

第2步 在"宝贝管理"栏目中，❷单击"仓库中的宝贝"链接，如图5-111所示。

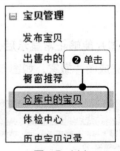

图 5-110 　　　　　　　图 5-111

第3步 在商品列表中，❸勾选上架商品左侧的复选框；❹单击"上架"按钮即可将商品上架成功，如图5-112所示。

图 5-112

技巧 101：下架出售中的宝贝

当店铺中显示指定商品有库存，但实际上商品已缺货时，为了避免顾客购买该商品而无法供货的情况，卖家需要及时将商品下架，也就是停止销售该商品，具体操作方法如下。

第1步 在"宝贝管理"栏目中，❶单击"出售中的宝贝"链接，如图5-113所示。

第2步 将显示出当前在售商品列表，❷勾选要下架商品左侧复选框，如果同时下架多件商品，则同时勾选对应的复选框；❸单击"下架"按钮，如图5-114所示。

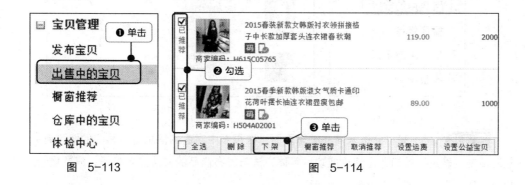

图 5-113　　　　　　　　　　　　图 5-114

第3步 即可将商品下架，下架后的商品将转移到"仓库里的宝贝"中。当商品补货后，则可随时将商品上架销售。

 小二开店经验分享——下架商品的其他方法

使用淘宝助理下架商品：打开淘宝助理，找到出售中的宝贝，单个宝贝下架时，直接勾选上，再选择"进仓库"，再保存，然后单击上传就可以了，这样宝贝就进入了线上仓库，不再出售中。如果是多件宝贝下架的话，一样是找到出售中的宝贝，勾选好之后，点击"批量编辑"功能，在弹出的下拉菜单中，选择"下架处理"，选择"进仓库"，保存，再上传即可。

使用千牛软件下载商品：打开千牛软件，登录账号后，切到工作模式，找到右侧商品管理。单击"商品管理"选项，弹出"商品管理"窗口，下架单个宝贝时，勾选左边的方框后，再单击右侧的下架即可。若是多个宝贝下架时，把要下架的宝贝勾选上，再单击上面的"下架"按钮，然后在弹出的警告窗口中单击"确认"按钮即可下架商品。

技巧 102：修改出售中的宝贝参数

在销售过程中，由于库存变化、商品价格变化等因素，有可能需要对发布的商品进行修改。上传宝贝并在出售以后发现宝贝信息有误，或者临时想修改宝贝价格，可以直接对出售的宝贝参数进行修改。

第1步 进入"淘宝卖家中心"页面，❶ 在左侧列表中单击"出售中的宝贝"链接（如果商品没有上架，那么就单击"仓库里的宝贝"链接），如图 5-115 所示。

第2步 此时页面中将显示所有商品列表，从中找到需要编辑的商品后，❷ 单击右侧的"编辑宝贝"链接，如图 5-116 所示。

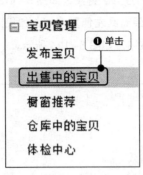

图 5-115

图 5-116

第3步 接下来将会进入商品编辑页面，在页面中对商品信息进行相应的修改或完善，然后单击"确定"按钮即可修改成功。具体方法与发布商品的方法完全相同，只要重新选择相应选项、更改内容或者上传图片即可。

技巧 103：删除库存的宝贝

当某件商品销售完毕后，卖家也不再继续销售此商品时，就可以将商品彻底删除，从而便于店铺的管理，在"出售中的宝贝"仓是"仓库里的宝贝"列表中都可以删除宝贝。具体操作方法如下。

第1步 无论商品位于"出售中的宝贝"或是"仓库里的宝贝"列表中，❶ 只要进入相应列表并勾选商品的复选框；❷ 单击"删除"按钮，如图 5-117 所示。

第2步 将商品删除后，如果商品图片是保存在淘宝图片空间中，❸ 那么我们还需要将图片空间中对应的商品图片删除，从而腾出所占空间，如图 5-118 所示。

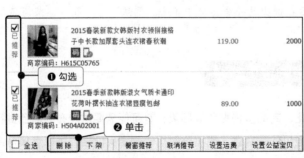

图 5-117

图 5-118

技巧 104：选择最佳的商品发布时间

淘宝规定商品默认上架时间为 7 天或者 14 天，超出时间就会下架再重新上架。当我们使用"淘宝助理"编辑好商品数据以后，可以设定宝贝自动上架时间，当达到设定时间以后，让其定时自动上传。这样就能在淘宝在线人数最多的时候保持自家宝贝拥有更多的显示机会。具体操作方法如下。

第1步 ❶ 在淘宝助理中完成宝贝的编辑并选中要设置定时发布的宝贝，单击"批量编辑宝贝"；❷ 选择"上架处理"选项，如图 5-119 所示。

第2步 ❸ 单击"下拉"按钮，设置定时上架的时间（定时上架、立即上架、进入仓库）；❹ 设置"逐个发布的间隔"；❺ 单击"保存"按钮，如图 5-120 所示。

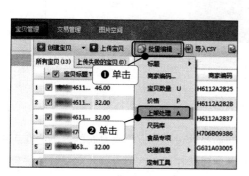

图 5-119

图 5-120

> 小二开店经验分享——自定义时间上架宝贝
>
> 一般情况下，9：00 ~ 11：00、14：00 ~ 19：00、20：00 ~ 22：00 几个时间段，淘宝的在线人数最多。因此，当我们编辑好商品数据以后，可以设定宝贝自动上架时间，当到达指定时间以后，让其自动上传。

5.6 宝贝的展示技巧

淘宝网为卖家提供了灵活的商品展示功能，其中有些是免费使用，有些需要付费使用。而卖家需要做的就是把这些功能灵活利用起来，从而得到最佳商品展示效果。

技巧 105：对宝贝进行分类

当店铺销售的商品种类较多时，为了使商品更加直观，便于买家分类浏览商品，就需要创建商品分类，然后将所有商品分类放置，具体操作方法如下：

第1步 进入"卖家中心"页面，❶单击"店铺管理"下的"宝贝分类管理"链接，如图5-121所示。

第2步 进入宝贝分类管理页面，❷单击"添加手工分类"链接，如图5-122所示。然后设置分类名称，再对商品进行分类操作即可。

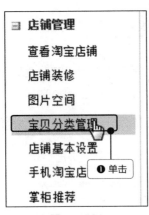

图 5-121

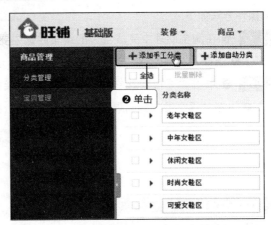

图 5-122

技巧 106：设置掌柜推荐商品

开店一段时间的卖家应该会发现，在逐步发布商品的过程中，后来发布的商品会在店铺首页中优先显示，而之前发布的商品则会按发布顺序显示在后面，那么这些商品就无法显示在店铺首页中，这样买家进入店铺后，就很难看到这些商品了。此时，可以将其设置为掌柜推荐商品，就能在首页显示了，具体操作方法如下。

第1步 在"店铺管理"栏目下，❶单击"掌柜推荐"链接，如图5-123所示。

第2步 打开"推荐宝贝"页面，在推荐新宝贝列表下选择要推荐的宝贝，❷单击"推荐"链接即可将当前宝贝自动加载到右侧"已推荐"列表中，如图5-124所示。

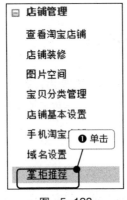

图 5-123

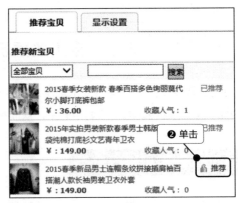

图 5-124

第3步 ❸单击"显示设置"选项卡；❹在下方设置推荐宝贝的显示效果；❺单击"保存"按钮，如图5-125所示。

第4步 查看自己店铺首页，推荐宝贝会自动显示在"掌柜推荐宝贝"栏目中，如图5-126所示。

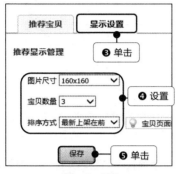

图 5-125　　　　　　　　　图 5-126

 小二开店经验分享——设置"掌柜推荐宝贝"模块顺序

"掌柜推荐宝贝"模块可以通过手动的方式自由调整它在首页的显示位置，它默认在自定义模块之下。

技巧107：设置橱窗推荐商品

橱窗推荐宝贝会集中显示在首页的"橱窗推荐"列表中，同时，当买家在淘宝通过搜索或者单击"我要买"根据类目进行搜索时，这里设置的橱窗推荐宝贝就会出现在页面中，让我们的商品获得更多的浏览量及点击率。"橱窗推荐"功能可以直接在"店铺管理"类目中进行操作，具体操作方法如下。

第1步 在"宝贝管理"栏目下，❶单击"橱窗推荐"链接，如图5-127所示。

第2步 ❷在打开的宝贝页中勾选要推荐的宝贝；❸单击"橱窗推荐"按钮即可，如图5-128所示。

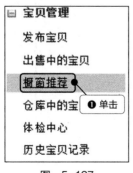 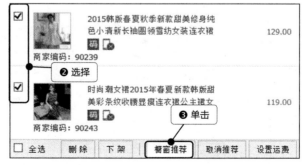

图 5-127　　　　　　　　　图 5-128

> **小二开店经验分享——橱窗推荐有多少位置**
>
> 每个卖家都可以根据信用级别和销售情况获得不同的橱窗推荐位,每一个新开的店铺都会有 5 个橱窗推荐位,随着交易量的增加以及信誉等级的提高会按照橱窗位的相关规则而递增。

技巧 108:设置橱窗推荐大小

店铺中的宝贝过多,如果大部分都推荐为橱窗显示,就需要设置显示方式,让图片排列得更加规则,设置橱窗推荐大小的具体操作技巧如下。

第 1 步 ❶ 在"卖家中心"页面单击"店铺管理"组中的"店铺装修"链接,如图 5-129 所示。

第 2 步 ❷ 进入店铺装修页面,在页面右侧商品图右上角单击"编辑"按钮,如图 5-130 所示。

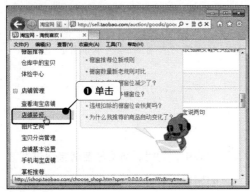

图 5-129　　　　　　　　　　图 5-130

第 3 步 打开"宝贝推荐"对话框,❸ 单击"显示设置"选项;❹ 在"展示方式"中选择需要的样式,如"一行展示 4 个宝贝";❺ 单击"保存"按钮,如图 5-131 所示。

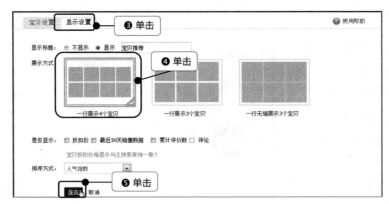

图 5-131

本 章 小 结

本章详细介绍了在网上开店拍摄商品图片并对其优化,然后将宝贝发布到店铺中进行管理的一些知识。先是店铺商品拍摄的技巧和对商品的美化处理,进而介绍了如何在淘宝网发布商品和使用淘宝助理发布的各种技巧,最后介绍了淘宝助理的使用和展示商品的技巧。学习本章后,可以全面系统地掌握对店铺商品的优化以及宝贝的发布流程与管理,以便加快自己店铺开张的速度。

第6章

精益求精，店铺内部的优化与管理技巧

本章导读

店铺确定后，想要店铺有好的生意，接下来我们要做的就是对店铺内部进行优化与管理。让店铺里的宝贝更具特色。在淘宝店铺中，只要店铺宝贝够吸引人、店内优惠活动多，都可以为自己的店铺带来不错的点击率，进而转化为店铺利润。本章将详细讲解这部分的知识。

知识要点

通过本章内容的学习，读者能够学习到如何进行店铺内部的宝贝优化及管理的技巧、如何设置店铺活动促进销售等。学完后需要掌握的相关技能知识如下。

- 做好店铺内部优化
- 加入淘宝服务
- 优化图片和商品详情
- 店内活动团团转

6.1 做好店铺内部优化

淘宝是个大杂烩，买家多的同时也就意味着卖家多、商品也多。如何更好地优化淘宝店内的宝贝，从而提高流量呢？下面介绍这方面的技巧。

技巧 109：做好宝贝标题优化

宝贝在出售中，能不能让买家搜索到，将是影响店铺生意的最关键因素。宝贝标题不仅能吸引人，也能让买家一目了然地知道商品的特性，还要利于关键词的搜索。

假设卖家要出售移动话费，可以选择的商品标题常有"移动××元话费充值"或者"移动充值××元话费"。

买家一般会在搜索栏里搜索"移动话费"或"话费充值"，如果买家按第一种词汇进行搜索，那么这两种标题的宝贝都会被搜索到，而如果是搜索第二种关键词，则明显包含"话费充值"的关键词被搜索到的概率更大，排名更靠前，如图6-1所示。

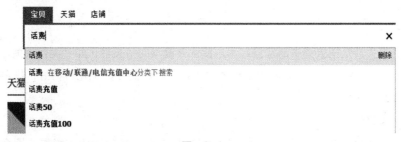

图 6-1

 小二开店经验分享——关键词优化

在淘宝搜索栏输入关键词，这里会显示当前属性搜索量最大的关键词。作为聪明的卖家，我们完全可以将这个搜索量最大的关键词作为自己设置宝贝关键词时的重要参考，实用又免费，何乐而不为。

在使用关键词设置淘宝商品时，应尽可能地遵循如下规则。

● 在宝贝可以用多个词汇来描述的时候，应该把联系最紧密的词汇和宝贝的名称写在一起。宝贝是否能够被搜索到，取决于宝贝的标题里是否含有关键词，以及关键词的组合是否正确。

● 采用大众性词汇，在给自己的宝贝命名时，不妨换位思考，假如我们是买家，想买某个产品，将会通过淘宝搜索什么样的词汇来找到想要的宝贝？我们能想到的也是很多人都能想到的，因此将多数人能够想到的大众词汇引用到宝贝标题中来，会很容易令宝贝被搜索到。

● 标题关键词优化要主题明确，简单明了，使用能够突出宝贝特点的广告语，尽可能多地包含合格的边缘关键词和热门关键词是给宝贝取标题时需要考虑的。

● 标题可以多带点宣传性，比如含有特价、促销等字眼的标题吸引消费者眼球。对于任何一个有购物欲望的朋友来说，都希望在满足自己购物欲望的同时尽可能减少花费，因此，很多人都喜欢选择商家做活动的时候来购物。

 小二开店经验分享——淘宝关键词的规定

淘宝规定宝贝的标题最长不能超过60个字节，即30个汉字，在不违反规定和保证标题组合合理的情况下，尽可能多地在标题中包含更多的关键字，这样，在淘宝搜索中被搜索到的概率会增大。

技巧110：提升宝贝成交量的技巧

在网上购物，影响买家是否购买的一个重要因素就是宝贝成交量，提升宝贝成交量主要包括以下5个因素。

（1）相关性

这里的相关性是指店铺中的宝贝与用户搜索关键词的相关性，如"类目相关、属性相关以及标题相关"，相关性是基础。如果相关性不好，其他的因素优化得再好，排名也不会很靠前，或者商品根本就没有展现机会。

（2）下架时间

所有宝贝排名，是在一定下架时间范围内，按照宝贝权重和店铺权重的综合得分（这个得分是通过各个参数得分加权得来的）进行排序的。不同关键词搜索结果，下架时间范围是不同的。跟宝贝的竞争量有关。宝贝的竞争量越大，时间范围越小，排名掉下去得越快；竞争量越小，时间范围越大，排名掉下去得越慢。因为对任何关键词的搜索，所有宝贝能展示的结果是有限的，每页最多不超过45个宝贝，共100页。

因此，所有排名都是很不稳定的。一般7天一个周期。正因为这样，我们经常会碰到这样的情况，对于某个关键词搜索，宝贝竞争量较小时，所有宝贝排名更稳定，停留时间更长。

另外，宝贝权重和店铺权重高的宝贝，排名相对稳定，停留时间也比较长。

（3）橱窗推荐

举例来讲，在一个大商场里会有很多家店，顾客从过道里走过，通过卖家的橱窗能看到的产品，就是橱窗推荐的产品。一般来讲，店家会把最受欢迎的产品放在橱窗推荐的位置，这样才能够吸引顾客进店浏览及购买其他产品。淘宝店的橱窗推荐也是这个作用。

（4）宝贝权重

所有排名算法里，同样会加入宝贝权重，这个很容易理解。如果系统根据下架时间让你的宝贝有了很好的排名，但你的宝贝转化成交率很低，不受欢迎，以后淘宝系统肯定会把机会给更受欢迎的宝贝。

（5）店铺权重

在这5个因素中，店铺权重对排名的影响很小，但也有影响，主要包括动态评分面、违规情况"降权、屏蔽、滞销"；退款率、退款纠纷率、退款速度"、拍发时间差"买家拍下物流公司揽收"、店铺信誉、旺旺在线时间、旺旺响应速度（30s）、店铺整体转化率。

技巧111：提高店铺信誉等级

对于新手刚在淘宝开店没有信誉，卖产品就会比较难，没信誉就会影响客户的购买信心，还有信誉影响产品的排名、产品数量的发布、橱窗位也比较少。所以先提高店铺信誉再卖产品，这样在淘宝做生意容易点。提高店铺信誉等级的技巧，可以考虑以下两个方面。

- 好的货源：这一点很重要，也是必要的，好的货源才能保证产品的质量以及不断供应，回头客自然也就多了。好的货源才能具有可竞争的价格，特别是新开的店铺。
- 好的服务：想做好淘宝网店就一定要准备好接待各种人，准备时刻以低姿态与客户沟通。

技巧112：店铺商品收藏人气

收藏店铺对于新开淘宝店铺来说很重要，店铺收藏利于提升店铺综合排名和人气排名，还可以配合店内营销活动。

目前淘宝上的卖家都有这样一个状况，通常买家只会去买信誉度高的店铺内的产品。所以首先你要适当降低价格引起关注，其次就是做好售后服务，这样买家会放心，一般后面有包退标示的宝贝会引起关注。建议新店开始先别赚什么钱，把信誉、人气赚到了再去赚钱就比较容易。

技巧113：设置店铺好评和动态评分

在竞争如此激烈的电商环境下，初在淘宝网上开店，想让顾客购买你的产品不易，成为你的忠实客户，让他（她）们给你写出优质好评更加困难。

那么，如何快速提升店铺动态评分和好评呢？除了你的产品质量好外，必要的吸引客户的促销手段和客户关怀一定要做到位。

很多时候，卖家由于过多地重视店铺的流量和销量问题，而忽略了好评这个环节，其实这样做是很不明智的，为什么呢？在淘宝上买东西，店铺的好评就跟信誉一样，是带给客户信心和质量保证的信号标志。同样一件宝贝，若价格相差不大，即使某家宝贝价格稍高，但动态评分飘红，优质好评又多；而另一家，价格虽便宜，但动态评分是飘绿的，且好评不多，那么，作为顾客，你会选择价格偏贵的店家？还是便宜的店家？很明显，精明的消费者都知道怎么选择了。

当今在淘宝淘货的朋友，已不再一味追求价格便宜了，买到放心产品才是最为关心的，只要店铺做出了口碑，销量也自然能快速提升上去了。那么，如何快速提升店铺动态评分和优质评语呢？这里给出一些比较有效的方法。

（1）设置好评送彩票

一注彩票本身的价值并不高，仅需 2 元，但只要商家在产品利润方面控制好，拿出 2 元作为奖励送给买家，这也是件很值得做的事情。因为很多时候，买家买东西，除了想产品好用外，对卖家给予的小优惠也是很在乎的。有时即使产品好用，但是买家有点懒惰，或者忙起来而不想去写好评，甚至，只要货到了，就不管后面的事情了，让淘宝默认的去自动确认收货，自动完成交易。这样，对卖家来说，第一，占用了资金；第二，这正是单纯的交易，达不到卖家想要的效果。而作为买家本身，是完全可以给卖家写好评，并成为店铺忠实客户的，最重要也最为关键的一点是能达到宣传引导的作用，带动其他买家消费。

因此，设置 5 分好评 +20 字，送彩票，小小好处，既给顾客带来了优惠，又为店铺增加优质好评，何乐而不为。图 6-2 所示，是使用彩票后的店铺动态评分对比图。

图 6-2

（2）多方引导，营造活动氛围

对于"好评送彩票"的方法，卖家千万不要浪费了。一定要将此优惠手段推广出去，做成活动氛围，让客户知道，也感觉到自己参加这个活动是多么的幸运，同时，多方引导，也可以让更多的客户了解并知晓活动，让活动效果事半功倍，进行多方引导，营造活动氛围，具体设置技巧如下。

● 旺旺签名写明活动，客户在咨询和交流时，就可以看到活动。

● 旺旺聊天自动回复，说明好评送彩票活动。

● 短信引导，设置发货，或确认收货或签到后，给买家自动发送短信提示，让买家在收到货后，可以第一时间就了解到活动，并积极参与进来。

（3）对特别客户，进行特殊关怀

对于店铺的客户，我们可以利用 CRM 将他（她）们进行分类，对特别客户，像 VIP 会员，送出特别待遇。给客户分配一个特权领取密码，在发货时，以发货卡，或者其他形式，将密码告诉客户，并告之凭此密码进入店铺可以领取一张彩票，此项优惠只有特权者才拥有，这样不但给顾客增加一份荣誉感，同时也增加了购物的趣味性和客户粘性。

技巧 114：设置千牛在线时间

现在淘宝越来越重视顾客的体验，千牛经常不在线，买家搜索到你的店铺，却联系不上卖家，这样的流量就是浪费，还不如分给别的卖家，因此千牛不在线也是阻碍店铺流量，减少成交量的因素。

设置千牛在线时间，一般在淘宝是早上 9：00 ～ 11：00、下午 3：00 ～ 5：00、晚上 7：00 ～ 10：00，这段时间是买家们最活跃的购物时间。

技巧 115：添加友情链接

为了方便买家浏览，卖家可以制作友情链接。广大卖家可以相互之间建立友情链接，增加其他店铺买家光顾自己店铺的概率，只要浏览量增加了，销售概率也就相应提高了。添加友情连接，具体操作方法如下。

第 1 步 进入店铺装修页面，❶ 在左下角 "友情链接" 板块处单击 "编辑" 图标，如图 6-3 所示。

第 2 步 打开 "友情链接" 对话框，❷ 在链接类型右侧单击 "文字" 单选按钮；❸ 输入链接名称、地址（可先复制对方网址，此处直接粘贴）、说明；❹ 单击 "保存" 按钮即可，如图 6-4 所示。

图 6-3

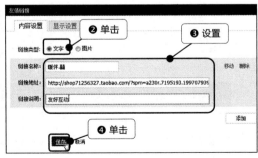

图 6-4

6.2 加入淘宝各项服务

在网上开店，需要加入消费者保障服务，卖家们都知道，消保对于买家来说是购物保障的象征。要让自己的店铺有好生意，首先给买家树立一个好的印象。加入后买家购物能更放心，能够提供更多增值服务。

技巧 116：淘宝消费者保障服务

消保是淘宝几年前推出的消费者保障服务的简称，包括了如实描述、7 天无理由退换、假一赔三、30 天维修、虚拟物品闪电发货等多种购物保障服务，经过逐步升级，目前已覆盖整个网络购物流程。加入"消保"后的店面，在店铺首页会展现保证金形式，并且买家可以在展示和商品详情页面中看到"消保"及承诺的服务标志，如图 6-5、图 6-6、图 6-7 所示。

图 6-5

图 6-6

图 6-7

从上面可以看出，加入"消保"后最大的好处是增加了顾客的信任度，有"消保"的店铺比没有"消保"的店铺更容易成交。网络购物发展至今，有不少买家购物的时候只选择加入"消保"的商品，所以他们对商品进行搜索的时候就已经排除了没有加入"消保"的店铺。

买家在购买产品的时候，同样两家店铺，卖一样的产品，价格都一样，买家毫无疑问会优先选择加入消保的卖家。另外，淘宝上很多活动只针对消保卖家开放，所以加入消保还可以增加推广的机会。

 小二开店经验分享——消保，对于买家来说是购物保障的象征

加入消保的卖家向消费者承诺提供更高标准的服务，并提交保证金。如果在交易中未达承诺，淘宝可按照消保的对应条款动用保证金直接赔付给消费者。

技巧 117：借助免费营销软件提升服务与推广

淘宝卖家服务频道中，包含了众多的服务软件，用户可以订购一些免费的软件来帮助自己进行店铺营销。选择免费服务软件，具体操作方法如下。

第1步 ❶在"卖家中心"的"软件服务"下,单击"订购服务"按钮,如图6-8所示。

第2步 ❷打开"淘宝卖家服务"页面,单击"营销推广"选项;❸选择"店铺推广"命令,如图6-9所示。

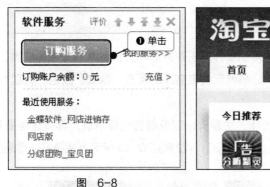
图 6-8

图 6-9

第3步 ❹在打开页面中,单击勾选"免费试用"复选框,如图6-10所示。

第4步 ❺此时,将自动显示免费或者可以免费试用的推广服务,单击"立即订购"即可,如图6-11所示。

图 6-10

图 6-11

6.3 优化图片和商品详情

大部分买家都是通过搜索找到并购买他们想要的商品,因此做好商品标题优化是网店推广,增加流量的重中之重。当顾客进来了,能否留住顾客,能否刺激顾客产生购买行为,将顾客变成买家,关键就在于商品描述,商品描述得好与坏,将直接影响到商品的销量。因此,商品描述优化尤为重要。

技巧118:撰写商品描述的步骤

在网上购物,影响买家是否购买的一个重要因素就是商品描述,很多卖家也会花费大量的心思在商品描述上,撰写商品描述的大致方法如下。

（1）做一个精美的商品描述模板

商品描述模板可以自己设计，也可以在淘宝上购买，还可以从网上下载一些免费的宝贝描述模板。精美的模板除了让买家知道掌柜在用心经营店铺外，还可以对宝贝起到衬托作用，促进商品的销售。

（2）拍摄好商品照片

在发布商品描述前还要拍摄处理好商品照片。图片的好坏直接关系到交易的成败，一张好的商品图片能向买家传递很多东西，起码能反映出商品的类别、款式、颜色、材质等基本信息。

在这个基础上，要求图片要拍得清晰、主题突出以及颜色还原准确，具备这些要素后，可以在上面添加货号、美化装饰品、防盗水印等。图6-12和图6-13所示为处理好的商品照片。

图 6-12

图 6-13

（3）吸引人的开头，快速激发客户购买欲

商品描述的开头的作用是吸引买家的注意力，唤起他们的兴趣，给他们一个非得继续看下去不可的感觉。

不管写什么样的产品描述，必须首先了解潜在客户的需求。了解他们在想什么，找到让他们感兴趣的东西，看看怎么把你的产品和他们的兴趣联系在一起。

如你是卖毛绒玩具的，面对的消费人群除了一些孩子的父母之外，也有可能是年轻的小情侣，那么你可以这样写："爱你的她，有没有给你起一个爱称呢，虽然猪啊、熊啊，不是很好听，但那充满着浓浓的爱意，工作忙碌的你有没有经常不在她身边，你为她买上这样一只胖乎乎的可爱小熊在身边，也仿佛有你陪伴。"

（4）突出卖点，给顾客一个购买的理由

找到并附加一些产品的卖点，加以放大。挖掘并突出卖点，很多产品细节与卖点是需要挖掘的。每个卖点都是增加买家说服力的法码。你的宝贝描述卖点越多，就会越成功。

（5）通过建立信任，打消客户疑虑

利用好买家的评价，并附加在描述里。放些客户好评和聊天记录，定能增加说服力。第

图 6-14　　　　　　　　　　　图 6-15

三方的评价会让顾客觉得可信度更高，让买家说你好，其他顾客才会相信你。图6-14和图6-15所示为把信用评价添加在商品描述中。

技巧119：宝贝描述的好坏决定销售转化率

商品描述是真正展示商品的地方，买家也是通过商品描述初次了解商品的。但事实上许多卖家的商品描述非常简单，往往几十个字就没了。实际上宝贝描述应注意以下几个方面。

（1）首先要向供货商索要详细的商品信息

商品图片不能反映的信息包括材料、产地、售后服务、生产厂家、商品的性能等。相对于同类产品有优势和特色的信息一定要详细的描述出来，这本身也是产品的卖点。

（2）产品的基本属性描述

例如，品牌、包装、规格、型号、重量、尺寸大小、产地等。这些都描述出来，会让买家更觉得关怀备至，从情感上，抓住顾客的心，宝贝描述应对买家攻心为主，看完宝贝描述后，让买家与我们的宝贝描述中的图片和文字产生共鸣。图6-16所示为产品的基本属性描述。

图 6-16

（3）直观性

商品描述应该使用"文字＋图像＋表格"三种形式结合来描述，这样买家看起来会更加直观，便增加了购买的可能性。

（4）参考同行网店

可以去皇冠店转转，看看他们的商品描述是怎么写的。特别要重视同行中做得好的网店。

（5）在商品描述中添加相关推荐商品

如本店热销商品、特价商品等，即使顾客对当前所浏览的商品不满意，在看到商家销售的其他商品后，也许就会产生购买的欲望。另外即使顾客已经决定购买现在浏览的商品，在浏览其他搭配商品的同时，也会产生再购买的打算。让买家更多地接触店铺的商品，增加宣传力度。图6-17所示为在商品描述中添加其他相关推荐商品。

图 6-17

（6）留意生活，挖掘与宝贝相关的生活故事

这个严格来说不属于商品描述信息的范畴，但是一个与宝贝相关的感人故事更加容易打动消费者。

（7）在商品描述中注意售后服务和规避纠纷

在商品描述里添加了售后服务和退换货的一些注意事项，既取消了买家的担忧，也可以避免日后发生纠纷，以此作为凭据，如图6-18所示。

图 6-18

（8）展示相关证书证明

如果是功能性商品，需要展示能够证明自己技术实力的资料。提供能够证明不是虚假广告的文件，或者如实展示人们所关心的商品制作过程，都是提供可信度的方法。如果电视、报纸等新闻媒体曾有所报道，那么收集这些资料展示给顾客也是很好的方法。图6-19所示的页面中展示了商品的相关证书和证明资料。

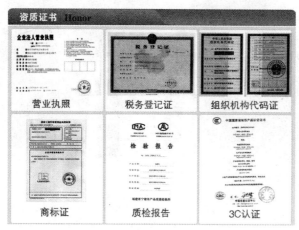

图 6-19

技巧120：优化商品图片做好视觉营销

商品图片的好与坏会直接影响到买家是否感兴趣点进来查看商品的详细情况，宝贝图片优化是对现有的宝贝图片进行优化处理，进而生成画面效果理想的图片，能够刺激买家产生购买行为的图片。优化图片可以从以下几个方面着手。

（1）首图的优化

输入关键词后展示的商品有数十个，如何在这几十个商品中脱颖而出，让买家迅速点击你的商品，这就是淘宝商品首图优化的重要性了。在所有的商品展示图片中，首图往往决定了你的商品是否能吸引买家。

> 小二开店经验分享——淘宝商品首图的优化原则
>
> 淘宝商品首图优化原则是：主体突出，宝贝清晰漂亮，从最佳角度展示商品全貌，不要有过于杂乱的背景。另外可以通过首图展示促销信息，一看图片顾客就知道你店铺有优惠活动，这样更能吸引顾客点击，尽量把主图做成正方形。

（2）图片要处理好

图片的大小首先要调整好，要符合在网站上打开时浏览者的视觉感受，而且上传至网站上不会影响网页打开的速度。修正构图，把拍摄时不注意留下的构图问题，利用黄金分割法

调整好,让人看上去舒服,并产生美感。

图片不能过亮当然也不能偏暗,调整得适合就可以。同时要加上店铺的防盗水印,彰显店铺的专业性,也防止网络盗图行为,如图6-20、图6-21所示。

图 6-20　　　　　　　　图 6-21

（3）应有详细的展示商品

即使是同一件商品,因为颜色和尺寸的不同,给顾客的感觉也常会有很大差异。对于顾客想要了解的内容,不要一概而过,而是应认真、详细、如实地介绍给顾客。只有这样,顾客才能毫不犹豫地购买。图6-22所示的商品展示中使用了多幅图片详细地展示了商品的材质与细节。

图 6-22

很多新手卖家都不注重细节图的拍摄,甚至在页面上都没有细节图,这样很难让买家信任。所以,为了店铺的生意,细节图的拍摄一定不能少。细节图越多,买家看得越清楚,当然对你的宝贝产生好感及购买欲望也就越大。

（4）采用模特实拍

如果想用心地经营一个属于自己的品牌店,采用模特实拍图片是必不可少的。建议经营服装、包包、饰品等商品的卖家用真人做模特拍摄图片,给买家传达更多的信息。

相比平铺的衣服照片，使用真人模特的照片更能体现衣服的试穿效果。而且模特的姿势也是各式各样，这样能显示出服装的板型和试穿效果。使用真人模特的效果如图6-23所示。

图 6-23

使用真人模特拍出来的商品图片，不仅能让买家更多地了解商品，还能美化店铺，吸引买家的眼球，店铺浏览量也会随之提高。

> 小二开店经验分享——使用真人模特拍摄商品图片时的注意事项
>
> 卖家在使用真人模特拍摄商品时，需要注意以下几点。
> ·使用真人做模特，最好在商品描述中标明模特的身高或商品的大小，让买家对于商品的了解更加透明。
> ·尽量不要在逆光状态下直接面对模特，拍摄者或模特可以尽量采取45度的侧拍角度。
> ·使用真人模特拍摄图片，选择合适的背景也很重要。地点最好选择户外，自然光拍摄出来的效果更好。
> ·要协调拍摄对象之间的关系，不能喧宾夺主。重点体现商品的特点，但是也要注意商品和模特之间的协调。
> ·模特姿势要多些，同时动作要自然，不要太僵硬。

6.4 店内活动团团转

很多店铺都会推出各自的推广服务，其目的是提高成交量。通常网店主要有限时打折、搭配套餐、店铺优惠券等促销工具。下面来看看淘宝的一些收费促销工具。

技巧121：限时打折

新开店的朋友可以申请淘宝的"限时打折"功能，尽可能地让利于买家，以此增加宝贝的成交量，快速积累人气。

"限时打折"是淘宝提供给卖家的一种店铺促销工具，订购了此工具的卖家可以在自己的店铺中选择一定数量的商品在一定时间内以低于市场价开展促销活动。活动期间，买家可以在商品搜索页面根据"限时打折"这个筛选条件找到所有正在促销打折的商品，如图6-24所示。

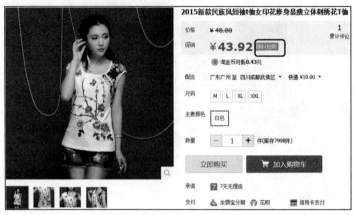

图 6-24

加入限时打折的具体操作方法如下。

第1步 ❶进入淘宝网"卖家中心"界面，在左侧"软件服务"选项下单击"我要订购"链接，如图6-25所示。

第2步 ❷进入页面后，在搜索栏中输入"美折促销"；❸单击"搜索"按钮，如图6-26所示。

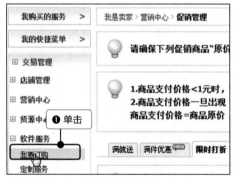

图 6-25

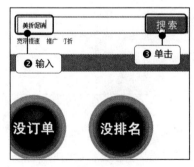

图 6-26

第3步 进入"美折促销"购买界面，❹选择"购买版本"和"周期"；❺单击"立即购买"按钮，如图6-27所示。

第4步 确定订购信息无误后，❻单击"同意协议并付款"按钮，如图6-28所示。

精益求精，店铺内部的优化与管理技巧 第6章

图 6-27

图 6-28

第5步 ❼ 在订购成功页面中单击"立即使用"按钮，如图 6-29 所示。

第6步 进入美折活动页面，❽ 单击"创建新活动"下拉按钮；❾ 单击"折扣/减价"命令（这里以折扣/减价为例），如图 6-30 所示。

图 6-29

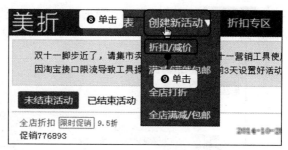

图 6-30

第7步 ❿ 设置活动信息；⓫ 单击"下一步：选择打折商品"按钮，如图 6-31 所示。

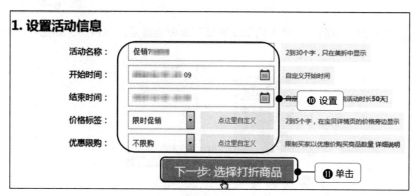

图 6-31

page | 155

第 8 步 ⓬进入"选择活动商品"页面,单击需要打折的商品旁边的"加入活动"按钮,如图 6-32 所示。

第 9 步 选择完成后,⓭单击"下一步:设置商品折扣"按钮,如图 6-33 所示。

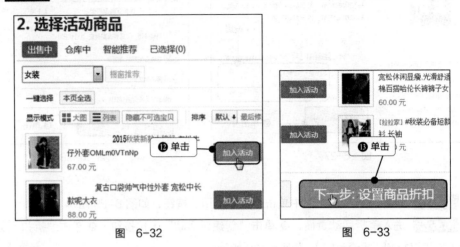

图 6-32　　　　　　　　图 6-33

第 10 步 进入"设置商品折扣"页面,⓮给每件需要打折的商品设置商品折扣,如图 6-34 所示。

第 11 步 ⓯设置完成后,单击"完成并提交"按钮,如图 6-35 所示,提交成功后就代表活动创建成功。

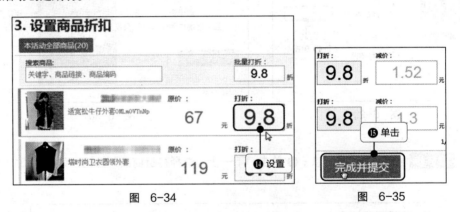

图 6-34　　　　　　　　图 6-35

第 12 步 参加活动后,店铺中的活动商品页面即会显示出促销价,如图 6-36 所示。

图 6-36

技巧 122：搭配套餐

一些买家在购买商品的时候，往往不会只购买一种商品，如果能够将店铺中的几种不同商品进行捆绑销售，则可以更好地提高店铺的销售业绩。"搭配套餐"是将卖家店铺中销售的几种宝贝组合在一起设置成套餐来进行捆绑销售，这样可以让买家一次性购买更多的商品，从而提升店铺的销售业绩，增加店铺的曝光率，节约成本，如图6-37所示。

图 6-37

技巧 123：宝贝满就送

"满就送"功能是基于旺铺的一种促销手段，它给卖家提供一个店铺营销平台，让所有设置了"买就送"的宝贝，自动实现促销。不用卖家手动进行操作，从而通过这个营销平台带给卖家更多的流量。设置"满就送"的具体操作步骤如下。

第1步 登录到淘宝网"卖家中心"，在"我是卖家"下面，❶单击"营销中心"栏中"促销管理"链接，如图6-38所示。

第2步 进入"促销管理"页面，❷单击"满就送"选项卡；❸单击"马上订购"按钮，如图6-39所示。

图 6-38　　　　　　　　　　图 6-39

第3步 进入"满就送(减)"购买页面，❹选择服务版本与周期；❺单击"立即订购"按钮，如图6-40所示。

第4步 进入"新订购软件服务"页面，在这个页面中显示了购买类型、起始时间及价钱等，❻单击"同意协议并付款"按钮，如图6-41所示。

图 6-40　　　　　　　　　　　图 6-41

第5步 弹出确认提示框，❼单击"去支付宝付款"按钮，如图6-42所示。

第6步 进入"支付宝收银台"页面，❽输入支付宝账户和支付密码，❾单击"下一步"按钮，如图6-43所示。

图 6-42　　　　　　　　　　　图 6-43

第7步 ❿再次输入支付宝支付密码；⓫单击"确认付款"按钮，如图6-44所示。

第8步 弹出"信息校验"提示框，⓬输入校验码；⓭单击"确认付款"按钮，如图6-45所示。

图 6-44

图 6-45

第9步 此时，"满就送（减）"服务即可订购成功，如图6-46所示。

图 6-46

第10步 再次登录到促销管理首页，⑭ 单击"满就送"选项卡；⑮ 进入"满就送"的设置页面，设置相关信息；⑯ 单击"完成设置"按钮，"满就送"设置成功，如图6-47所示。

第11步 ⑰ 单击底部右侧的"拷贝代码"文字链接；⑱ 单击左侧"店铺装修"选项，如图6-48所示。

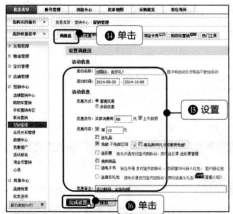
图 6-47

图 6-48

第12步 进入"店铺装修"页面,⑲单击"店铺公告"版块中的"添加模块"按钮,如图6-49所示。

第13步 弹出"添加模块"对话框,⑳在选定模块的右侧单击"添加"按钮,如图6-50所示。

图 6-49　　　　　　　　　　　　　　　图 6-50

第14步 ㉑单击"店铺公告"中的"编辑"按钮,如图6-51所示。

第15步 弹出"店铺公告"对话框,㉒单击勾选"编辑源代码"复选框;删除先前代码,按Ctrl+V组合键粘贴代码;㉓单击"确定"按钮;将代码粘贴到店铺公告里,如图6-52所示。

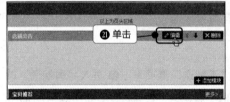

图 6-51　　　　　　　　　　　　　　　图 6-52

第16步 返回装修页面,㉔在右上角单击"发布"按钮,如图6-53所示。

第17步 此时,买家打开店铺,即可在"店铺公告"中查看到到"满就送"促销活动,如图6-54所示。卖家要根据宝贝自身的特点灵活使用促销工具,使有限的资源发挥最大的效果。

图 6-53　　　　　　　　　　　　　　　图 6-54

小二开店经验分享——设置促销信息的技巧

选择促销金额很重要：假如你设置了满88元包邮的话，这个88元最好是两件以上宝贝的价格，如果一件宝贝就超过了88元，就失去了促销的意义。

要量力而行：卖家如果一味追求促销效果，不顾成本，减现金、送礼品、包邮等全用上，结果发现不赚反赔就得不偿失。因此，设置促销信息之前一定要想好自己的底线是什么。

技巧124：店铺优惠券

"店铺优惠券"是一种虚拟电子现金券，它是淘宝在卖家开通营销套餐或会员关系管理后使用的一种促销工具，当有买家购买定制了该功能的宝贝以后，会自动获得相应的优惠券，在以后进行购物时，可以享受一定额度的优惠。

通过发放优惠券，能够促进客户再次到自己店铺中消费，从而有效地将新客户转化成老客户，提高店铺的销量。

1. 开通优惠券

卖家如果需要使用优惠券，首先要为店铺开通该项功能，其具体设置方法如下。

<u>第1步</u> 登录到淘宝网"卖家中心"，在"我是卖家"页面，❶单击"营销中心"栏中"我要推广"链接；❷在"营销入口"选项卡中单击"店铺优惠券"图标，如图6-55所示。

<u>第2步</u> 进入优惠券订购页面，❸设置服务周期；❹单击"立即订购"按钮，如图6-56所示。

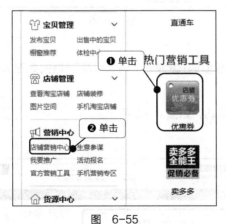

图 6-55　　　　　　　　　　图 6-56

<u>第3步</u> ❺在打开的页面中单击"同意协议并付款"按钮，如图6-57所示。

<u>第4步</u> 弹出确认提示框，❻单击"去支付宝付款"按钮，如图6-58所示。

图 6-57

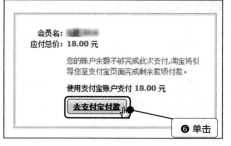

图 6-58

第5步 进入"支付宝收银台"页面,❼输入支付宝账户及支付密码,❽单击"下一步"按钮,如图6-59所示。

第6步 ❾再次输入支付宝支付密码;❿单击"确认付款"按钮,如图6-60所示。

图 6-59

图 6-60

第7步 弹出"信息校验"提示框,⓫输入校验码;⓬单击"确认付款"按钮,如图6-61所示。

第8步 此时,店铺优惠券服务即可订购成功,如图6-62所示。

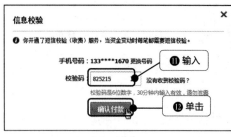

图 6-61

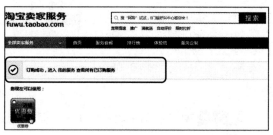

图 6-62

2. 创建包邮券

店铺优惠券服务订购以后，卖家可以根据自己的需要来创建优惠券类别，如店铺优惠券、商品优惠券、包邮券。各类别的设置大致相同，这里以创建店铺包邮券为例，介绍具体操作方法。

第1步 再次登录到"促销管理"首页，❶单击"淘宝卡券"选项卡；❷单击"包邮券"下方的"立即创建"按钮，如图6-63所示。

第2步 ❸输入包邮券的基本信息；❹设置包邮券的推广信息；❺单击"保存"按钮，如图6-64所示。

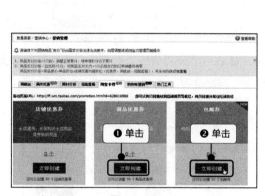

图 6-63

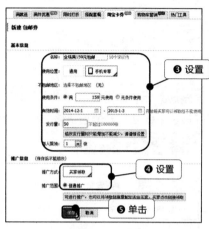

图 6-64

第3步 此时，即可查看到"全场满159元包邮优惠券"的状态为"领取中"，如图6-65所示。

第4步 当买家进入店铺后，❻单击"确认领取"按钮就可以领取包邮券，如图6-66所示。

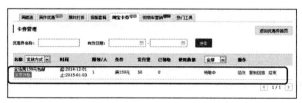

图 6-65

图 6-66

技巧125：购买促销套餐更划算

将商品捆绑销售，将会给店铺带来更多效益。购买搭配套餐服务，并创建搭配套餐的操作方法如下。

第1步 登录到淘宝网"卖家中心"，在"我是卖家"页面，❶单击"营销中心"栏中"我要推广"链接；❷在"营销入口"选项卡中单击"搭配套餐"图标，如图6-67所示。

第2步 进入搭配套餐订购页面，❸单击选择服务周期；❹单击"立即订购"按钮，如图6-68所示。

图 6-67

图 6-68

第3步 根据页面提示完成订购操作后，❺在"我是卖家"页面单击"我购买的服务"项展开按钮；❻在打开的增值服务列表中单击"搭配套餐"选项，如图6-69所示。

图 6-69

第4步 进入"促销管理"页面，❼单击"搭配套餐"选项卡；❽单击"创建搭配套餐"按钮，如图6-70所示。

第5步 打开"创建搭配套餐"界面，❾输入套餐标题；❿单击"添加搭配宝贝"按钮，如图6-71所示。

图 6-70　　　　　　　　　　　图 6-71

第6步 选择套餐商品，⓫在其右侧单击"添加"按钮，如图6-72所示。

第7步 ⓬继续添加套餐商品；⓭添加完成后，单击下方"保存"按钮，如图6-73所示。

图 6-72　　　　　　　　　　　图 6-73

第8步 ⓮填写各宝贝显示名称（显示名称必须小于等于8个汉字或16个字符）；⓯输入套餐一口价，如图6-74所示。

第9步 ⓰输入套餐描述；⓱设置物流信息；⓲单击"发布"按钮，如图6-75所示。

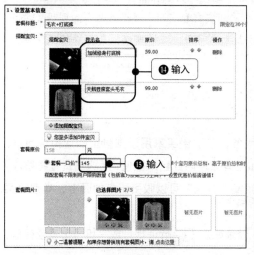

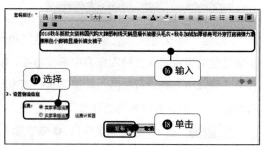

图 6-74　　　　　　　　　　　图 6-75

第10步 此时，即可成功发布搭配套餐。⓳单击套餐右侧"查看"链接，如图6-76所示。在发布搭配套餐成功页面，单击"一键同步"链接，可将该套餐迅速同步至无线店铺。单击"创建搭配套餐"按钮，可继续创建该套餐。

第11步 可查看到该套餐的详细信息，如图6-77所示。

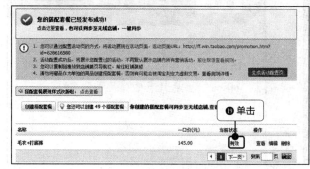

图 6-76　　　　　　　　　　　图 6-77

> **小二开店经验分享——有效利用搭配套餐的技巧**
>
> 部分新手卖家在面对如何更好地利用搭配套餐方面有着疑问。不知道如何操作？操作会带来怎样的效果呢？以下给出几点建议。
>
> 先排序商品销量，商品销量最好的开始设置搭配套餐。这个最关键，选择什么样的商品进行搭配，关系到店里所有商品的整体销售，要让销量好的商品带动其他滞销的商品销售，还要让销量好的商品搭配新品推广。
>
> 要选择有关联性的产品，来做搭配套餐的活动，这样才能达到事半功倍的效果，比如选择衣服+裤子、打印机+油墨等，相互搭配关联性强的产品。
>
> 选择多少商品搭配也很重要，一般情况下搭配一个，也可多搭配一些。如选择一个热卖商品并搭配些不好卖的商品可以增加后者的流量。
>
> 合理设置搭配套餐的价格，让买家产生购物冲击力，关于这点大家可以根据自己的商品利润来看，原则是搭得多优惠得多。让买家感觉到实惠和实用，遵循这两个原则很重要。
>
> 设置套餐的时候，一定要站在买家的立场上考虑问题，这样可以提高套餐的成交率。

技巧 126：使用店铺红包

"红包"是支付宝为卖家提供的一项增值服务，是送给买家用于支付宝的虚拟优惠券。发送红包的资金将从支付宝账户中等额冻结，如在有效期内红包未被使用，冻结资金将解冻。目前已经成为一种流行趋势。卖家通过给买家派发"红包"可以吸引更多的顾客，卖家给买家发生"红包"，具体操作方法如下。

第1步 进入支付宝登录窗口，❶依次输入登录账户（E-mail 地址或手机号）、登录密码，❷单击"登录"按钮，如图 6-78 所示。

第2步 进入"我的支付宝"首页，❸单击"账户资产"链接，如图 6-79 所示。

图 6-78

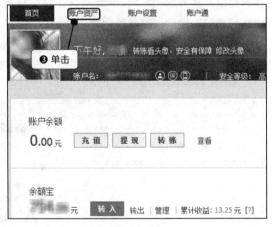

图 6-79

第3步 进入账户管理页面，❹单击左侧的"红包"按钮，进入红包管理页面，❺单击"发红包"超链接，如图6-80所示。

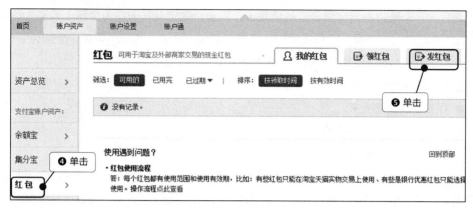

图 6-80

第4步 进入"发红包"页面，选择要发送的对象，❻单击"立即发送"按钮，如图6-81所示。

第5步 ❼进入填写红包信息页面，输入相关信息，❽单击"下一步"按钮，如图6-82所示。

图 6-81

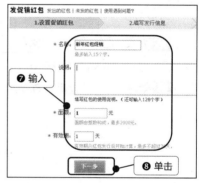

图 6-82

第6步 进入确认红包信息页面，以上信息若确认无误，❾输入支付密码，❿单击"确认发行"按钮后，红包即发送成功，如图6-83所示。

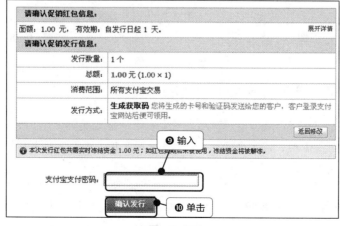

图 6-83

技巧 127：设置淘宝网 VIP 会员卡提高销量

淘宝 VIP 卡是指由淘宝网设定的优惠卡，买家持淘宝 VIP 卡在淘宝网上购买支持淘宝 VIP 卡的商品时，可获得一定程度的折扣优惠。淘宝 VIP 卡分为三个等级，分别为：金卡、白金卡和钻石卡。不同等级的 VIP 卡一般享有不同的折扣优惠。

设置 VIP 卡的好处如下。

- 提高商品的曝光率。
- 吸引使用 VIP 卡购物的部分买家。
- 丰富店铺的宣传和营销手段。
- 让买家能够通过各种不同的途径看到和买到你的商品。淘宝首页有专门的 VIP 卡搜索通道，让买家朋友们更好地找到你，买家搜索的时候可以勾选 "VIP 搜索"复选框。
- 增加客户体验。VIP 买家购买你店里的东西，如果你商品设置了 VIP，就会令买家得到一个很好的感觉，感觉自己很尊贵。其实销售就是一个体验，买家感觉好了，自然下单就会更快。

设置 VIP 会员卡，具体操作方法如下。

第 1 步 进入"我是卖家"页面，选择左侧"出售中的宝贝"选项，❶ 单击"设置淘宝 VIP"选项卡，如图 6-85 所示。

第 2 步 进入设置后，❷ 选择"淘宝会员卡批量设置"链接，如图 6-86 所示。

图 6-85

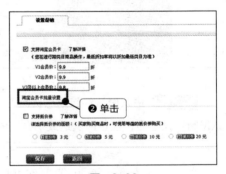

图 6-86

 小二开店经验分享——设置 VIP 会员卡失败的原因

淘宝规定，只有参加消费者保障服务的卖家才符合发布 VIP 商品的条件，如果新手卖家在操作设置 VIP 时，淘宝会明确告诉你失败的原因。那么，就先参加消费者保障服务后再来设置 VIP 会员。

第 3 步 ❸ 在 "VIP 批量报名"里面勾选"全选"复选框，即选择本店的所有类目，如图 6-87 所示。

第 4 步 单击"批量设置"选项，❹ 在弹出的小窗口中设置不同的 VIP 折扣，❺ 单击"确定"按钮，如图 6-88 所示。

图 6-87

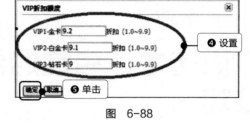

图 6-88

本 章 小 结

　　本章详细介绍了对店铺内部进行必要的优化与管理的技巧和具体操作方法。首先讲解了对店铺内的优化与设置，进而介绍了加入淘宝服务，最后介绍了网店内的一些销售手段。学习本章后可以全面地掌握这方面的知识，从而更好地利用促销技巧吸引更多客流量。

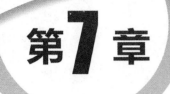

第7章

广而告之,店铺的营销与推广技巧

本章导读

店铺开张后,不能只等待顾客主动上门,毕竟淘宝网中有数千万卖家,很多卖家都经营着同类商品。为了让更多人知道并光临我们的店铺,卖家还需要利用各种途径对店铺进行宣传与推广,本章将会介绍店铺营销和推广部分的知识和技巧。

知识要点

通过本章内容的学习,读者能够学习到淘宝官方活动、淘宝直通车、钻位展以及利用淘宝客推广促销。学完后需要掌握的相关技能知识如下。

- 淘宝官方活动
- 淘宝第三方活动
- 淘宝直通车推广技巧
- 淘宝客推广促销
- 钻石展位全面展示
- 其他淘宝收费推广

常用链接

官方活动

7.1 淘宝官方活动

如何让一个新开的店铺迅速成长起来，不单是众多卖家心中所想的事情，也是淘宝大力发展的方向，因此淘宝不断推出各种促销手段，"淘金币、天天特价、淘宝店铺清仓、免费试用、聚划算"等活动，以此来推动中小卖家快速成长的活动技巧。

技巧 128：淘金币营销

淘宝金币是淘宝网的虚拟货币，能够在淘宝金币"http：//taojinbi.taobao.com/"这个平台互换、竞拍到品牌折扣商品，如图 7-1 所示。

图 7-1

对于卖家而言，可以通过参加互换活动的买家不断浏览自己提供的商品而得到相应的流量。卖家通过淘江湖下的淘金币卖家中心页面申请参加淘金币活动。

由于淘金币活动人数过多，因此淘宝官网要求加入这个活动的卖家必须满足淘宝资质审核，具体要求如图 7-2 所示。

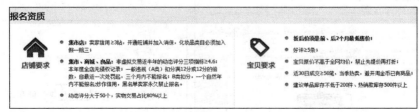

图 7-2

用户完成资质审核后,就可以定期在平台首页右侧进行活动申请,只需要通过申请,都能够获得相对稳定的活动来源。这里来介绍如何报名参加淘金币营销。

卖家淘金币账户,是为淘宝卖家量身打造的店铺营销工具,卖家可以通过淘金币账户赚金币,给买家发金币,打造店铺专属自运营体系,提高买家黏性与成交转化。

1. 申请淘金币账户

卖家如果需要开通淘金币账户,那么需要先申请,具体操作方法如下。

第1步 登录到淘宝网"卖家中心",在"我是卖家"页面,❶单击"营销中心"栏中的"淘金币营销"链接,如图7-3所示。

第2步 进入"淘金币卖家服务中心"页面,❷单击"立即申请淘金币账户"按钮,如图7-4所示。

图 7-3

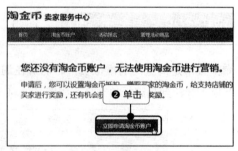

图 7-4

第3步 ❸在打开的页面中单击"同意协议并申请账户"按钮,如图7-5所示。

第4步 ❹在弹出的提示框中单击"确认"按钮,申请成功,如图7-6所示。

图 7-5

图 7-6

2. 开启淘金币抵钱活动

淘金币专门开设淘金币抵钱频道，设置淘金币抵钱就有机会进频道展示，设置淘金币抵钱即全店商品支持买家进行淘金币抵扣。买家用于抵扣的淘金币，70%存入你的卖家淘金币账户，供后期店铺营销活动发放使用。开启淘金币抵钱活动，具体操作方法如下。

第1步 进入"淘金币营销"界面，❶单击"淘金币抵钱"栏中的"立即运行活动"按钮，如图7-7所示。

图 7-7

第2步 ❷设置最高可抵扣比例以及活动时间；❸单击"同意开通"按钮，如图7-8所示。

第3步 ❹在弹出的提示框中确定设置后，单击"确定开通"按钮，如图7-9所示。

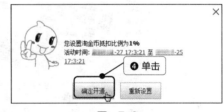

图 7-8　　　　　　　　　　　　图 7-9

第4步 ❺在"单品抵钱"右侧单击"添加单品"按钮，如图7-10所示。

第5步 复制并粘贴该宝贝链接地址至"添加单品"文本框，❻设置该单品抵扣比例；❼单击"确定添加"按钮，如图7-11所示。

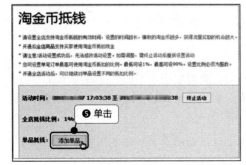
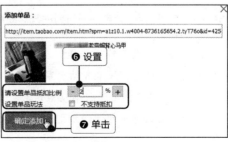

图 7-10　　　　　　　　　　　　图 7-11

第6步 此时，即可成功运行该单品赚取淘金币活动，如图7-12所示。

图 7-12

技巧129：加入淘宝天天特价

天天特价（http://tejia.taobao.com/）定位为淘宝网中小卖家扶持活动平台，专门扶持有特色货品、独立货源、有一定经营潜力的小卖家，为小卖家提供流量增长、营销成长等方面的支持。天天特价的报名、审核、排期和展现均为系统自动化运行，只要是3星以上卖家都可以申请加入，并且不收取任何费用，如图7-13所示。

图 7-13

与淘金币一样，要申请天天特价，可以直接在平台首页右侧进入"卖家中心"进行申请，相比淘金币，天天特价更适合刚开店不久的小卖家。

> **小二开店经验分享——努力进行活动申请**
>
> 淘宝金币和天天特价是目前淘宝为数不多的、针对中小卖家的免费活动平台。其中天天特价主要针对3星至5钻卖家，而淘金币主要针对钻石到皇冠卖家。作为新手一定要把握机会，尽可能地进行活动申请。
>
> 另外，天天特价的活动规则比较严格，想上该活动的卖家一定要认真阅读具体的招商规则。

另外，天天特价的活动规则比较严格，想上该活动的卖家一定要认真阅读具体的招商规则。条件允许，审核通过，且宝贝准备好后，即可报名天天特价活动，具体操作方法如下。

第1步 登录到淘宝网"卖家中心"，在"我是卖家"页面，❶ 单击"营销中心"栏中"我要推广"链接；❷ 在"营销入口"选项中单击"当季打折促销"图标，如图7-14所示。

图 7-14

第2步 进入淘宝网天天特价首页，❸ 单击右侧的"我要报名"按钮，如图7-15所示。

第3步 进入商家报名页面，❹ 单击选择报名日期，就会出现相应的日常活动详情，如图7-16所示。

图 7-15

图 7-16

第4步 此时，商家只需要选择参加的活动，单击"立即报名"按钮即可进入报名活动，按要求填写报名表单信息，确认无误后提交申请即可。

技巧 130：参加淘宝店铺清仓

淘宝旺铺的功能并不简单的在于让装修更方便，淘宝专业版旺铺还能让卖家们更好地销售产品，比如"店铺营销清仓、特价"功能。而且对于集市卖家来说，可以免费使用。

参加淘宝店铺清仓活动的具体方法：登录旺铺后台，在导航位置单击"活动"按钮即可进入活动中心，单击"创建新活动"按钮，即可按要求填写创建活动。

另外，这里的活动类型主要包括天天特价店铺活动和店铺清仓活动，卖家可以根据自己的店铺需要做活动选择。

技巧131：加入免费试用中心

相信很多淘宝卖家都知道淘宝试用中心，它是全国最大的免费试用中心，也是最专业的试客分享平台。同时，它作为集活动营销、口碑营销、产品营销及用户营销为一体的营销导购平台，为数以万计的商家有效地提升了品牌的价值以及品牌的影响力。

卖家可以通过专门的申请通道，即免费试用中心报名参加活动，如图7-17所示。通过后试用中心会统一组织，卖家只需要按要求参加即可。

图 7-17

另外，卖家加入淘宝试用中心确实能够为店铺带来不少好处，但是为了确保参加的活动顺利进行，建议大家严格遵守淘宝试用中心的活动规则，这样才能令活动得以顺利进行。

要申请参加免费试用，可以直接在平台首页右侧进入卖家中心进行申请。加入免费试用的具体操作步骤如下。

第1步 登录到淘宝网"卖家中心"，在"我是卖家"页面，❶单击"营销中心"栏中"我要推广"链接；❷在"营销入口"选项卡中单击"免费试用报名"图标，如图7-18所示。

第2步 进入"淘宝试用"页面，❸在"商家报名"栏中的"免费试用"右侧单击"报名免费试用"按钮，如图7-19所示。

图 7-18

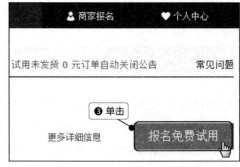

图 7-19

第3步 ❹ 选择免费试用排期；❺ 单击右侧"我要报名"按钮，如图 7-20 所示。按照操作流程填写报名信息，然后等待审核。一般审核会在活动开始前 4 天左右通知。如果通过了，就可以提供免费试用的商品；如果未通过，可查看原因，完善资料后可继续报名。

图 7-20

 小二开店经验分享——参加免费试用常见的问题

- 我参加免费试用活动，提供的商品是免费给试用者的么？

是的，活动结束后，你必须按照试用者名单免费并包邮发放试用品，不退回，即商家承担所有试用商品费用包括邮费。

- 免费试用报告审核通过我该做什么？

请商家自行在店铺首页悬挂免费试用中心 LOGO，并在参加免费试用的商品详情页宝贝描述中以置顶的方式悬挂试用中心 Banner。

- 免费试用活动结束后，我该做什么？在哪里查看试用者名单？

目前免费试用已经实现系统化审核（卖家除外），试用品活动结束后 2~4 天内商家会收到系统审核的成功试用客户名单。

技巧 132：参加聚划算活动

随着淘宝聚划算团购平台影响力的不断扩大，报名参与淘宝聚划算的卖家和商家越来越多，如何提升聚划算团购报名的效率和成功率，如何才能让自己店铺的商品在淘宝网成千上万的商品中脱颖而出获得参加团购的资格并最终借助聚划算的强大人气来提升卖家的销售额，相信这个问题一直困扰着不少的卖家。

聚划算为淘宝的团购平台，活动暂不收取任何费用，团购活动以商家报名、小二审核挑选优质报名宝贝的方式录用。聚划算审核人员将会从宝贝热卖及应季情况、宝贝质量、性价比、店铺实力、聚划算活动自身策略等多个维度综合考虑，进行筛选。图 7-21 所示为聚划算平台。

图 7-21

> 小二开店经验分享——聚划算活动的展现形式
>
> 聚划算团购活动以一团一日三品的形式在域名页面展示，该页面为卖家参与活动的唯一合法入口及路径。

很多商家看中了淘宝聚划算的商机和巨大的流量平台。但是参加聚划算对商家入驻有一定要求，具备要求即可报名参加聚划算，报名参加聚划算团购活动具体操作方法如下。

第1步　登录到淘宝网，❶ 在首页单击上方"聚划算"栏目，如图 7-22 所示。
第2步　进入聚划算页面，❷ 在页面顶端单击"商户中心"选项，如图 7-23 所示。

图 7-22

图 7-23

第3步　进入"商户中心"，❸ 单击"我要报名"按钮，如图 7-24 所示。
第4步　在"我的工作台"选项内，❹ 单击"现在入驻"链接，如图 7-25 所示。

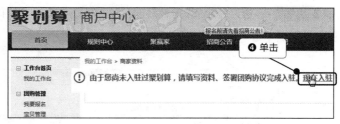

图 7-24　　　　　　　　　　图 7-25

第5步　❺ 在商家资料中输入店铺信息；❻ 单击"保存"按钮，如图 7-26 所示。

第6步　❼ 在弹出的"小提示"对话框中单击"确定"按钮，完成个人信息的编辑，如图 7-27 所示。

图 7-26　　　　　　　　　　图 7-27

第7步　返回"聚划算商户中心"页面，❽ 单击左侧"团购管理"栏中的"我要报名"链接，如图 7-28 所示。

第8步　选择需要报名的品类，如"聚划算 - 商品团"活动，❾ 单击其右侧"立即报名"链接，如图 7-29 所示。

图 7-28　　　　　　　　　　图 7-29

第9步 打开"聚划算团购活动协议"页面,查看协议内容后,❿单击勾选"本人已阅读并同意";⓫单击"提交"按钮,如图7-30所示。

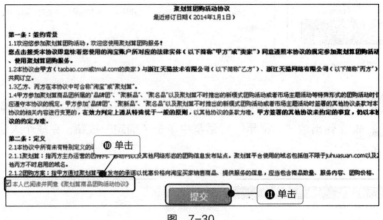

图 7-30

第10步 接下来需要开通"支付宝账户付款"服务。⓬输入淘宝账号绑定的支付宝账户、支付密码及验证码;⓭单击"同意协议并提交"按钮,如图7-31所示。

第11步 此时,即可成功签署协议,如图7-32所示。接下来只需选择店铺的宝贝进行报名,然后等待审核结果,通过后即报名成功。

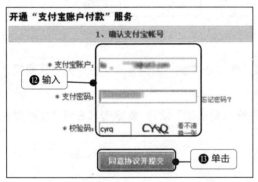

图 7-31

图 7-32

> **小二开店经验分享——参加聚划算的注意事项**
>
> 单价小于100元的商品,报名数量大于或等于1000件。夜场单产需要大于8万件,其他单产依具体类目、情况而定(单产等于聚价乘以报名数量)。同时,销售记录必须真实有效,报名商品的买家好评占比满足90%及以上。此外,聚名品商品集市卖家需要加入全球购;同时此类商品近期暂未有推广计划(如目前运动类目的手电筒和健腹器)。

技巧 133：参加淘分享跟随购

"淘分享跟随购"是淘宝推出的一种新奇的推销方式,如有买家 A 购买一款 iPhone 6 宝贝,然后将自己购买的宝贝分享出来,如果买家 B 在淘分享广场上查看到这个分享的 iPhone 6,并进行购买,就能享受到该商品的优惠。而对于卖家来说,通过这个方法可以大大提高店铺流量以及宝贝的曝光度,当然这也是亏本赚信誉的一种方式,适宜经济条件比较充足的卖家使用。

要参加淘分享跟随购活动,卖家可以通过淘江湖下的"宝贝分享 – 跟随够"页面进行申请（http://wow.taobao.com/）,如图 7-33 所示。

图 7-33

7.2 淘宝第三方活动

新店由于店铺流量少、成交不高、信誉低等因素限制,想要报名参加淘宝官方活动推广,但由于淘宝官方活动报名条件限制太严格参加不了,就可以考虑淘宝第三方活动,如加入麦麦联合和爱淘自营销等活动。

技巧 134：加入麦麦联合

现在这个竞争激烈的淘宝市场中,卖家抱团取暖,联合营销成了有利的途径,但大多数中小卖家都面临缺资源少人脉的现状。

近期,淘宝推出卖家协作平台"麦麦",即卖家圈子。卖家可以在这里找合作伙伴,发起联合营销活动,为店铺带来流量和销量。

（1）什么是麦麦联合营销

麦麦是卖家的关系协作平台,平台价值在于建立商家的关系网络并且实现各种商业协作。协作的形式有很多,联合营销、联合拍照、共同进货、分仓共仓等。淘宝卖家可以通过各种合作活动来共同实现降低成本、提升效率、建立商业关系。麦麦就是让商家一起抱团协

作，其核心是让卖家的关系产生价值。

目前麦麦平台已经实现卖家自主抱团开展联合营销合作，淘宝集市的卖家还可以自主设置跨店满减优惠。卖家可以作为发起者主动发起一个活动，设置相应的条件来筛选报名的专家，而所有卖家都可以在麦麦平台上报名自己心仪的活动，所有流程、审核报名者、提报活动商品、设置页面、签订会签、联合推广等环节都由参与卖家自行协商解决，平台皆不介入，卖家真正掌握整个活动的所有环节。

（2）开通申请联合营销

麦麦是商家关系协作平台，帮助卖家实现跨店铺协作。高效便捷地解决了卖家抱团营销的需求，申请开通麦麦联合营销，具体操作方法如下。

第1步 登录到淘宝网卖家中心，在"我是卖家"页面，❶ 单击"营销中心"栏中"联合营销"链接，如图 7-34 所示。

第2步 进入麦麦联合营销首页，❷ 单击选择一个活动，如"1212年终盛典"，如图 7-35 所示。

图 7-34　　　　　　　　　　　图 7-35

第3步 进入该活动页面，❸ 单击右侧"我要报名"按钮，如图 7-36 所示。

第4步 进入招商报名页面，❹ 选择报名宝贝；❺ 执行"下一步"操作，如图 7-37 所示。然后根据提示填写卖家信息，完成报名。

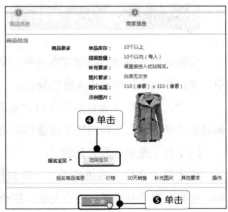

图 7-36　　　　　　　　　　　图 7-37

技巧 135：爱淘自营销

爱淘 http://mosaic.re.taobao.com/，如图 7-38 所示。爱淘是淘宝为打通卖家、买家之间的信息通道而搭建的一个新平台，卖家在这里可以通过宣传，不断吸引粉丝（买家），发布粉丝（买家）感兴趣的内容，买家通过关注卖家，第一时间获得卖家的最新消息。

入驻爱淘，赢淘宝首页免费流量，如图 7-38 所示。这里的所有卖家的粉丝都是从零开始积累，无论皇冠、钻级还是心级，大家都是在同一起跑线上。

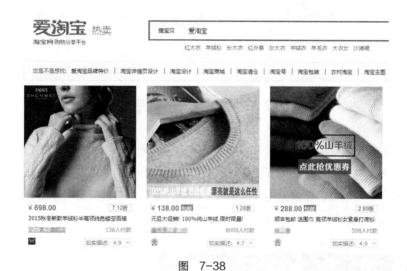

图 7-38

 小二开店经验分享——爱淘报名的参加入口在哪？

爱淘报名入口，很多淘宝卖家都想加入爱淘，可是却找不到爱淘的报名入口。不过其实爱淘报名已经关闭了，但这个关闭不等于爱淘宝不能报名，而是通过其他途径才可以参加爱淘活动。如在淘宝客推广中有这样一个栏目"店铺创意"，而这个"店铺创意"设置所对应的推广即是爱淘。

技巧 136：多参加淘宝活动

在淘宝，店铺等级越高可参加的活动越多，反之越少。卖家可以直接打开淘宝营销导航 http://daohang.taobao.com/，在这里列举了淘宝目前的所有活动信息，可以根据自己的信誉等级选择活动参加，如图 7-39 所示。

图 7-39

7.3 淘宝直通车

使用淘宝直通车推广商品可以有效增加店铺的访问量以及商品的成交量，但产生的效果需要卖家付费换取，因而在使用直通车时，卖家需要考虑如何才能在推广的同时有效节约资金并保证推广的有效性，花最少的钱得到最大的推广效应，这就需要对直通车广告的投放进行合理的规划与设置了。

技巧 137：选择什么宝贝参加直通车

直通车的推广就是让店铺的产品走出去，得到更多的曝光机会，帮助店铺实现更多的成交。

成功选择产品，可以让直通车的推广事半功倍，推广的宝贝必须是吸引买家点击后进入店铺的，产品相当于店铺招牌，要有竞争力和吸引力。宝贝应该具备以下几个条件。

- 性价比高。
- 利润得宜，库存充足。
- 看浏览量和成交的比例。
- 浏览量与成交的比例越低，证明宝贝竞争力越强，推广成本越低。

技巧 138：加入直通车推广

淘宝直通车的最大优势就是让你的宝贝在庞大数据的商品平台中脱颖而出，带来更多的人气和流量。那么怎么加入直通车呢，这里来具体介绍操作方法。

第1步 进入"淘宝网卖家中心"页面，❶登录到淘宝后台，单击"营销中心"栏中的"我要推广"链接；❷单击"淘宝直通车"图标，如图 7-40 所示。

第2步 进入淘宝直通车首页后，在页面可以看到"账户未激活"，❸ 单击"我要充值"按钮，如图 7-41 所示。

图 7-40　　　　　　　　　　　　　图 7-41

第3步 ❹ 选择充值金额；❺ 单击"立即充值"按钮，如图 7-42 所示。
第4步 ❻ 输入支付密码；❼ 单击"确认付款"按钮，如图 7-43 所示。

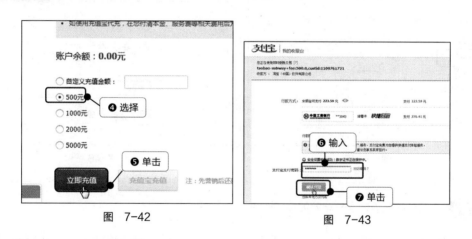

图 7-42　　　　　　　　　　　　　图 7-43

第5步 如果输入信息正确，此时会提示充值成功，如图 7-44 所示。此时如果卖家开启了千牛，那么还会自动弹出新手直通车提示信息，表示加入直通车成功。

图 7-44

小二开店经验分享——直通车无法退还预存款

500元是加入直通车的基本保障，你也可以选择充值1000元或者更高，这里卖家需要注意的是，预存款只能用于直通车广告或作为推广经费使用。且无法退还，所以充值的时候一定要注意数额。

技巧139：新建推广计划

"推广计划"是根据用户的推广需求，专门研发的"多个推广计划"的功能。可以把相同推广策略的一组宝贝加入同一个推广计划下进行管理，为这个推广计划进行独立的限设置、投放时间设置、投放地域设置、投放平台设置，并设置关键词、出价及创意。下面来介绍新建推广计划具体操作方法。

第1步 ❶ 在"淘宝直通车"首页中单击"新建推广计划"按钮，如图7-45所示。

第2步 ❷ 在打开页面中，填写"推广计划名称"，❸ 单击"提交"按钮，如图7-46所示。

图 7-45

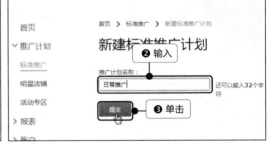

图 7-46

 小二开店经验分享——分配推广计划

卖家根据各自不同需求来制定"推广计划"以达到比较好的推广效果。下面介绍卖家需要建立的一些推广计划。

"直通日常推广"计划：选取自己店铺里一些销量较大的宝贝做直通车推广，如果价格方面具有优势，可以每个品种都选取一样做直通车。直通车竞价当然不要太高了，并根据情况调整竞价。

"直通引流产品推广"计划：选取店铺里2~3款热卖的产品，并且价格、卖点都突出的宝贝产品做直通车推广。这一计划里推广的宝贝，可以单独优化宝贝详情页、关联销售、引导页面等细节，用以引导买家查看你店铺里其他产品，并提高产品转化率和关联销售。

"直通车节日活动推广"计划：这一计划主要针对一些重大节日店铺里的活动和淘宝的官方活动等，而开展的直通车推广。这样选取的宝贝也就是一些活动产品和针对节日销售的产品。

技巧140：怎么分配推广计划

巨大的点击量会使卖家支付较多的直通车广告费用，有时候一个商品的推广，每天可能花费几百元的推广费，因而卖家可以对推广的"投放日期、投放平台、投放时间、投放地域"等进行设置。下面来介绍设置投放计划的具体操作方法。

第1步 为推广计划设置每日扣费的最高限额。在淘宝直通车后台管理页面，进入相应的推广计划后，❶设置日限额信息；❷单击"保存设置"链接，如图7-47所示。

第2步 ❸选择要推广的平台，淘宝搜索是必选的平台，所有宝贝都默认投放。淘宝站外投放则是淘宝站外的其他优质的合作网站；❹单击"保存设置"链接，如图7-48所示。

图 7-47

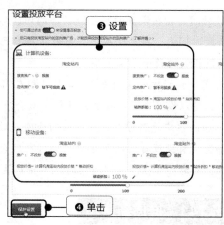

图 7-48

> 小二开店经验分享——设置投放计划注意事项
>
> 可根据预算为推广计划设置日限额，系统默认的最低设置是30元，当日花费达到日限额时，宝贝就会停止做推广。如果希望某个推广计划的宝贝一直在线推广，不下线，也可选择"不设置日限额"。

第3步 ❺为推广计划设置特定的投放时间，及对应时间段的宝贝出价；❻单击"保存设置"链接，如图7-49所示。

第4步 ❼为推广计划设置特定的投放区域。可以所有地区"全选"投放，也可以勾选需要的区域，只有勾选地域范围内的买家才能看到推广宝贝的信息；❽单击"保存设置"链接，如图7-50所示。

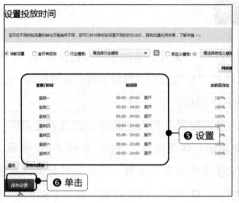

图 7-49

图 7-50

> 小二开店经验分享——设置投放时间、地域
>
> 投放时间是指在设置的特定投放时间内，你的宝贝才在淘宝网做推广。如果你的宝贝不在投放时间内，将无法展示。可以根据自己的整体安排和在线安排选择投放的时间段。时间段投放的最小单位是半小时。
>
> 全时间投放指你的宝贝全天 24 小时都在淘宝网做推广，如果你推广的宝贝时效性不是很强，可以设置全时间投放，这样宝贝会有更多的展现机会。
>
> 而不同的推广计划可以设置不同的地域投放，方便掌柜更有针对性地选择宝贝区别推广。如果没有投放自己的所在地，那么在后台的关键词查询工具中将查看不到宝贝的排名情况，同时当你在淘宝网搜索时也不会在展现位上找到你的宝贝。

技巧 141：推广新宝贝

卖家合理地创建推广计划以后，就应该考虑如何有计划地进行宝贝推广。那么接下来就是如何在计划中推广新宝贝，具体操作方法如下。

第 1 步 在"我的推广计划"页面，❶ 单击相应的推广计划，如图 7-51 所示。

第 2 步 进入页面后，❷ 单击宝贝推广下面的"新建宝贝推广"按钮，如图 7-52 所示。

图 7-51

图 7-52

第3步 ❸ 在要推广的宝贝右边单击"推广"按钮,如图7-53所示。

图 7-53

第4步 ❹ 添加宝贝创意图片并补充标题;❺ 完成后单击"下一步"按钮,如图7-54所示。

第5步 ❻ 接着选择关键词,要从买家的角度出发,想想他们可能搜索什么词,选择词的范围包括"产品名称、品牌、型号、质地、功能"等。并设置默认出价,推广一个新宝贝的"默认出价"是对该宝贝已设置的关键词和类目的统一出价。在推广完成后可单独修改每个关键词或者类目的出价;❼ 单击"完成"按钮即可完成"推广新宝贝",如图7-55所示。

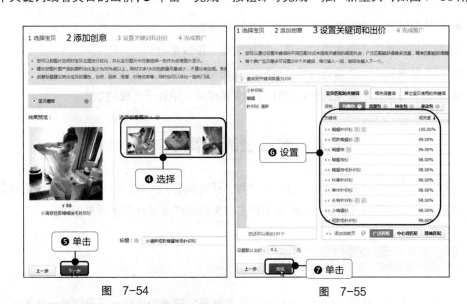

图 7-54　　　　图 7-55

技巧142:管理推广中的宝贝

推广商品以后,有时候还需要对其进行编辑操作,以便适应我们不同时期的推广计划。

卖家在加入直通车后,前期可以对1~2件宝贝商品进行推广,并在一定时间范围内对推广报表进行分析,规划出更加合理的推广方案,进而使用直通车对更多商品进行推广。

进入相应的推广计划后,单击页面下方"宝贝推广"进入管理推广中宝贝推广页面;需要编辑宝贝图片的下方均有"关键词推广""暂停\启用""删除"和"查看报表"4个选项，方便管理推广中的宝贝。可以根据个人情况随时使用"暂停"或是"启用推广"等操作，操作之后，系统即时生效，如图7-56所示。

图 7-56

还可执行如下的操作。

- 查看推广状态：查看推广计划的状态是暂停，还是推广中，是没有推广任何宝贝还是所有宝贝暂停推广。
- 修改日限额：设置某个推广计划的最高日限额。
- 查看每个推广计划的投放地域、投放时间、投放平台。
- 勾选暂停推广：使勾选的推广计划在直通车账户中处于下线的状态。
- 勾选参与推广：使勾选的推广计划在直通车账户中处于上线的状态。

7.4 淘宝直通车高级技巧

可以说，淘宝直通车已经成为想在淘宝网上获得成功的卖家们的一门必修课。但很多卖家却苦于直通车使用不得要领，每每花了很多资金但推广效果却并不理想。

技巧143：热门词表的应用

在淘宝做直通车推广，一个省钱的重要环节就是关键词的选择。下面列出一些各类店铺一些常见的热门关键词，供店主选择。

（1）服饰类

女装 | 女士精品 | 女鞋 | 女士内衣 | 男士内衣 | 家居服 | 男装 | 箱包皮具 | 热销女包 | 男包 | 服饰配件 | 皮带 | 帽子 | 围巾 运动服 / 运动外套 / 卫衣 / 运动鞋 / 流行男鞋 / 童装 / 童鞋 / 孕妇装 | 品牌手表 / 流行手表 | 饰品 / 流行首饰 / 时尚饰品 / 珠宝 / 钻石 / 翡翠 / 黄金。还有如下热门关键词，如表7-1所示。

表 7-1

子类别	热门关键词
女装	连衣裙、韩版、韩、短袖、花、连衣裙、only、特价、雪纺、歌莉娅、sz 韩国
女鞋	达芙妮、百丽、百丽女鞋、tata、鱼嘴、卡斯高、韩版单鞋特价、百丽 08 新款、哈森
男装	T恤、外套、短袖、08 春、jack、短裤、风衣、牛仔裤、levi's、衬衫、原单、美特斯邦威
服饰配件	货车帽、女式皮带、oakley、皮带 腰带 女、男士皮带、女士腰带、大沿帽、棒球帽 韩国
运动服装	茵宝、nike、专柜正品、绝色天娇、adidas、adidas 正品、背靠背、专柜正品、南韩丝
男鞋	内增高、鞋柜、意尔康、森达、增高、老北京布鞋、apple、其乐、探路者
童装	外贸、米奇、凉鞋、帽子、背心、童装、亲子装、裤子、棒球帽、背带裙

（2）文体类

运动 / 瑜伽 / 健身 / 球迷用品 | 书籍 / 杂志 | 报纸 | 音乐 / 影视 / 明星 / 乐器 / 鲜花速递 / 蛋糕配送 / 园艺花艺 | 宠物 / 宠物食品及用品。还有表 7-2 所示热门关键词。

表 7-2

子类别	热门关键词
运动瑜伽	比基尼、跳舞毯、安莉芳、游泳衣、跑步机、瑜珈、瑜珈服、最新款跳舞毯、泳装比基尼
音乐/影视/明星/乐器	一体机、长时间、最便宜、三星、游戏、游戏机、iPhone、飞利浦、华为、小米、彩迎、拍立得、iPad
鲜花速递	薰衣草、牡丹、田园、花卉盆栽、生石花、鲜花速递、生日礼物、手捧花、蝴蝶兰
宠物	泰迪熊、猫沙、加热棒、蚂蚁、狗狗用品、藏獒、自动喂食器、垂耳兔

（3）家居类

居家日用 / 厨房餐饮 / 卫浴洗浴 | 床上用品 / 靠垫 / 窗帘 / 布艺 | 家具 / 家具定制 / 宜家代购 | 奶粉 / 尿片 / 母婴用品 / 益智玩具 / 童车 / 童床 / 书包 / 装潢 / 灯具 / 五金 / 安防 / 卫浴 / 食品 / 茶叶 / 零食 / 特产 | 保健品 / 滋补品 / 汽车 / 配件 / 改装 / 摩托 / 自行车。还有表 7-3 所示热门关键词。

表 7-3

子类别	热门关键词
床上用品	蕾丝、窗帘、田园、纱、床、天意、艾维、缎带、绸带、丝带、舒雅
家具	宜家杯、折叠组合、布衣柜、折叠椅、床头柜、换鞋凳、单人床、办公椅、衣架
益智玩具	儿童玩具、拼图、滑梯、电子琴、餐椅、儿童自行车、遥控汽车、儿童床、写字板
装潢	遥控开关、油漆、落地灯、电热水器、防盗门、床头灯、爱心、客厅灯、法恩莎
食品	减肥、巧克力、荷叶茶、普洱茶、橄榄油、魔芋粉、珍珠粉、核桃、瘦脸、零食
汽车配件	手套、美利达、海福星、二手车、香水、电瓶车、车架、捷安特自行车、助力车

（4）数码类

手机、笔记本电脑、电脑硬件 / 台式整机 / 网络设备、数码相机 / 摄像机 / 图形冲印、MP3/MP4 /MP5/iPod/ 录音笔、闪存卡 / U 盘 / 移动存储、办公设备 / 文具 / 耗材、厨房电器、生活电器、影音电器、3C 数码配件市场。还有表 7-4 所示热门关键词。

表 7-4

子类别	热门关键词
笔记本电脑	平板电脑、戴尔、宏基、t43p、联想、迅驰、苹果、外星人
电脑配件	HYPERX、移动硬盘盒、二手电脑、DDR400、无线 AP、250G、40G、路由器 4 口、酷冷、HTPC 机箱
数码相机	海鸥、尼康镜头、索尼 T70、美能达、数码照相机、摄影灯、宝丽来、拍立得
办公设备	夹子、复印纸、黑板、点钞机、电话机、激光打印机、办公用品、复印纸、打印纸
家用电器	德生收音机、森海塞尔、电饭锅、漫步者、功放板、胆机、电风扇、扩音器
数码配件	蓝牙耳机、电池、蓝牙适配器、风扇、手机套、充电电池、液晶屏、品胜、iPhone 皮套

（5）护肤类

美容护肤 / 美体 / 精油、彩妆 / 香水 / 美发 / 工具、个人护理 / 保健 / 按摩器材。还有表 7-5 所示热门关键词。

表 7-5

子类别	热门关键词
美容护肤	曼秀雷敦、妮维雅、梦妆、洗面奶、the face shop、帝宁、家美乐、fancl
彩妆香水	爱慕、香水、睫毛膏、眼影、化妆镜、散粉盒、象牙、假睫毛、卷发器、火烈鸟

技巧 144：关键词的高级找词方法

除了直通车自带的关键词选择外，大家还可以通过很多其他方法来获得优质关键词。下面就列出一些常见的热门关键词，供店主选择，具体如下。

（1）淘宝搜索下拉框，如图 7-57 所示。

（2）搜索页面上的自动分类，如图 7-58 所示。

图 7-57　　　　　　　　　　　图 7-58

（3）淘宝首页分类类目词，如图 7-59 所示。

（4）淘宝排行榜（top.taobao.com），如图 7-60 所示。

图 7-59

图 7-60

（5）搜索框下方，如图 7-61 所示。

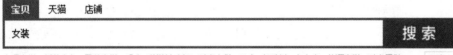

图 7-61

（6）搜索页面下方的"您是不是想找"，如图 7-62 所示。

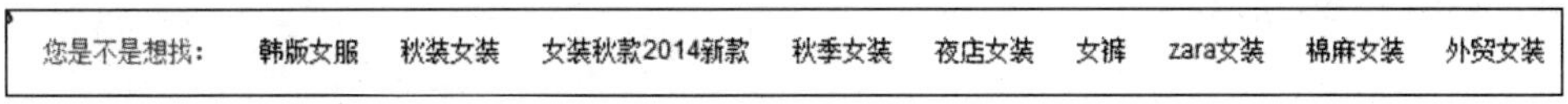

图 7-62

（7）直通车关键词

加入直通车，必须提交 500 元押金，加入以后就可以免费使用关键词查询工具，如下图所示。在这里可以查询比较热门的一些关键词标题，如图 7-63 所示。

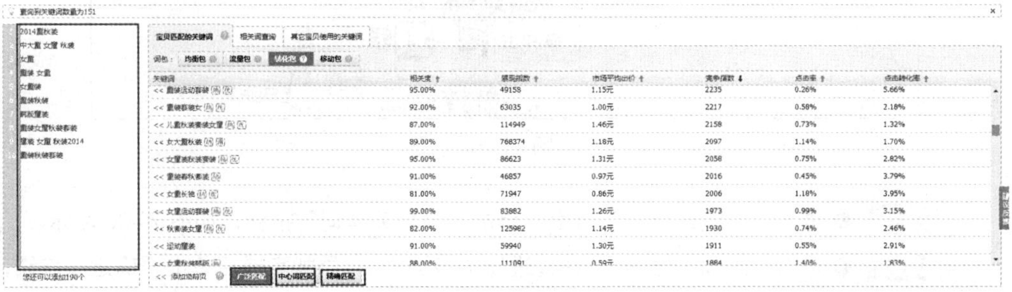

图 7-63

（8）数据魔方淘词

数据魔方的淘词，是目前提供淘宝关键词最犀利的武器，相信很多加入数据魔方的朋友都是因为这个工具。其标准版可以进行关键词查询，专业版更是可以直接进行筛选，但是相对的魔方价格在淘宝工具里面算是满高昂了，建议有一定实力的卖家加入使用如图7-64所示。

图 7-64

技巧 145：添加关键词的技巧

卖家获取关键词以后，还需要了解如何添加关键词，具体操作方法如下。

第1步 ❶在"管理推广"页面选择"宝贝推广"后再单击宝贝图片下方"关键词推广"按钮，如图7-65所示。

图 7-65

第2步 ❷进入"关键词推广"页面，单击"添加关键词"按钮，如图7-66所示。

第3步 ❸进入"添加关键词"页面，进行关键词添加，添加完成后单击"确定"按钮，如图7-67所示。

图 7-66

图 7-67

技巧 146：直通车综合优化技巧

开通淘宝直通车主要是为了提高宝贝的曝光率，让更多的买家看到你的宝贝，给店铺带去更多的流量。想提升直通车广告效果，还需要做好以下几方面的工作。

（1）挑选最适合推广的宝贝

大家都知道参加直通车推广首先要选好一个宝贝，这是所有推广的第一步。因为参加直通车推广的目的就是让你的宝贝走出去，有更多的曝光机会，进而获得买家的认可，顺利地卖出去，从而有更好的成交。

选出来做推广的宝贝，一定要有突出的、清晰有力的卖点，能让买家在最短的时间内注意到你的宝贝。如卖点可以是性价比高（如价格有优势、有促销等）、产品功能强（如产品本身功效好、漂亮等）、品质好（如行货、正品等）。

（2）设计最棒的图片

买家搜寻、浏览商品的速度非常快，看广告的时间就更短了。如果你的宝贝图片不清晰、广告标题不简练、卖点不明确的话，导致买家在匆匆浏览之后，就不愿意关注你的宝贝了。

你很可能因此错过一个大买家，也可能因此招来大量无效点击，浪费钱。所以，好广告的基本要求，就是让买家即使眼睛一扫而过，也能在最短时间内明白：你在卖什么宝贝，商品的卖点是什么。

（3）标题要吸引人

买家主要通过标题了解商品的卖点，所以标题应该简单直接、卖点明确。

可以参考的商品卖点有：产品本身的特性、价格优势、品质或品牌保证、促销优惠信息等。当然，卖点一定要实事求是，夸大的卖点可能会让你花冤枉钱。店铺宝贝的标题与直通车广告的标题是各自独立的，差别很大，所以要认真了解以下的直通车标题优化技巧。

标题应介绍产品，而不是说明店铺。买家看到广告时，通常是他们想要搜寻某商品的时候，如果在此时出现介绍店铺的信息，买家要么不感兴趣没人点，要么就点进去随便看看，无效点击很多，花费不少钱，但是成交的很少。

一个广告只突出一种商品卖点，不要罗列很多商品名。就像写店铺信息一样，罗列太多商品名，涉及的范围太宽泛了，容易让买家误以为店里什么商品都有，从而随手点击了广告去看看。

（4）选择合适的关键词

如果刚开始使用直通车，建议先少选几个竞价词，等掌握了选择竞价词的方法，再多选一些进行大范围推广。

选择直通车关键词时，把和宝贝相关的品牌、颜色、款式、型号、用途、产地、质地、功效、适用人群、流行元素等不同角度的中心词先想出来，才能尽可能地涵盖这个宝贝的有关词，同时还要根据各种买家的搜索习惯进行组合。

单击直通车首页导航工具栏中的"流量解析"按钮，进入投放关键词查询页面，可以使用这个功能查询到关键词的市场数据分析、数据透视以及线上推广排名，如图7-68所示。

图 7-68

（5）利用各类报表

利用报表的数据去分析，宝贝推广后观察账户的点击数据，利用市场数据来检验我们的推广效果。通过对各类数据的分析，你可以了解到自己推广设置不足的地方并加以改正。

● 关键词无展现量或者展现量过低的冷僻词需要替换掉，使用非冷僻词并微调价格。

● 排在前面但无展现量无点击的词，需要替换掉。

● 部分关键词出价较高，流量一般，整体花费多，调整出价。

● 关键词好流量低，如果是因为排名太靠后了，建议把价格适当提高。

● 如果类目产生的扣费很多但没效果，建议也降低一下类目出价或者调整其他宝贝进行类目出价。

- 对于展现很高，没有点击量的词，检查是否因为关键词与宝贝的相关性太低，导致搜索了该关键词的人看到宝贝，并没有产生兴趣。如果符合这种情况，替换成与宝贝相关性更高的关键词。

 小二开店经验分享——直通车使用小技巧

如果刚开始使用直通车，建议先少选几个宝贝来推广，以免在没掌握直通车优化技巧之前，产生不必要的浪费！等熟练掌握了广告效果提升的方法，再多选一些宝贝进行大范围推广，效果会更明显。

技巧 147：优化直通车展现和点击量

相信大家都遇到过这样的情况，添加的关键词有 200 个，但是发现真正有展现的词不到 30%，而真正有点击的词不到 2%，这都是没有优化的结果。那么，下面就来介绍一下优化直通车展现和点击量的技巧。

（1）提升有展现量的词的出价

对展现量较高和有点击的词提升出价。因为这两类词相对于无展现量的词是有用的，需要区别对待。

提价幅度及方法：提价幅度在 0.01~0.2 元即可，并且使用自定义出价，这样做的目的是区别于其他无展现量的词，凡是为账户带来过展现量或者点击量的词，就必须保留。

（2）删除没有展现词时添加新词

对于无展现量的词，需要定期删除，因为无展现量的词白白占据了一个设置词的位置，却没有实际的用处，所以需要删除，在删除的同时，添加新词来"换血"，经过换血以后账户中有展现量的词和有点击量的词会越来越多。

（3）养成习惯，经常优化

建议各位卖家养成习惯，经常对自己账户的词进行优化。

技巧 148：选择更适合的宝贝投放形式

通过对宝贝单价的把握，从根本上提高宝贝点击率，可以更精准地找到属于自己的顾客。影响点击率有三个因素"宝贝图片、宝贝推广标题、宝贝价格"。而点击率又是影响质量得分与排名的非常关键的因素。比如以服装商品为例，在直通车内进行宝贝选择，需要考虑的因素如以下分析。

（1）女装宝贝选择
- 单价较低的宝贝。

- 品牌、折扣等相关因素强的宝贝。
- 价格属于高性价比的宝贝。

（2）男装宝贝选择

- 侧重于性价比高的宝贝。
- 价格具有一定优势的宝贝。
- 买家需求比较明显的高品质宝贝。

技巧 149：如何选择宝贝投放价格

通过对宝贝单价的把握，从根本上提高宝贝点击率，可以更精准地找到属于自己的顾客。影响点击率有三个因素：宝贝图片、宝贝推广标题、宝贝价格，具体详细如图 7-69、图 7-70 所示。

直通车出价，一直是困扰众多掌柜进行直通车投放的头号因素。这里为大家提供淘宝官方的一期一级类目的关键词平均出价供大家参考。

参考淘宝总体的平均出价，然后根据自己的实际情况进行出价，相信能获得很好的推广效果。

图 7-69   图 7-70

技巧 150：选择合适的时间进行投放

如果直通车投放时间不恰当，会浪费很好的流量，降低店铺总体销量。买家们喜欢什么时候上网？淘宝流量最多的是什么时间？哪几个时间点应该加大推广力度？这些因素是大家在具体投放时应该考虑的。如图 7-71 所示是淘宝每天的流量和成交分布图。蓝色曲线图是流量分布图，红色曲线图是成交分布图。

从这里可以看出，淘宝每天的流量和成交高峰有 3 个时间点：第一个是早上 11：00，第二个是下午 3：00~4：00，第三个是晚上 9：00~10：00。

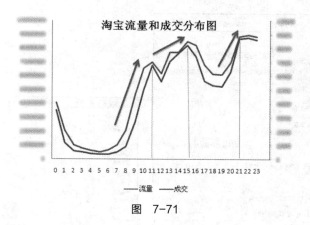

图 7-71

从早上 9：00 开始，一直到晚上 24：00，流量和成交整体上维持在一个较高的水平，并持续往上走。

因此可以考虑在 0：00~8：00 的时候，少量投放宝贝。另外在店铺高峰期（早上 11：00、下午 3：00~4：00、晚上 9：00~10：00），最大力度投放。这个时候来淘宝购物的买家很多，要尽可能把潜在买家拉进自己的店铺，因为只有流量多了，成交量才会上去。

 小二开店经验分享——温馨提示

非高峰时间段也有买家逛淘宝，这时候竞争不激烈，出较低价格也能排在很前面，为自己带来更多潜在买家。

7.5 "淘宝客"淘天下

淘宝客推广已经成为继直通车、钻石展位、品牌广告之后，淘宝掌柜的又一营销利器。与其他广告形式相比，淘宝客推广具有很高的投入产出比，不成交不付费，真正实现了花最少的钱获得最佳的推广效果。

技巧 151：轻松参加淘宝客推广

淘宝客推广是一种按成交计费的推广模式，为淘宝客提供单个商品和店铺的推广链接，可以指定某个商品或店铺。

淘宝客只需将推广代码放到网站、博客、论坛或其他地方，当有买家通过此链接完成交易，淘宝客就能拿到商品 0.5%~50% 的佣金。下面将讲解使用淘宝客推广的方法。

第 1 步 ❶ 登录到淘宝网"卖家中心"，在"我是卖家"下面，单击"营销中心"栏中"我要推广"链接，如图 7-72 所示。

第 2 步 ❷ 进入"营销入口"页面，单击"淘宝客推广"图标，如图 7-73 所示。

图 7-72

图 7-73

第3步 进入"淘宝客"页面，❸ 在"推广计划"栏中单击"新建自选淘宝客计划"链接，如图 7-74 所示。

第4步 弹出"新建推广计划"页面，❹ 设置计划名称、是否公开、详细说明、起始日期和结束日期；❺ 单击"创建完成"按钮，如图 7-75 所示。

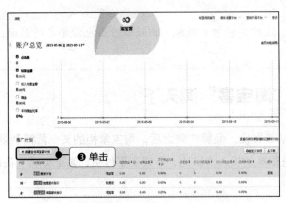

图 7-74

图 7-75

第5步 此时，即可在"推广计划"列表中查看到新建的计划，❻ 单击右侧"查看"选项，如图 7-76 所示。

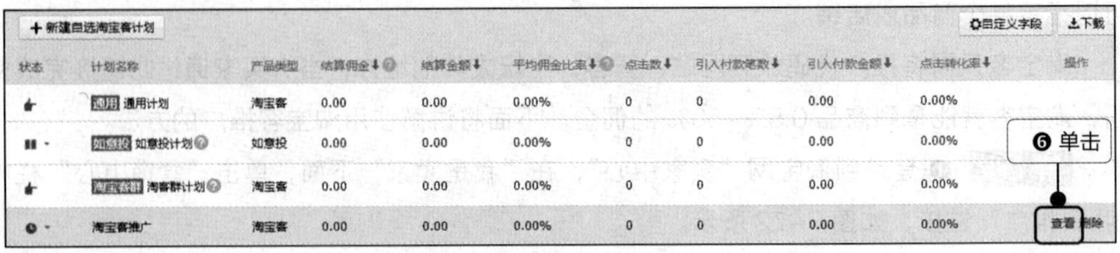

图 7-76

第6步　在弹出页面中，❼ 单击"新增主推商品"按钮，如图 7-77 所示。

第7步　❽ 在弹出的"选择主推商品"对话框中选择商品；❾ 单击"完成添加"按钮，如图 7-78 所示。

图　7-77　　　　　　　　　　　　图　7-78

第8步　在返回的页面中，还可以重新设置佣金比例，如图 7-79 所示。

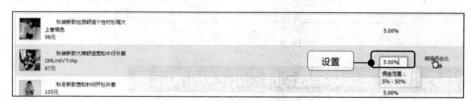

图　7-79

技巧 152：做好淘宝客推广的黄金法则

虽然淘宝客推广看起来很简单，寥寥几步就能够设置完成。但是，如果你想更好地利用淘宝客来为店铺创造更高的效益，那么在推广过程中还要熟知推广的法则。

调整好心态，定期及时优化，尽量给淘宝客以最大的利益，不要因为支付给淘宝客佣金而觉得少赚了，要看到，淘宝客带来的绝不仅仅是一个买家，而是很多的买家。实际上没有任何一种推广是立竿见影的。推广是一项长期的工作，淘宝客推广也不例外。只有长期用心学习总结，吸取他人好的经验，找到最适合自己的推广方法才是最有效的。

新手开始时可以将自己的宝贝佣金设置高些，自己赚取的利润低点，这样才会引来淘宝客为你宣传，淘宝客们宣传的渠道很广，他们有的是宣传的手段和方法。

当店铺有销量了，自然就会提升你的流量，虽然基本不赚钱，但是也别着急，俗话说心急吃不了热豆腐。当每天都有销量时，就可以适当地降低淘宝客佣金，给自己多点利润。

技巧 153：主动寻找淘宝客帮助自己推广

目前有数十万的淘宝客活跃在各个推广领域，与其盲目地四处寻找，不如让淘宝客自己找上门。大部分淘宝客每天都会登录一个网站，那就是淘宝联盟。淘宝联盟是一个淘宝客挑选推广对象的站点，在淘宝联盟上选择所需推广的商家或商品。

淘宝客聚集最多的是"淘宝联盟–联盟产品"。我们发现，淘宝客在挑选商品时，在搜索需要的关键词或者进入类目后，大多数会选择按30天推广量进行排序，如图7-80所示。

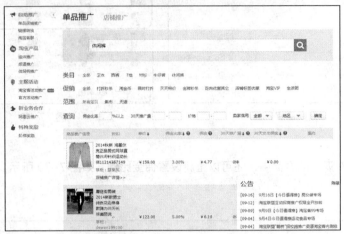

图 7-80

技巧 154：通过店铺活动推广自己吸引淘宝客

淘宝客一般会主动寻找合理的推广对象，因此合理地制定店铺活动，可以吸引淘宝客关注。

目前参加淘宝客推广的掌柜已逾百万之众，参加推广的产品更是数以亿计，我们除了可以吸引淘宝客光顾之外，还需要主动秀出自己，以便从百万掌柜中脱颖而出，如图7-81所示。

而卖家要做的就是，直接在淘宝客列表中，不定期更新店铺活动，让自己店铺活跃在这个地方。

图 7-81

技巧 155：通过社区活动增加曝光率

淘宝联盟社区是淘宝客聚集交流的场所，这里可以让卖家尽情发挥，吸引淘宝客的关注。社区活动常见的方式有以下几种。

① 发布招募帖，这是最常见的形式，直接向淘宝客发布招募公告。

完整的招募帖包括以下内容。

- **店铺介绍**：包括店铺的好评、转化、品牌简介，可以图文并茂。
- **佣金介绍**：爆款产品的佣金，可以上传爆款的图片，以及各个计划的佣金，佣金不菲且稳定，这样适合淘宝客的推广，淘宝客很忌讳中途将佣金调低。
- 奖励活动办法和奖励方式，好的活动，给力的内容，才能吸引淘宝客们过来。
- **联系方式**：联系电话、QQ，或者旺旺等。

② 参与社区活动，小二或社区版主会不定期地组织一些社区活动，如征文、访谈等活动。

③ 利用签名档，将签名档设置为店铺招募的宣传语，引导至自己的招募帖，并且积极参与社区中的讨论，热心回答会员的问题，在互动的同时也起到了宣传的作用。

④ 事件营销，社区宣传不一定是广告，有意地策划一些事件，短期内可以迅速积累大量的人气。

⑤ 主动出击，在社区中有许多乐于分享的淘宝客，这些人往往具有丰富的推广经验和资源，多关注一些有经验分享帖的淘宝客，通过回复或站内信取得联系。

技巧 156：挖掘更多新手淘宝客

淘宝客越多，店铺生意越好。大家在招揽淘宝客的同时，可以考虑多挖掘一些新手淘宝客来扩展自己的推广队伍。

当我们苦苦寻找新的淘宝客时，往往会忽略了一些曾经帮我们推广过商品的人群。这些新手淘宝客可能推广量不大，也许是不经意中推广了你的商品，但他们已经具备了淘宝客的推广能力，如果稍加引导便可以为你创造更多的推广量。

技巧 157：从 SNS 社会化媒体中寻觅淘宝客

目前微博异常红火，通过 SNS 社会化媒体进行推广的淘宝客也越来越多，有心的卖家应该能从中找到帮助自己推广的助手。

SNS 就如人人网、美丽说、蘑菇街等，这里活跃着众多的营销者，他们往往聚集了大量具有相同兴趣爱好的会员，如购物促销群、时尚群、亲子群等，这些精准的客户群体，除了自己可以参与商品推广外，还可以寻找到很多的淘宝客，如图 7-82 美丽说、图 7-83 蘑菇街首页所示。

图 7-82

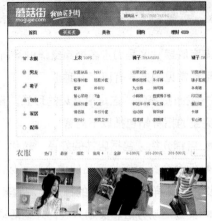

图 7-83

技巧 158：让自己的商品加入导购类站点

随着淘宝客的兴起，越来越多的站点加入到淘宝导购的行列帮助卖家推广商品，获得利润提成。

如团购类、比价类网站如同雨后春笋般不断涌出，此类站点聚集了大量的购物人群，是掌柜推广不错的选择。

技巧 159：通过 QQ 结交更多淘宝客

卖家寻找淘宝客，同样淘宝客也在寻找好的卖家，因此平时多注意利用 QQ、微信等工具来结交更多淘宝客。

在 QQ 群、微信群中，有很多淘宝客群，大家可以通过群搜索进行查找，然后加入群与这些淘宝客交流，让他们推广自己的商品。

技巧 160：让产品吸引更多淘宝客推广

我们前面介绍了这么多推广方式和方法，但归根结底吸引淘宝客来推广的还是商品本身，所以，针对恰当的产品制定有吸引力的推广计划才是淘宝客推广的王道。下面就围绕产品来介绍一些吸引淘宝客的技巧。

（1）主推最好的商品打造爆款

热销的宝贝自然比无人问津的宝贝更容易卖出，推广那些热销品不但可以吸引更多的淘宝客推广你的店铺，还有更重要的一点是可以积累销量。

质量好又热卖的商品，有利于招到淘宝客，也有利于培养忠实的淘宝客。有不少淘宝客把商品推荐给身边的亲朋好友，如果产品质量过硬，可增强他们推广的信心。

在商品的销售中，集中力量重点打造几款高人气的主推宝贝，俗称"爆款"，利用其高人气的特性，带动店内其他商品的销售，即单品制胜。同理，在淘宝客中也存在这样的现象，通过几款拥有大量淘宝客关注的主推商品，同样可以带动店内其他商品推广量的上升。

（2）商品图片美观

在提交推广商品到阿里妈妈时，注意提交的图片应美观清晰，商品名称应简洁和有吸引力，并且商品描述不重复。

淘宝客推广，大多数选择图片推广，如果图片模糊不清除，推广的效果肯定差，而且对于自己网站质量要求较高的站长，不美观的商品图片，会打破其站点的美观效果，他肯定不会推广。

（3）单价较低的商品

对于选择淘宝客推广的商品，要做好薄利多销的准备。

众所周知，顾客买东西，肯定要货比三家，价比三家。在选择主推宝贝的时候，应当选择一些单价适当降低的商品，同时低价位的商品也具有较高的利润率，可以为佣金比例的设定留有更大的灵活性。宝贝价格最好设置在大众普遍接受的范围内，这样可以获得更多的关注。

（4）佣金比例有竞争力

对于淘宝客来说，高佣金才是硬道理，相同的推广成本，佣金越高，收益自然越好，因此淘宝客在挑选商品时往往会较多关注佣金比例，因此建议主推商品应当在低价的同时保持较高的佣金比例。

所以在能承受的范围内，要尽量让利给淘宝客，才能发动淘宝客无限的推广潜力。当然佣金比例并不是越高越好，而应根据不同的推广阶段、不同的竞争情况，随时调整佣金策略。

例如，一款新上架的商品正处于推广期，同时作为吸引淘宝客的主推商品，在定制佣金比例时，需要考虑最大程度的让利淘宝客，以获得更多的推广，此时应适当采用高佣金回报淘宝客；而处于成熟期的商品，可适当调低佣金比例，以保证足够的利润。

（5）具有很好的销量和评价

淘宝客作为推广者，同时也会作为消费者，当选择推广商品时，往往也会站在买家的角度去审视，如果所选商品具有良好的历史成交记录以及正面的评价，可以让淘宝客更有推广信心。

（6）经常更新主推商品

对于一些季节性很强的商品来说，淘宝客主推商品的更新速度要跟得上店铺更新的速度，才能更加吸引新淘宝客和留住老淘宝客。

在一段时间内，可根据淘宝客成交的记录对一些推广比较好的宝贝进行佣金调整，比如

提高佣金，更能促进宝贝的推广；对于一些很久都无人推广的宝贝，则可以删除，另推其他商品。经常更新或根据效果来调整你的商品和设置，才是提高销量的保证。

（7）宣传你的淘宝客推广服务

已经使用淘宝客推广的卖家非常多，产品如何在众多的推广宝贝中脱颖而出是非常重要的。当然如果只是设置好推广的那几个产品就撒手不管的话，也多多少少会带来一些成交量，但是追求更好的效果，还需要多宣传自己。

（8）额外奖励刺激

对于那些推广做得好的淘宝客们，你还可以给他们制定一些额外的激励机制，让他们长期保持高昂的斗志，更加努力的为你工作。

一般来说，额外的奖励有以下几种方式。

● 奖金，除了淘宝佣金外，另有奖金，奖金一般与淘客的业绩直接挂钩。比如，累计推广多少件宝贝得多少奖金。

● 送现金，如推广就送现金。

● 送礼物，如推广就有大礼。

技巧 161：巧用 SEO 结合淘宝客推广店铺

随着淘宝客的流行，各种围绕如何利用淘宝客进行淘宝店铺推广的讨论也越来越多。相信很多掌柜希望通过淘宝客给自己的店铺带来更多的流量和生意，玩淘宝客的站长们也希望能通过淘宝佣金带来补充收入。

下面介绍如何利用 SEO 结合淘宝客进行淘宝店铺和淘宝客网站双赢推广，希望对淘宝开店的掌柜和淘宝客站长们有所帮助。

掌柜们想通过 SEO 和淘宝客推广店铺，首先要了解 SEO 的基本概念。SEO 的中文意思是搜索引擎优化。通俗理解是：通过总结搜索引擎的排名规律，对网站进行合理优化，使你的网站在百度和 Google 的排名提高，让搜索引擎给你带来客户。通过 SEO 这样一套基于搜索引擎的营销思路，为网站提供生态式的自我营销解决方案，让网站在行业内占据领先地位，从而获得品牌收益。

SEO 的主要工作是通过了解各类搜索引擎如何抓取互联网页面、如何进行索引以及如何确定其对某一特定关键词的搜索结果排名等技术，来对网页进行相关的优化，使其提高搜索引擎排名，从而提高网站访问量，最终提升网站的销售能力或宣传能力的技术。

下面就 SEO 结合淘宝客推广淘宝店铺进行详细的说明，淘宝掌柜通过此方法可以提升淘宝客网站在百度的关键字排名，从而提升店铺宝贝的曝光率，获得更多的客户，同样可以使推广你店铺商品的淘客站获得更多的流量及佣金。

（1）选择 30 个优势商品

选择店铺最有竞争优势的 30 个商品，淘宝客最多可以推 30 个商品。

（2）为商品选择精确关键字

大家都知道，选择精确的关键字可以提升店铺的转换率，那如何查找精准的关键字呢？关于选择精准关键字的几种方法如下。

- 搜索栏搜索提示关键词。
- 淘宝系统推荐关键词。
- 淘宝排行榜。
- 根据店铺客户搜索习惯选择关键字。
- 为淘宝客主推商品进行关键字优化。
- 为主推商品选择核心关键字，每个商品可选 1~3 个。
- 将选好的 1~3 个关键字放置于宝贝名称中，并在宝贝描述中多次出现，增加关键词密度。
- 为图片加 alt 属性：alt=" 关键字 "。
- 在商品详情明显位置摆放当前商品核心关键字，以便淘宝客网站运用。

7.6　钻石展位全面展示

"钻石展位"是淘宝图片类广告位自动竞价平台，是专为有更高信息发布需求的卖家量身定制的产品。它精选了淘宝最优质的展示位置，不仅适合发布宝贝信息，更适合发布店铺促销、店铺活动、店铺品牌的推广内容。当然要推广得好，就要掌握使用钻石展位的一些技巧。

技巧 162：利用钻石展位扩大品牌效应

钻石展位是比较高端的一种营销工具，其优势在于，除直接引入流量达成销售外，还有一种广告理念的灌输。目前钻石展位的广告投放，大部分还停留在引进流量阶段，而忽略了品牌广告的宣传。这简直是大大的错误，利用好钻石展位的视觉冲击因素，对于品牌的知名度拓展是至关重要的。

对于这个钻石展位素材的展示，是比较成功的，从展示位置来看，周围缺少明显能够抢眼的广告素材。广告词主要展示出商品价格，但同时也显示出了商品的卖点和店铺名称。

很多人以为钻石展位的作用就是引流，实际上对于自有品牌商、渠道商、知名品牌商，以及高品牌壁垒型季节产品和非季节产品，都应该有不同的投放策略。

所以对不同的店铺和产品本身，商家应该搞清楚自己的目的，然后指定钻石展位广告的投放策略。

技巧 163：用钻石展位打造爆款商品

通过"钻石展位"进行引流，适合对一款最热销的单品做长期的流量轰炸，这种展位素材一般情况下不会轻易变化，即使主色调有变化，其广告核心也不会变化。

要进行爆款打造，选择的展位广告素材主要考虑流量引入的精确性，所以在人群定位和店铺定位上应该是足够精确。其选择的位置为首页流量较大的广告位，也可以分析出这种推广方法是为了保证足够大的流量基数，来实现精准引流的目的。图7-84所示为在淘宝首页上利用钻石展位打造的爆款产品广告。

单击广告进入店铺的首页，在该店铺首页，可以看到该爆款产品的巨大广告展示在首页第一屏，如图7-85所示。在"热销宝贝排行"栏中可以看到此爆款产品的销售量会远远超过其他产品。

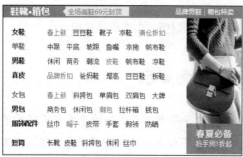
图 7-84

图 7-85

技巧 164：用钻石展位进行活动引流

"钻石展位"很适合为店铺活动造势，进行引流。钻石展位引流的特性是，预算庞大、占据位置多、持续时间短，属于一种爆发性质的促销。利用钻石展位进行活动引流有以下几个特点。

（1）素材一定要做得劲爆

各类网络热词，各类夸张表情，造成强烈的视觉冲击。

（2）折扣一定要低

虽然其实不低，但哪怕只有一款产品4折而且限量10件，也一定要说成是全场4折起。

（3）活动环环相扣

活动策划要环环相扣，让进店的顾客不买几件东西就出不来。

（4）庞大的预算，这点不是一般商家可以承受的

总的来说，这类钻石展位的投放在短时间内引入巨大流量，带来巨大的销售额，实现盈利。但需要通过精密的策划来实现促销行为。图7-86所示的店铺在淘宝各个栏目页面做了大量的活动，在该店铺首页也有很多的折扣活动。

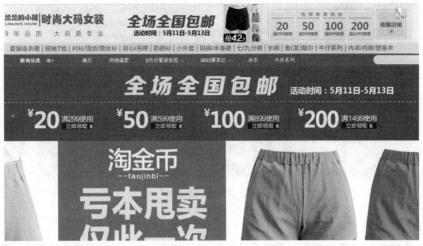

图 7-86

技巧 165：如何做好品牌的推广

利用"钻石展位",是最有效的店铺品牌宣传方法。

所谓品牌,就是长期坚持一种特定的个性。那么,你的广告是否一直在坚持这种个性呢。这类钻石展位广告的持续投放,需要通篇的策划和良好的品牌形象定位,通过钻石展位这种广告形式投放,虽然前期成本较高,但从长远来看,意义是不可衡量的。

技巧 166：进行钻石展位的定位

钻石展位的最终要求是提高点击率,而要提高点击率就是要让看到广告展示的买家是你的产品目标用户,例如买家打算买护肤品,你正好展示的是护肤品的广告,那么买家自然会点击了。

钻石展位适合相对成熟的卖家,首先要求卖家可以制作漂亮的展示图片或 Flash,其次要求卖家有活动、促销等发布意识,可以用最适合的噱头推广最合适的产品。下面来看看进行钻石展位推广前,应该如何搭配定位自己的宣传模式。

(1) 推广商品

如果主推的是商品,一定要把商品做到最好、最优,因为钻石展位是按照流量付费的,广告是否成功,很大程度上是用点击率来衡量,商品有绝对优势和吸引力,才能吸引买家点击,商品没有优势,点击率少或没有点击,这个广告就是失败的。

(2) 推广店铺活动

促销活动很容易抓住买家的眼球,尤其是一些优惠力度很大的活动,做钻石展位也可以带来很大的流量,如图 7-87 所示。

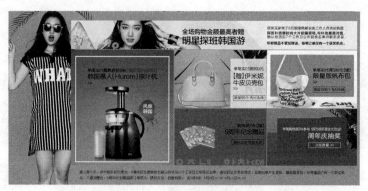

图 7-87

（3）推广店铺

推广店铺是钻石展位广告中用得比较多的广告形式。成功的钻石展位推广往往能引爆店铺的销量，前提是先把店铺装修好，各种促销活动要吸引人，才能把引进的流量转化为成交量，如图 7-88 所示。

图 7-88

技巧 167：选择钻石展位的投放位置

钻石展位的不同投放位置也是影响店铺人气的重要因素，不同的投放位置，付出的资金和获得的流量是不可能等同的。

作为卖家，根据自己的需求选择合适的展位非常必要。一般可以参考如下建议进行投放选择。

（1）和商品属性相匹配

钻石展位是按 PV 收费的，精准投放更显得重要。如果你选的广告位不是你的目标受众集中的页面，打开你的广告位所在的页面什么人都有，那无疑是一种浪费。

比如你做的是男装，把这个广告投放在淘宝网首页和"男人 / 服饰 /"频道，哪个会更省钱、更有效果？首页流量巨大，但男女老幼都有，不管是不是搜索，打开了首页就收钱。100 个人中或许只有 10 个人是想买男装的。

而在"男人/服饰/"频道中，来浏览的人一般都是对这个商品有兴趣的，有可能打开网页的 100 个人中有 50 个是潜在买家，比投放在淘宝网首页划算。

（2）和广告预算相符

广告投放在哪个位置，除了和商品类型有关外，还和广告预算密切相关。每个展位都有最低日限额，如果你的预算低于这些广告位的最低预算，可以不用考虑。

（3）和店铺经营状况相关

除了预算，买什么位置，要多少流量，还和自己的店铺经营状况有密切关系。即使资金充足，可以一天买进 10000 个点击量，但如果你的店铺没做广告前只有几百个流量，而客服也只有一两个，对于这个流量店铺是承受不住的。因为一两个客服远远无法满足 10000 个流量下买家的咨询。建议每天由广告引进的流量比平时多 2 到 3 倍，然后根据情况慢慢加大投入。

技巧 168：做出有吸引力的广告图片

钻石展位是按流量计费的广告形式，其效果又是通过点击率来估计的，点击率越高则说明广告效果越好，所以，图片是否吸引人，是否让看到的人有点击的欲望，则是广告成败的关键。

有创意有吸引力的图片，能让你的成本降到最低。图片在形式上要精美而有冲击力，这样才能吸引人的视线；图片在内容上还要有卖点。毕竟你的最终目的并不仅仅要别人欣赏，而是要别人点击图片，进店购买商品。

所以，在计划推广商品前，首先要找到你要推广的商品或店铺最吸引人的闪光点。然后用有冲击力的图片，把这个闪光点呈现在买家面前。

如果你的图片普普通通，毫不起眼，很容易就被买家忽略；相反，如果它能一下就跳入买家的眼球，就有可能产生高的点击率。

技巧 169：用最少的钱购买最合适的钻石展位

钻石展位是按一个展位 1000 元来收费的，只要有买家浏览页面，卖家的广告有展现就要收费。

钻石展位根据所占据的位置不同，或者给出的图片尺寸不同，收费价格也会有所差别。所以卖家一定要学会合理投资，用最少的钱来获得最佳的广告效果。

（1）竞价一定要冷静

找到最合适自己店铺的广告投放位置，并且根据利润及销售量计算出能够承受的价位，如果有较多的人竞价这个位置，能抢到固然好，但是超出预算的话可以看一看其他位置是否合适。

建议在开始竞价前先研究自己选中的广告位的特征,以及最近的出价数据,看准了,算好了再出手,切忌不顾一切地去抢广告位,有时候一时冲动,可能抢到了不合适自己商品的展位。

(2)科学出价

不是出价越高越好,钻石展位和直通车的竞价是不一样的,直通车竞价是争抢商品排名,而钻石展位只是为了获得优先投放的权利。

这两种展位的区别很好理解,直通车展位是出价最高的广告排在最前面;而钻石展位出价最高的广告获得被优先投放的权利,也就是说出价最高的广告先被投放,投放完毕后才轮到出价在第二名的广告进行投放。

至于广告展示多久,和广告竞价的高低无关,当然要看预算了,预算充足,能扛得住,就展示时间长一点。

我们应该在流量没有被购买完的情况下,竞价尽量低,才可以在相同的预算下拿到最多的流量。

当然,有些卖家是挑时间段的,例如,他一定要在上午10~11点投放广告,一个比较短的时间段内的流量有限,那么取得优先权就很必要。

(3)快速竞价

在每天15点之前的几分钟是竞价最激烈的时候,很多卖家往往在前几秒出价或加价,所以,创建了投放计划后,可以利用创建快速竞价迅速抢位。

(4)选择投放

购物高峰期流量相当大,那些排在前面的预算可能很快就用完了。因此这里有个小技巧,大家在做预算的时候,可以选择流量比较大的时间段选择出价。

技巧170:合理定位钻石展位的目标人群

只有将广告展现给合理的目标人群,才能获得最佳的广告效益。对于自己的产品,卖家要去了解其对应的目标人群,然后再面向目标人群来投放广告。这样可以有效地提高广告带入流量的转化率。

技巧171:钻石展位投放时间的选择

只有将广告展现给合理的目标人群,才能获得最佳的广告效益。

投放时段的选择,大家记得一定要选择转化率高和流量高峰时段来投放,让我们的广告产生最大的效果。

一般来说,每天的10:00~12:00、14:00~17:00、19:00~23:00,这几个时间段都是淘宝的流量高峰时期。

技巧 172：决定钻石展位效果好坏的因素

钻石展位受到了很多卖家的青睐，很多卖家靠着钻石展位流量节节攀升。那么决定钻石展位效果好坏的因素有哪些呢？

（1）广告图片

广告图片常常被大家所忽略，但却极为重要，拥有一个适合自己、凸显主题的广告图片就会给店铺带来无限的收益。

很多人都没有意识到广告图片的重要性，大家都觉得自己可以做，虽然做出来不是那么好看，能用就行，虽然节省了开支，但是却大大制约了收入，如果广告图片可以展现店铺所要表达的东西，那带来的收益会远远超过上千元，甚至上万元、几十万元。

（2）广告文案

图片在内容上要有卖点，毕竟你的最终目的并不是仅仅要求别人欣赏图片，而是要别人点击图片进店购买商品。

图片广告上的文字内容和图片一样也能决定广告的效果。

同样的图片，上面的文案不同，广告所带来的效果也不同。

广告文案不能太乱，只要包含主题、价格、产品就可以了，也可以加上一个点击按钮，或者加上一个时间能给客户造成紧迫感，来提高点击率。切记一定不要乱，站在客户的角度想想，要让客户一眼就能看明白。如图 7-88 和图 7-89 所示的案例，图片很精美，但真正让人忍不住去点击的还是它的卖点"质感绣花""8 折抢"，对此感兴趣的人很快就会被吸引住点击了。

图 7-88

图 7-89

7.7 其他淘宝收费推广

卖家为了让店铺迅速成长，还可以通过其他一些网外营销方式来对自己的店铺和商品进行推广。

技巧173：阿里妈妈网外推广

阿里妈妈（www.alimama.com）是一个专门出售广告位的交易平台，大家都知道许多网站都是靠广告赞助方式盈利的，因此卖家们如果需要在别人的网站上打广告，只需要支付相应的费用就行了。要在阿里妈妈购买到适合的广告位，具体操作方法如下。

第1步 登录阿里妈妈网站http:// www.alimama.com，❶单击页面左上方"登录"链接，如图7-90所示。

第2步 ❷输入淘宝网注册账号及密码；❸单击"登录"按钮，如图7-91所示。

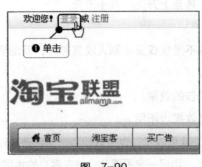
图 7-90

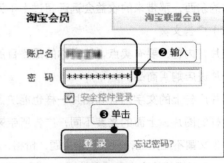
图 7-91

第3步 登录阿里妈妈后，❹单击"我要买流量"按钮，如图7-92所示。

第4步 ❺进入广告位搜索页面，选择要购买的广告位类目，如图7-93所示。

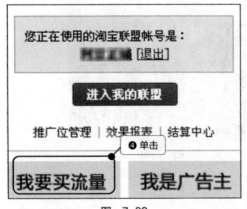
图 7-92

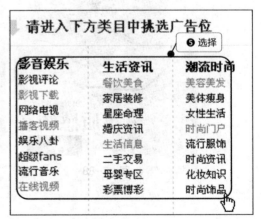
图 7-93

第5步 查看广告位位置描述以及广告尺寸大小，如图7-94所示。

第6步 在页面右方对应广告位中查看收费详情。

图 7-94

第7步 ❻ 单击"放入购物车"链接,将选定广告位放入自己的网购订单中,如图 7-95 所示。

第8步 ❼ 单击"进入购物车"按钮,如图 7-96 所示。

图 7-95

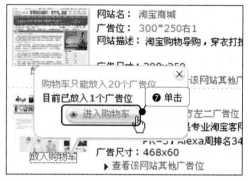

图 7-96

第9步 ❽ 根据需要设置广告位投放时间,这样即可生成订单价格;❾ 单击"确认购买"按钮,如图 7-97 所示。

第10步 ❿ 打开"登录信息确认"页面,输入手机号码等信息;⓫ 单击"确认"按钮通过验证,如图 7-98 所示。

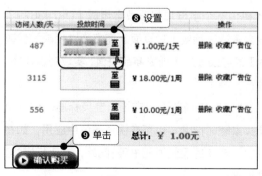

图 7-97

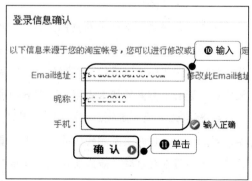

图 7-98

第11步 转入支付宝页面，完成支付操作即可。

 小二开店经验分享——广告位的数量

需要注意的是，这里的购物车最多只能放20个广告位订单，因此大家在选择时要及时查看并尽快支付。

技巧174：超级卖霸让销量倍增

超级卖霸是淘宝网重拳推出的宝贝展示集中营，搜集了全网最热卖的宝贝，将其集中展示在全网客流访问量最大的位置，以其超大活动流量、完美主题策划、投入费用优惠、效果数据监控等突出优势取得了良好的效果。

卖家可登录麦霸"http：//maiba.taobao.com/"主页面进行申请，相信它可以在短时间内，迅速为大家的店铺带来庞大流量，成为钻石店铺。

 小二开店经验分享——超级卖霸价格偏高

超级卖霸这个活动人气非常高，也因此其展位价格不菲，一般在1万~2万元之间，所以对于新开店的卖家来说，也算天文数字了，不建议大家初期采用此推广工具。

技巧175：利用淘宝代码分享宝贝

当卖家进行传统的非电子商务平台促销推广时，淘宝代码是更能体现出简易、快捷的搜索方式。

推广宝贝时备注淘代码，买家输入代码即可看到对应的宝贝，业务自然来得更快。

（1）什么是淘代码

淘代码，被誉为电商全新营销工具。淘代码由一个字母加若干数字组成（D8793679），分为店铺淘代码和宝贝淘代码，可在淘宝网搜索直达店铺或宝贝页面。商家通过生成淘代码为买家提供淘代码专属折扣，买家通过淘代码搜索可以直达店铺或商品页面，实现轻松购物。淘代码主要有三方面的基本应用，以下分别进行介绍。

● 新媒体应用，淘代码可应用于淘宝店铺中，在店铺首页、店招、宝贝标题及详情页中设置淘代码，告知买家淘代码的用途也方便买家随时搜索；也可在视频媒体中应用，如在优酷、土豆等在线视频中应用淘代码，如微电影、产品的视频说明书等；此外，在手机媒体、数字电视、移动电视中可以轻松应用淘代码进行推广。

- 平面媒体应用：如在报纸、杂志（《淘宝天下》等各类时尚杂志报刊）、户外广告、包裹纸盒、名片、贺卡、明信片、店家会员内刊等。
- 电视媒体应用：现有针对淘宝的电视购物节目有浙江卫视的《开心大买卖》，湖南卫视的《越淘越开心》等。

（2）淘代码营销的好处

应用淘代码的优势，主要有以下几方面。

- 店铺搜索直达：店铺淘代码简单易记，以数字与店铺绑定的形式，用最直接的方式将品牌形象传达给用户，相当于店铺门牌，而且可搜索直达，避免了流量流失。
- 商品搜索直达：宝贝淘代码与宝贝页面唯一对应，买家无须记忆冗长的商品名，搜索直达宝贝详情页，避免因自然搜索引起的同类商品的竞争。
- 会员定向营销：商家可为不同级别会员指定不同的优惠商品并生成对应淘代码，会员凭淘代码享受专属优惠，淘代码还可做优惠暗号。
- 折扣营销功能：商家可通过淘代码设置商品专属折扣，买家通过搜索此淘代码方可享受特定优惠。
- 线下转线上的直达跳转工具：淘代码可实现跨媒介的快速直达跳转。
- 数据追踪：通过淘代码可以追踪成交数据，搜索 PV、GMV、支付宝成交等。

（3）订购淘代码

淘代码是完全免费的营销工具，三钻及以上淘宝卖家可以在淘代码卖家自助平台免费生成淘代码。符合条件的淘宝卖家还可选择淘代码增值服务套餐获得相应的 T 字头店铺淘代码靓号，拥有店铺直通门牌号。订购淘代码，具体操作方法如下。

第 1 步　登录到淘宝网"卖家中心"，在"我是卖家"页面，❶ 单击"营销中心"栏中的"我要推广"链接；❷ 在"营销入口"选项卡中单击"淘代码"图标，如图 7-99 所示。

图 7-99

第 2 步　进入"淘代码协议"页面，❸ 单击"确认开通"按钮，如图 7-100 所示。

第 3 步　此时，即会提示协议开通成功，如图 7-101 所示。

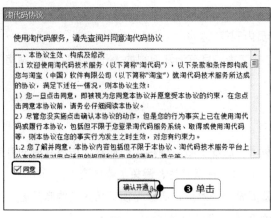

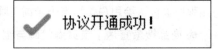

图 7-100　　　　　　　　　　　　　　图 7-101

本章小结

本章详细介绍了如何在淘宝网进行专业的宣传推广，先讲解了淘宝官网和第三方活动推广，进而介绍了运营淘宝直通车高级展示宝贝的技巧、淘宝客以及钻石展位的使用，最后介绍了其他淘宝收费推广的技巧。对于想要提高淘宝店铺业绩的读者，学习本章后，可以全面系统地了解淘宝推广流程，提高自己的商品销售量。

第8章

见贤思齐，产品促销与引流技巧

本章导读

同样开网店为什么有的日进万金，而有的却门可罗雀呢？酒香不怕巷子深的年代过去了，好的商品也必须要有好的宣传才能生意兴隆。那么在众多的网店中该如何推广，才能让自己的网店脱颖而出呢？本章将介绍网店推广、促销及引流的秘诀。

知识要点

通过本章内容的学习，读者能够学习到淘宝网内免费推广技巧，了解各种促销活动以增加产品的销量，在社区写出精华帖，给店铺带来上万流量等。学完后需要掌握的相关技能知识如下。

- 巧妙促销增加销量
- 淘宝网内免费推广技巧
- 淘宝网外营销技巧
- 善于利用和分析店铺数据

8.1 巧妙促销增加销量

店铺产品销量,是所有淘宝掌柜都需要面对和处理的事情。一个店铺没有好的销量,往往是举步维艰的。在这里,我们就来看看淘宝前辈们是如何巧妙地为店铺增加产品销量的。

技巧176:选择合适做促销的商品

一般来说,促销商品在价格上都有极大的让利,虽说低价,但选择促销商品时却是马虎不得,如果用来做促销的商品一无是处,不仅无法带来预期效果,还有可能适得其反。

下面介绍选择适合促销商品的技巧。

(1)款式大众化

如果选择的促销商品都是一些没人喜欢的冷门商品,甚至是卖不出去的商品,即使价格非常低,也缺乏吸引力。这样的商品不要指望能为店铺带来什么流量和人气。

(2)质量好的商品

虽说是促销商品,但买了这个商品的顾客有可能成为回头客,如果促销商品质量不过关,不仅不利于培养回头客,还有可能招来中差评,这对店铺的长远发展极为不利。

(3)店铺主营商品

如果店铺主要是做男装的,促销的商品选择男装就很好。如果选择一款女士裙子来促销,吸引的恐怕大多是女性,就很难带动男装的销量了。

技巧177:通过邮费赚利润

多数顾客在购物网站中选择商品时,会按照商品价格来筛选不同卖家的商品,从而减少了对于邮费价格的关注。

网上购物的商品总价,是商品售价与运费之和,在商品总价不变的情况下,我们可以提高运费,而降低商品价格,这样当买家按照价格从低到高的顺序搜索商品时,我们的商品自然会往前面排一点,增加了被买家看到的机会。虽然多数买家在购买商品时会关注商品的运费，但只要我们设置的运费不是太高，一般不会影响买家的购买意向。

以快递公司运费为例，目前淘宝网中各卖家的快递运费大致为 8～15 元之间，也就是如果我们的运费是 8 元，那么可以将商品价格降低 2～7 元，而将运费调整为 10～15 元。要知道商品价格如果降低 7 元以后，其在商品列表中的排序就会大幅度向前，甚至可能由原来的第 50 页，前移到前面几页或十几页，买家搜索商品时，自然就会优先看到了。

通过运费来中和商品价格，是灵活调整价格的一个方面。

另一个方面，就是我们与快递公司实际谈的价格，往往比淘宝网中的指导运费低很多，同样以快递公司为例，淘宝网指导价为 10 元左右，但很多快递公司运费是可以讲价的，我们在选择快递公司并谈好价格后，可能只要 6 元就够了，而在网店中依旧标示 10 元的运费，这样一旦商品售出，不但商品本身能赚取一定利润，而且快递运费也能让买家赚一点。

技巧 178：节假日销售促销策略

在网店经营初期，让客户喜欢自己的网店才是王道，现在淘宝客户都喜欢"赠品、打折、秒杀"等活动，所以我们做网店促销策略一定要符合客户的意愿，进而提升网店的知名度。节日网店促销策略，抓住节假日的销售机会，会让你收获颇多。

"价格"是永远的促销利器，价格是除了质量、性能和款式之外决定买家是否购买的关键因素，卖家在琢磨买家心理的基础上要创造出种种易于买家接受，且能激发消费欲望的价格促销方式。那么节假日促销有什么方法呢，下面就详细介绍这方面的技巧。

（1）错觉折扣：给顾客不一样的感觉

人们总是认为打折的东西质量总会差一点，这是心理暗示，要打消这种心理暗示就要让买家觉得买的这个商品其实是原价的，但自己花更少的钱买到它了，赚到了。具体怎么去操作呢？比如"您只要花 100 元就可以买到我们店里价值 130 元的商品"或者"您只要花 99 元，就可以在我们店里挑选任何一件原价的商品"。这两个案例实际上都是在价格上的让利，但是给买家的感觉是完全不一样的，如果你给 130 元的宝贝打个 7.7 折，那买家感觉这个宝贝就值 100 元，那它的质量估计也就是 100 元的质量。但是你把方案改称"花 100 元就可以带走价值 130 元的商品"，买家就会觉得这个商品的价值还是 130 元，但是我只要花 100 元钱就得到了，它的质量品质还是 130 元的。

（2）一刻千金：让顾客蜂拥而至

"一刻千金"的促销方案就是让买家在规定的时间内自由抢购商品，并以超低价进行销售。例如，在你的店铺，每天早上 9 点到 9 点 5 分之间拍下的宝贝，可以以 5 元的价格成交。这个促销看似大亏本，但实际上这一举动给你带来了急剧的人气提升和很多的潜在客户，因为 5 分钟的挑选时间是仓促的，5 分钟之后，客户还会停留在你的店里逛，既然来了总要买点什么，而且那些抢下 5 元特价商品的客户也可能因为觉得占到了大便宜而购买更多。所以，这种用"千金一刻"方法吸引顾客的注意，等顾客吸引过来之后，接下来就是让顾客自愿掏腰包了。

（3）超值1元：舍小取大的促销策略

超值1元就是指在活动期间，顾客可以花1元钱买到平时几十甚至上百元的商品。或许很多人不明白一个问题，这种促销方案不是让店铺亏本很多吗？其实不然，从表面上看，这种1元商品确实赚不到钱，但是通过这些商品，店铺吸引了很多的流量，而一个客户如果购买了一件1元商品，那他同时再购买店铺里其他商品的可能性是很大的，因为同样需要付一次邮费。而那些进到店铺里来却没有购买1元商品的顾客，购买店铺里其他商品的可能性是非常大的，因为他进来了看到了你的宝贝。

（4）临界价格：顾客的视觉错误

所谓临界价格就是在视觉上和感性认识上让人有第一错觉的那个价格，比如以100元为界线，那么临界价格可以设置为99.99元或者是99.9元，这种临界价格最重要的作用是给买家一个视觉错误，这个商品并没有上百，也只不过是几十元而已。尽管这个促销策略已经被超市、商场运用得泛滥了，但是也说明了这个方法屡试不爽，我们在实际的操作中，还是可以拿来使用的。

（5）阶梯价格：让顾客自动着急

所谓阶梯价格就是指商品的价格随着时间的推移出现阶梯式的变化。比如新品上架第一天按5折销售，第二天6折，第三天7折，第四天8折，第五天9折，第六天原价销售。这样给顾客造成一种时间上的紧迫感，越早买越划算，减少买家的犹豫时间，促使他们冲动购物。当然阶梯的方式有很多，店家可以根据自己的实际情况来设定，宗旨就是既吸引客户又不会让店里亏本。

（6）降价加打折：给顾客双重实惠

降价加打折实际上就是对一件商品既降价，又打折，双重实惠叠加。相比纯粹的打折或者是纯粹的降价，它多了一道弯，但是不要小看这道弯，它对顾客的吸引力是巨大的。

第一，对于顾客来说，一次性的打折的方案和降价加打折比起来，顾客毫无疑问地会认为后者更便宜。这种心理使客户丧失原有的判断力，被促销所吸引。

第二，对于店铺来说，提高了促销的机动性，提高了因促销而付出的代价。比如以100元商品为例，如果直接打6折，一件商品就会损失40元的利润。但是如果我们先把100元的商品降价10元，再打8折，那么一件商品损失的利润是28元。但是买家还是感觉后者比较爽。降价打折是操作最方便，也是见效最快的促销方式。

卖家可以根据前面提到的一些思路，拓展开来，运用到自己的店铺中，一定可以做得更好。

技巧179：利用赠品做促销活动

赠品促销就是买家在购物时，以"赠品"赠送的形式向买家提供优惠，吸引其参与该品牌或该产品的购买。

赠品促销是最常用的促销方式，它把商品作为礼物赠送给买家，以一种实物的方式给买家非价格上的优惠。这种方式虽然没有价格促销这样直接，但它可以用一种看得见而又实实在在的方式冲击买家，增强品牌观念，促使买家购买产品并长时间使用。

技巧 180：拍卖促销

淘宝拍卖相当于给店家做了一次巨大的广告，吸引无数的潜在客户，得到了很多长期的东西，积累了潜在客户。

1元拍卖或低价拍卖，可以吸引不少买家。访问量增加了，购买的概率也就会增加了。图 8-1 所示为全民抢拍活动首页。

图 8-1

技巧 181：低价出售部分商品

低价出售部分商品，这也是一种商品的销售技巧，卖家店铺中销售的商品品种繁多，这时可以将其中部分热门商品的价格标到最低，买家在网上购物时，多数会按照价格由低到高的顺序对商品进行排序，如果我们部分商品价格低于其他卖家时，自然而然会得到买家的关注，也就会进入商品页面中查看商品信息，而其中多数买家则会习惯性查看店铺中的其他商品，当进入店铺的买家增多，商品的销售概率也就随之增大了。

我们将部分商品价格设置得较低的话，买家进入店铺后就会产生一个心理，那就是卖家的商品价格都会较低，购买意向也就会增加。对于标价较低的商品，为了使更多买家能够看到，还可以结合橱窗推荐与掌柜推荐的方式来展示商品，橱窗推荐用于买家搜索商品时增加被搜索到的概率，而掌柜推荐则针对进入店铺的买家，使之可以首先看到被推荐的商品。

技巧 182：进行购物积分促销

积分制作为一种有效巩固和激励老顾客多次购买的促销手段，在商家促销中得到广泛应用，比如"百货、超市、通话"积分等。因为这些市场的用户有重复购买产品或者服务的需求，而获得老客户的再次消费的成本要远远低于重新开发新客户的成本，因此，商家越来越多地采用积分制的方式来留住老客户，也积累了大量的经验。

技巧 183：巧妙进行包邮促销

大部分顾客都会选择包邮的商品后，再加购店内其他的商品，因为反正都免邮费了，一

次多买点更划算。

包邮对顾客来说是很有吸引力的，比如一个商品1元秒杀，可是邮费要10元，这样可能还不如9元包邮活动更能吸引顾客。

技巧184：使用限时限量促销商品

所谓"限时限量"促销，就是在网络店铺里，卖家把货物价格定得很低，让所有买家在规定的时间内进行抢购，由于价格优惠商品数量有限，每次很快就被抢光。

这种近似"天上掉馅饼"的促销，能极大吸引买家眼球。如常看到这样一些广告："圣诞节期间，本商品4折出售""优惠只限于前50名幸运者""2016年2月14日全场6折优惠，数量有限"。

这种限定时间、限定销量的广告宣传，的确很好地抓住了买家的心理弱点。因为如果是随处可见、随时都可买到的商品，人们自然不会产生强烈的购买欲。但如果数量上有所限制，就能激起买家的消费欲望，使他们觉得如能抢购到此物，就占了大便宜。有了这种错觉，即使不推销，也会前来抢购。

限时促销是一种非常有效的促销手段。但如果不能系统地把握其中的诀窍，不仅不能取得很好的效果，反而可能会弄巧成拙。那么该如何采取有效的方式去做，尽可能地扬长避短，以达到应有的效果呢？

第1步，选择商品。流行商品、应季商品、大众化商品、单价不过高的商品一般是首选。限时促销商品根据不同的种类最好定为原价的4~8折，价格不能太低，太低就有假货、滞销货的嫌疑，会引发顾客失望和生疑。当然，为了考虑吸引力，偶尔拿出一些非常敏感的商品做几次惊爆价格也是可以的，但最好不要频繁地做。

第2步，促销时间。很多限时抢购促销失败都与时机选择有关。可以选择节假日、周末，特别是有大型促销活动的时候最好，如换季促销、周年庆、黄金消费周等时间。因为这时网上的人流量大，限时抢购的效果就好。

技巧185：让收益与宣传两不误

通常对店铺进行宣传，都需要一定的时间和精力甚至金钱，而如果通过拍卖的方式发布商品，不但可以获得一定的收益，还可以起到宣传的作用。

淘宝网提供了拍卖与一口价两种发布方式，而拍卖的商品由于起价较低，对于有着购买这类商品意向的买家来说，在搜索时就更容易先找到拍卖的商品信息，然后进入商品销售页面中参加竞拍，但多数买家在进入商品页面后，会习惯性地浏览店铺中的其他商品，这样店铺的访问率就增加了，而访问率的增加，无疑也增加了商品出售的概率。

对商品进行拍卖时，卖家可以设定一个较低的起拍价，然后按照一定的加价幅度让买家竞拍，在指定时间范围内，出价最高的买家即可购买到该商品。

（1）不同的拍卖方式

淘宝网提供了两种拍卖方式，一种是单件拍卖，另一种为荷兰式拍卖。卖家发布拍卖商品时，需要注意这两种拍卖方式的区别。

单件拍卖：要拍卖的商品数量只有一件，卖家设定起拍价和加价幅度后，由买家竞拍，最终由出价最高的买家购得该商品。

荷兰式拍卖：如果要拍卖的商品数量大于一件，淘宝会自动采用荷兰式拍卖方式。采用该方式拍卖时，出价最高者优先获得宝贝，相同价格先出价者先得，如果商品拍卖数量大于出价人数则按照起拍价成交。

（2）拍卖过程中的技巧

既然我们发布拍卖商品是为了赚取人气，那么在拍卖的同时，就可以结合其他方式来加大宣传力度，让更多感兴趣的买家进入到店铺中。也就是发布拍卖商品后，我们可以到相应的"QQ群、论坛、微信、微博"发布针对拍卖商品的宣传帖子，让更多的买家参与竞拍，这样不但增加了店铺人气，而且竞拍的买家越多，商品最终能售出的价格也就越高。

另外，实施拍卖时，我们可以将起拍价格设置得比较低，并邀请亲戚朋友来和其他买家一起参加竞拍活动。如果亲戚朋友在竞拍活动中获胜，这样他们既获得了经济实惠的商品，又巩固了亲情友情，两全其美。如果在活动中是其他买家竞拍购得，那也达到了赚取人气、实现宣传的效果。

技巧186：少赚利润多赚人气

网店开张以后，人气是非常淡的，而卖家此时最主要的目的，就是为自己的店铺多赚人气，只要人气逐渐提高了，那么成交量也会逐步上涨的。

对于刚开店的卖家来说，开店重点不应该放到利润上，而应该考虑如何让更多人光顾自己的店铺，增加店铺的人气。

淘宝网中有数以万计的店铺，很多卖家都在销售同类商品，而要在众多卖家中让自己的店铺和商品脱颖而出，首先在商品售价上就需要占有一定优势，也就是将自己的利润降到最低或者不赚利润，以此来吸引买家的光临。当然，商品品质与质量也是需要关注的。

多数买家选择网上购物，就是为了花更少的钱买到自己需要的商品，如果我们的商品售价具有明显的优势，那么质量服务同等的情况下，无疑会更加吸引买家。虽然光临店铺的顾客不一定都会购买，但是光临的人数增加了，购买概率也就增加了。

对于网店卖家来说，开店是个长期的过程，由于人气、信誉初期无积累，因而前面几个月没有销量也是很正常的，随着卖家逐渐开展宣传推广，以及商品的价格优势，人气就会逐渐上升。而这里的人气则是指两个方面。

店铺的访问量：就是指定时间范围中，有多少顾客进入过我们的店铺，以及查看过我们的商品，这只要在店铺中装一个流量统计器，就可以很容易地统计到，我们可以去做得比较大的店铺看看，会发现其每天的人气是非常高的。

交易量：是指累积时间内，有多少顾客在店铺中购买的商品，交易量本身没有意义，但对网店来说，交易量就影响着店铺的信用等级。在网上开店的卖家都知道，店铺的信用等级对商品的销售有着非常大的影响。这是因为顾客在网上购物时，无法接触到商品实物，而只能通过卖家提供的图片与描述来选购商品，同时网络交易本身就存在一定风险，因而顾客在购物时必然要考虑卖家的诚信度以及商品可靠性，而这些无疑是通过店铺信用表现出来的。

在淘宝网信用等级中，每成交一笔生意，如果买家对商品满意的话，卖家就会得到一个好评，交易量越大，好评数越多，卖家的信用等级也就越高。对买家来说，也就意味着其他顾客购买商品并对商品认可，自己购买时相对也就放心很多了。

在店铺人气的提高上，买家除了缩小利润降低售价外，其他辅助推广与宣传也是必须的，因为我们的最终目的不仅仅是提高人气，而是提高销量。

技巧 187：销售淡季的促销方法

网店生意和实体店生意一样有淡季旺季之分，既然是淡季，为什么那些皇冠卖家生意还是那么火爆？如果真的有淡季，那卖家该怎么办？怎么做？如何做？

市场人潮涌动、生意红红火火是商家最大的满足与期盼，但这样的日子却不是时时天天都有，所以商家最喜欢换季和过节，借助市场商家必会大张旗鼓搞宣传做促销，以期赚个盆满钵满，顺便也弥补生意冷清时的亏损不足。任何事物都具两面性，网店经营一样不能避免淡旺之别、冷热之变。不管你是如何不想面对，但这就是市场自然法则，客观存在的规律，哪怕你是五星、钻石甚至皇冠。

很多人看到自己"遭遇不佳"就误以为别人都比自己走运，特别是看到一些大卖家每天几百的成交量，再对比自己的无人问津更是垂头丧气。特别是新手将自己跟皇冠比其实是不明智的，别人做到这一步是何等不易，数年艰辛磨励，一个个顾客积累，在摸爬滚打中已经固建起了一个"基本保障"。我们不能只看"表面兴旺"，大卖家一样也会受制于客观规律的变化，只是我们没有去细心发现和研究这其中存在的交易起伏，如果研究的话相信一样是波折起伏的。图 8-2 和图 8-3 所示为活动促销。

图 8-2

图 8-3

淡季经营其实更能体现商家的经营理念和思路，很多人说"特殊时期"也不贪多就图个保本，赚个信用，这点对于新手卖家来说非常普遍。所以很多采用低价甚至零利润来拉动销售，但实际效果并不理想，甚至依旧改变不了冷清的局面。因为降价赚吆喝的促销手段只能是短期行为不可能长此以往，而小商家在价格上即便无利可图也拼不过底气十足的大卖家。一味降低利润甚至亏本销售只会元气大伤且尽失斗志，甚至陷入"旺季不旺，淡季更淡"的怪圈。

淡季往往空闲时间较多，充分利用好这个时间"苦练内外功"是成长中卖家必须要做的，这时可以做好以下事项。

- 将自己网店装饰得比别家漂亮一点。
- 补上一直没时间弄的真人秀照片。
- 重新拍照不满意的货品。
- 增加匆忙上架而未来得及介绍详尽的宝贝描述。
- 为长远发展再去挖掘和拓展货源渠道。
- 趁机将旺季销售的得失和对手的销售情况进行分析总结以期改进。
- 利用空余时间为旺季到来和小店将来发展做一些准备。

技巧 188：如何选择时间做促销效果才能最好

促销虽好，但不能每天 24 小时都用，如果全部商品都在搞促销，那这样促销也没有什么意义了。

那么如何选择时间做促销效果才最好呢？下面来看具体的介绍。

（1）新品上架

新品促销可以作为店铺长期的促销活动，因为一个用心经营的店铺总是会源源不断地上新款。新品的促销既能加快商品卖出的速度，也利于培养老顾客的关注度，进而提高他们的忠诚度。

（2）节日促销

逢节日促销是现在商家惯用的手法，尤其是像情人节、中秋节、国庆、元旦、圣诞等以及淘宝网的大促销时间 11 月 11 号、12 月 12 号。这些都给商家带来了促销的理由。图 8-4 所示为情人节采用 6 折促销。

当然，节日促销也要结合自身的商品实情及目标顾客的特征来开展，比如你是卖女装的，在父亲节搞促销显然不对。

需要注意的是，节日对网店来说不一定是好事。和实体店相反，节假日期间网店即使做促销也不见得销量比平时好。这是由于节假日大家都有空逛商场或逛街了，而线下实体店的促销也热闹非凡，顾客都到实体店买东西去了，因而到网上买东西的人也会变少了。

比如春节期间做促销显然不好，一方面春节期间大家都去实体超市商店买东西，或者走亲访友，另一方面快递公司大部分也放假了不收货。解决此问题的方法是把促销的时间提前一周。

图 8-4

（3）店庆时节

店铺在"升钻升冠"时，都可以庆祝一下，搞促销优惠。店铺开张周年庆，更是大好时节，不仅可以做比较大的促销，还可以向顾客展示店铺历史，给人信任感。

（4）换季清仓

一些季节性强的商品，换季促销活动力一般都会比较大，而顾客显然也很乐于接受换季清仓这类的活动。一些断色、断码或即将断货的商品，进行清仓处理，往往能吸引不少人气。

技巧 189：避免店铺促销误区的技巧

在开展促销的过程中，存在许多误区，给店铺的销售非但没有带来效益，反而带来很多消极影响。如果掌柜在经营过程中能够避免这些误区，则可以大大提高促销的效果，提高销售额。

店铺促销误区应该如何避免？又有哪些技巧呢？下面来看具体介绍。

（1）价格越低越畅销

毫无疑问，现在低价促销成了促销活动的主要内容，很多店铺觉得用价格当作促销工具，将降价当作促销活动，战无不胜。但大家都知道这是一把"双刃剑"，刺伤了别人，同时也刺伤了自己。所以，如果能让价格不受促销活动的影响而下跌，继续保持稳定且又能让促销效果良好的话，这将是促销创新的极大突破。

这里举一个服装市场的案例。一个服装企业想扩大网络市场，在强大的竞争对手采取买 10 赠 2 形式的逼迫下，知道销量和利润都将有可能受到极大损失，两头都不能保证的情况下，毅然孤注一掷，反其道而行之，希望能力保利润值。于是，网络营销经理大胆地将产品进行提价和渠道促销（产品每件提价 2 元，给中间商比以前更多地返利 1 元），每件 1 元钱的"多余"利润用在一些网站首页广告上，反而出奇制胜。不但击破了对手的阴谋，销售量竟然提高了 30%，产品价格提高了两元，利润丝毫不受损失。更为重要的是，品牌的知名度和形象得到了很大的提高，在买家心中树立了高档品牌的形象，而所有这些，都是以前做梦都没有想到的！这种破天荒的提价促销方法却是许多店铺需要学习的。

它毫不留情地否定了许多店铺"只有降价促销，才能赢得竞争的胜利，才能打败对手，才能夺得更高的市场占有率"的论断！

（2）夸大商品优点隐藏商品缺点

买家是店铺的利润来源，是店铺的生存之本。然而，有一些卖家却将买家当作傻瓜，认为买家不懂什么，只要卖出去就行了。有些网商为了将产品尽快地销售出去，却采取了极力吹嘘商品的办法，大肆夸张商品的某些特点隐藏缺点。事实上，无论在淘宝上，还是现实生活的商铺中，产品已经非常丰富了，买家不仅可以从众多同类产品中选择自己喜爱的商品，还可以凭自己的主观感受来选择自己消费的权利。

如果言过其实，甚至故意欺骗顾客，那么对自己也没有什么好处。因为顾客这次如果感到很不满意，有可能会给你差评，下次也就不再光临你的店铺或购买你的商品了。精明的网商是不会随便吹嘘自己商品的，而是将自己的商品全面展示给顾客，让顾客自己作出判断和选择。

由此可见，要想生意兴隆，不能只图眼前利益，而是要注意自己的店铺形象和在公众中的口碑。从每个卖家的信用评价上就能明显地看出这一点，也许好评很多，但基本都没做文字描述，也许是买家的原因，但我们也要在自己身上找找问题所在。

（3）对买家的促销错觉

一些卖家在开展促销的时候，存在对买家的一些错误认识，这些错误认识导致促销失去了真正的目标和对象，因而使促销的效果大打折扣。常见的情况包括下面几种。

● 误以为每个人都是买家：理论上，人人都是买家，但实际上由于年龄、性别、环境等因素，每个人的需要就大不相同了。因此，在制定促销策略的时候，要以目标市场中买家的特点、购买力等为依据。

● 误以为购买者就是使用者：使用者不一定等于购买者，促销时应该注意两者的差别，分别予以对待。例如，礼品就是一种购买者和使用者相分离的商品。

● 误以为能够支配买家：促销的宣传力量并不在于支配买家，而是在于配合买家。如果无法迎合买家真正的需要，再出色、好看的商品广告也不会吸引买家。在很多卖家做店铺装修的时候应该注意这一点，你的商品描述、店铺公告都要激发买家的"购买欲"，而非单单是吸引"眼球"。

（4）售后服务差

在网络销售中，售后服务更为重要。虽然操作上会比现实生活中的商家多一些困难，但正是基于这一点，网商的售后就要更细致。

许多卖家在顾客购买商品时，会做出各种各样的承诺，以打消他的顾虑，促使其尽快做出购买决定。而一旦顾客掏钱购买后，卖家就将自己所做的承诺抛到了九霄云外。

（5）与买家争利

有些卖家在销售的过程中，对买家毫不让利，与买家争利，这样的结果只能是将买家拒之门外。

对于卖家来说，只有拥有了比较稳定的客户群，才能够获得相应稳定的利润。稳定的客户群是怎样获得的呢？给买家一点"甜头"，就会获得买家的心，他们会再次光临你的店铺，从而成为店铺的回头客。

（6）想当然地推销商品

卖家要想生意兴隆，商品卖得好，当然要了解买家的心理。然而，有些卖家以为只要自己对商品感到满意，买家就会同样感到满意，完全以个人口味来决定大众的需求，这样就本末倒置了，造成商品的滞销。

一位店主在开店初期，就是这种心理原因造成滞销亏本。一味地强调商品的质量如何好，完全忽略了网购人群的喜好，进的第一批货到目前为止还在积压。

（7）急功近利，忽视对忠诚顾客的培育

通常来说，店主在抱怨买家缺乏忠诚度的同时，自己也从来没有将忠诚的买家和一般的买家分别对待，店主一年做一百次的促销也只是为了促成更多的人在一个时段内购买店内的产品而已。

那么针对不同类型的客户怎样区别对待，创建客户忠诚度呢？我想对于某些能让买家多次购买的产品特别是单品金额较大的产品，在买家第一次购买后给他一定的积分，在平时给予适当优惠，在促销期更能得到促销优惠之外的优惠，当这些积分的主人消费到一定金额时还可以向他赠送礼物作为意外的惊喜，又或者告诉他再加上30元就可以买到一款其他人需要50元才能买到的商品，这样做不是更能让客户忠诚于你的品牌吗？

有条件采用这种促销手段的店主如果将临时促销与这种长期促销结合起来使用，效果自然会随着时间的推移而得到体现——用临时促销抢竞品的客户或是吸引新客户购买，用积分引导忠诚客户长期购买，双管齐下各取所需，又何乐而不为呢？

（8）缺乏对目标买家的市场细分

没有多少店主的商品面对的是所有人群，基本上都有自己的特殊消费群体。而我们发现，很多店主的促销活动都想一网打尽天下所有买家，其实这是促销的误区。套用哲学上一句话："多就是少，少就是多"，店主的财力、人力是有限的，全面开花往往顾此失彼，达不到预期的效果。

● 按人口和社会经济因素细分：这里的人口因素包括年龄、性别、家庭人数、生命周期等；而社会经济因素则是指收入、教育、社会阶层和宗教种族等。

● 按心理因素细分：影响网络买家购买行为的心理因素，如生活态度、生活方式、个性和消费习惯等都可以作为市场细分的依据，尤其是当运用人口和社会经济因素难以清楚地划分市场时，综合考虑买家的心理因素如生活方式的特征等将会变得有效。

● 按地理因素细分：这是根据买家工作和居住的地理位置进行市场细分。由于地理环境、自然气候、文化传统、风俗习惯和经济发展水平等因素的影响，同一地区人们的消费需求具有一定的相似性，而不同地区的人们又形成不同的消费习惯与偏好。

● 按顾客利益细分：顾客之所以购买某项商品，是因为他们能够从中获得某种利益。可以根据顾客在购买过程中对不同利益的追寻，进行市场细分。这种方法与前面几种方法不同，它侧重于买家的反应，而不是产品的购买者本身。

● 按用途细分：用途细分就是根据顾客对产品的使用方式及其程度进行细分。据此顾客大体上可以被划分成经常使用者、一般使用者、偶尔使用者和无使用者。服务网店往往关注那些经常使用者，因为他们比偶尔使用者的使用次数要多得多。

● 按促销反应细分：这是根据顾客对促销活动的反应进行市场细分的方法。因为，不同的顾客对于诸如广告、销售推广、室内演示和展览等促销活动的反应是各不相同的。

● 按服务要素细分：了解顾客对服务中不同要素的看法及反应，将非常有助于网店设计合理的产品组合。

8.2 淘宝网内免费推广技巧

在众多的淘宝推广方案中，不乏一些免费推广技巧，只要使用得当，往往能够让自己的网店脱颖而出。

技巧 190：加入淘宝帮派拉帮结友

我们还可以加入其他帮派，广结好友，提升自己的淘宝人气。加入淘宝帮派拉邦结友，具体操作方法如下。

第1步 打开"帮派"首页并登录，在下方找到自己感兴趣的帮派类目，如图 8-5 所示。

图 8-5

第2步 ❶ 选择要加入的帮派进入，如图 8-6 所示。

第3步 ❷ 打开帮派，在右侧单击"加入这个帮派"按钮，如图 8-7 所示。

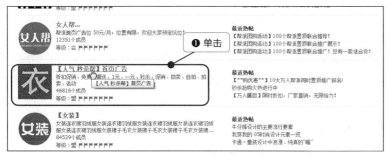

图 8-6

图 8-7

第4步 等待帮派管理员通过，然后才能正常成为该帮派会员。

 小二开店经验分享——建立帮派相关知识

加入淘宝帮派不需要注册，每个淘宝 ID 都可以建立 1 个帮派，如果想建立超过 1 个以上的帮派就需要努力提高个人等级，个人等级越高所能建立的帮派数量越多，最多能创建 5 个帮派。

技巧 191：灵活运用信用评价免费做广告

淘宝会员在淘宝个人交易平台使用支付宝服务成功完成每一笔交易订单后，双方均有权为对方交易的情况做出相关评价。

买家可以针对订单中每项买到的宝贝进行好、中、差评；卖家可以针对订单中每项卖出的宝贝给买家进行好、中、差评。这些评价统称为信用评价，利用给买家的信用评价，也可以宣传展示店铺及商品，具体的操作方法如下。

第1步 ❶ 在千牛工作台操作界面中单击"交易管理"图标，如图 8-8 所示。

第2步 ❷ 在打开的"单击管理"页面，单击"待评价"按钮，找到需要给买家评价的交易，如图 8-9 所示。

图 8-8

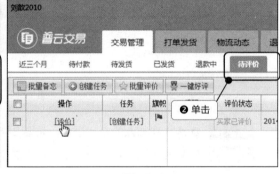
图 8-9

第3步 ❸ 出现评价的页面，在评价内容中输入店铺的广告信息；❹ 单击"确定"按钮即可，如图 8-10 所示。

图 8-10

技巧 192：去别人网店留言宣传

站在巨人肩膀上更容易成功，因此在一些流量大的店铺中进行宣传往往很有效果。我们可以选择一些浏览量大的钻石店铺留言，但切记不能过分直接推荐自己的宝贝，可以先夸赞一下别人的宝贝，然后再切入正题，宣传自己的网店或商品。

留言内容则要注意含蓄客气，可以参考以下话语。
- 俺小店也有新东西上架，欢迎来看看。
- 我的小店最近也有很不错的活动哦。
- 小店近期促销优惠中，欢迎新老顾客光临。

8.3 淘宝网外营销技巧

卖家除了在淘宝网中进行相应的推广，还可以使用店外推广方式进行营销宣传活动，例如微博、博客、SNS 及威客网等相关平台。

技巧 193：通过分类信息网站搞宣传

各大城市都有所属的分类信息网站。简单的说这就是一个大杂烩的地方，招聘、求职、二手买卖等信息，都可以自由发布。因此，这类网站当然是免费宣传必去的地方。

目前比较常见的有"赶集网""58 同城""口碑网"等。例如，要在赶集网（www.ganji.com）上发布一条关于自己网店介绍的信息，具体操作步骤如下。

第 1 步　登录赶集网，❶ 单击页面右上方"免费注册"链接，如图 8-11 所示。

第 2 步　❷ 按页面提示完成账号注册，单击"免费发布信息"链接，如图 8-12 所示。

图 8-11

图 8-12

第3步 ❸ 首先选择要发布信息的类别，如"本地生活服务"，如图 8-13 所示。

图 8-13

第4步 ❹ 输入店铺名称、联系电话等；❺ 在页面下方单击"立即发布"按钮，如图 8-14 所示。

第5步 ❻ 发布成功后，单击"店铺信息"链接即可查看宣传内容，如图 8-15 所示。

图 8-14

图 8-15

技巧 194：在热门论坛进行店铺推广

论坛是目前网络中非常热门的交流平台，绝大多数上网用户会经常逛一些自己感兴趣的论坛。作为卖家，我们就可以在不同的论坛中发布一些宣传店铺的帖子。

每个论坛中，都提供了多个板块，每个板块中又提供了各种各样的帖子，广大卖家在逛论坛时，可用先注册论坛会员，然后发布，对店铺起到宣传作用，同时又能吸引网友浏览帖子。

在论坛中发布店铺宣传帖时，最好不要过于直白，因为这类帖子在论坛中会被认为是广告帖，会很快被删除，而且多数网友在逛论坛时，也对广告比较反感，一般不会被点击和浏览。

那么我们应当如何在论坛中发布宣传自己店铺的帖子呢？其实对于帖子的标题和内容，都可以找一些网友感兴趣的话题，然而在内容中间或末尾加上宣传店铺的文字或图片，这样网友在浏览帖子时，就会自然而然看到店铺宣传内容，如果正好对商品感兴趣，那么就会去访问店铺。

最后，建议大家选择长期固定在某一两个论坛发展，经常发帖，与帖友讨论，尽量融入论坛，加入论坛大家庭，争取成为论坛或者管理志愿者，在服务论坛的同时，也能够积累人气。

发了帖子以后，还需要不断地回复，不然自己的帖子就会沉下去了。

有时候你可以用自己发帖的那个账号去回帖，但是多了就不行了，那么就应该另外注册一两个备用的账号，专门用来回帖顶帖。

可以先用这些备用的账号去顶帖子，再用发表主帖的账号去回复，时间需要有一定的间隔。那些上万点击量的帖子都是不断地被顶帖，不断地在首页显示才获得的。

一般这样的持续顶帖一个星期左右就差不多了，因为论坛中对你的帖子感兴趣的人大部分都已经看过了，他们不会再继续重复看你的帖子。所以这时你就应该重新发表另外一个类型的帖子，又吸引一批人，再次刺激他们的消费欲望。

也可以回复别人的帖子来获得流量。这种方法需要抢时间，尽量抢到第一、第二的回帖位置，如图8-16所示。

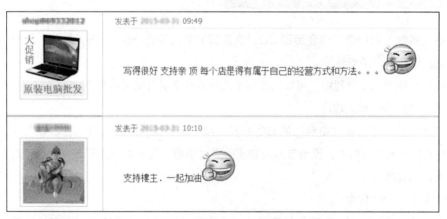

图 8-16

技巧195：通过微博平台进行店铺推广

新浪微博是中国最大的微博平台，它拥有数千万的注册用户，包括了名人、企业等众多主流人群,是淘宝店进行网络营销的最佳平台。

这里建议淘宝卖家们都注册新浪微博,然后通过微博在文本框中输入自己的店铺地址、推荐宝贝图片及内容,然后进行发布即可,如图 8-17 所示。

图 8-17

除了新浪,腾讯、搜狐、网易微博也是目前国内比较流行的微博渠道。

> **小二开店经验分享——宣传不宜太过直白**
>
> 注意在这里的广告消息不能过于直白,否则会让人感觉讨厌而直接忽略,最好进行一些话外描述,如化妆品,可以先介绍某朋友最近皮肤突然变好,然后多亏了某某的化妆品,最好直接给上链接,这样就能够吸引人点击查看了。

技巧 196:通过 QQ 宣传店铺

绝大多数上网用户,都会用到 QQ,这是目前国内最流行的 IM 聊天软件,同时它包含普通群、论坛、电子邮件等。

我们在使用 QQ 过程中,可以通过以下几种方式来对店铺进行推广。

(1)通过 QQ 聊天推广

将店铺宣传信息发送给自己的 QQ 好友,如"这是我的网店,有空去看看"等,由于 QQ 中的好友大多为熟人,因为宣传内容不必太过华丽,简单直观即可,当然也可以让朋友继续为自己宣传。

(2)通过 QQ 群推广

在 QQ 群中宣传,QQ 群也是宣传店铺非常好的途径,只要编辑一个宣传信息,就可以让群里面的所有成员都看到,至于采用哪种宣传方式,则需要根据 QQ 群的类型来决定,因为有些 QQ 群是不允许发广告的,如图 8-18 所示。

(3)通过 QQ 空间推广

在 QQ 空间里发布宝贝图片就能看到店铺的宝贝,也可以写上店铺链接,如果有兴趣的话，就会进入店铺中去看看了，如图 8-19 所示。也可以在 QQ 空间的相册发布宝贝图片，这样好友能具体了解宝贝，从而进行推广。

图 8-18

图 8-19

技巧 197：利用邮件方式推广店铺

目前上网的用户基本都拥有属于自己的邮箱，如果我们知道对方的邮箱地址，就可以通过发送邮件的方式进行店铺推广。

电子邮箱的推广方式比较常见，我们可以通过"群发邮件"功能向多位联系人发送宣传邮件，或者通过后卡的方式来附带宣传。

大家可以使用百度搜索邮件采集软件，这样可以获得更多的邮件地址。然后再使用邮件群发软件进行店铺的宣传推广。

技巧 198：利用百度系列产品推广店铺

百度旗下的"百度贴吧""百度知道"都是非常强大且免费推广的平台，只要应用得当，可以为店铺引来不少的流量。

利用"百度知道"进行店铺产品宣传，属于一种主动的营销方式，卖家需要注意的就是用比较多的时间在"百度知道"中查看相关求购信息，这里需要注意的就是搜索技巧，内容一定是我们所出售的商品。

第 1 步 ❶ 如我们卖服装，就在"百度知道"中搜索"成都哪里批发衣服最便宜？"然后在搜索列表中单击链接查看相关求购内容，如图 8-20 所示。

第 2 步 ❷ 在下方的回答中，输入我们的产品信息；单击"提交回答"按钮进行回答，这样当对方登录百度以后，就能够得到他们所需要的信息，从而有可能购买我们的商品，如图 8-21 所示。

技巧 199：提交店铺地址到各大搜索引擎

网店要想获得流量，第一件事情就是向各大搜索引擎提交店铺地址。让搜索引擎将我们

图 8-20

图 8-21

的网店收录到索引数据库，以便让其他网友直接通过搜索引擎找到我们的店铺。

国内最流行的搜索引擎肯定属百度居首，我们要做的就是直接打开百度收录网址，然后根据提示进行网址搜录即可。

百度搜索引擎的搜录网址是：

http://www.baidu.com/search/url_submit.html。

搜狗搜索引擎的搜录网址是：

http://www.sogou.com/feedback/urlfeedback.php。

8.4 善于分析店铺数据

生意参谋是一款专业的一站式数据分析产品，它可以帮助卖家做到知己知彼，及时掌握客户点击情况并了解市场动态。它按照数据分析、问题诊断、优化提高等环环紧扣的逻辑设计，帮助用户分析曝光、点击、反馈等效果，针对性地给出诊断结果，并提供解决方案，帮助天猫用户提升店铺效果。

技巧 200：使用生意参谋实时观察店铺情况

生意参谋诞生于 2011 年，最早是应用在阿里巴巴 B2B 市场的数据工具。2013 年 10 月，生意参谋正式走进淘系。2014 年至 2015 年，在原有规划基础上，生意参谋分别整合量子恒道、数据魔方，最终升级成为阿里巴巴商家端统一数据产品平台，如图 8-22 所示。

2016 年，生意参谋累计服务商家超 2000 万，月服务商家超 500 万；月成交额 30 万元以上的商家中，逾 90% 在使用生意参谋；月成交金额 100 万元以上的商家中，逾 90% 每月登录生意参谋天次达 20 次以上。

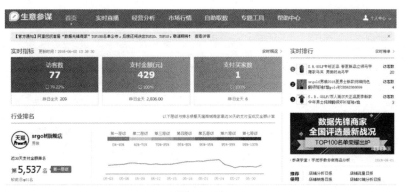

图 8-22

通过淘宝、天猫工作台可以快速进入店铺的生意参谋工具,卖家可以简单了解实时直播和店铺概况数据。下面介绍进入生意参谋查看店铺流量的操作步骤。

第1步 在【店铺营销中心】首页,单击【营销中心】图标下的【生意参谋】按钮,如图 8-23 所示。

图 8-23

第2步 经过上步操作,即可进入【生意参谋】页面,用户可以查看店铺的相关数据,如访客数、经营概况、流量分析、商品分析、交易分析及市场情况等数据,分别如图 8-24、图 8-25、图 8-26、图 8-27、图 8-28、图 8-29 所示。

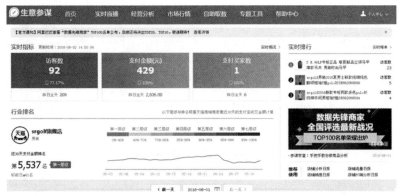

图 8-24

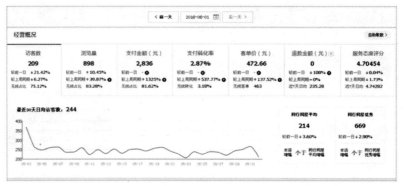

图 8-25

图 8-26

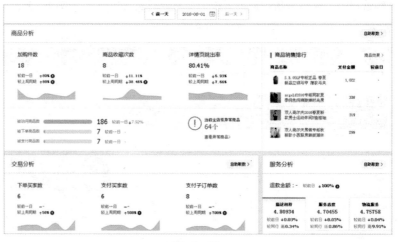

图 8-27

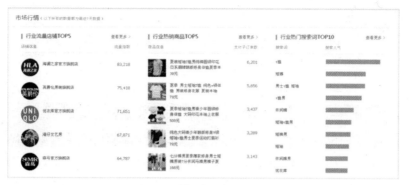

图 8-28

技巧 201：通过生意参谋一眼发现店铺问题

生意参谋作为淘宝数据分析必备的工具之一，对于店铺数据分析有着很大的好处。通过数据分析我们可以及时发现店铺问题，直接反映店铺的经营状况，一眼发现店铺问题，调整运营策略使店铺经营更往前走。

1. 看好 PC 端与无线端变化

流量是关键，目前淘宝、天猫店的流量来源分类主要有 PC 端和无线端两种。通过生意参谋就能非常清楚地查看这两种流量的相关情况，如图 8-29 所示。用户一定要查看与分析 PC 端与无线端的用户群体的习惯差异。

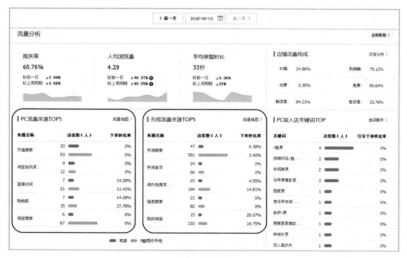

图 8-29

用户一定要认真分析店铺的各项数据，比如实时访客地域分布、实时流量来源分布、访客数和下单买家数，以便了解店铺实时访客 top10 地域分布，PC 端和无线端让店主了解店铺细分实时来源效果，实时了解当前店铺流量来源现状，及时调整引流策略。

2. 查看并分析重要数据

（1）衡量店铺的两个关键指标是支付金额和访客数。一个直接与店铺的收入相关，另一个与店铺的人气相关，如图 8-30 所示。

图 8-30

（2）解读趋势与数据。看趋势指各指标的走向趋势分析，当然不但要看自己店铺的趋势也要看同行的趋势。比如支付金额、访客数、支付转化率、客单价、被访问宝贝数的相关性分析及各指标与对比同行的高低差距等，如图 8-31 所示。

图 8-31

市场瞬息万变，用户实时洞悉店铺数据非常重要！通过生意参谋的实时直播，观测实时数据，及时调整策略，抢占生意先机。

本 章 小 结

本章详细介绍了淘宝前辈们是如何进行店铺推广的秘诀，首先介绍了增加店铺产品销量的技巧，例如通过邮费赚利润、节假日销售促销以及拍卖促销等技巧，再介绍了淘宝网内和网外推广营销技巧，最后介绍到善于利用工具分析店铺数据。学习本章后可以全面了解在网上销售商品的免费推广技巧，帮助新店迅速成长。

卖出宝贝，与买家沟通及交易技巧

本章导读

通过前面相关技能的讲解，相信淘宝卖家已能管理和经营自己的网店了，接下来主要讲解网店宝贝交易中的沟通方式及相关技巧，从而让卖家快速促成宝贝交易。

知识要点

通过本章内容的学习，读者能够学习到如何完成网上商品的出售，包括千牛聊天工具的使用、宝贝出售的详细流程等。学完后需要掌握的相关技能知识如下。

- 设置淘宝千牛聊天工具
- 专业准确地与买家交流
- 与不同买家的交流技巧
- 完成淘宝第一笔交易
- 店铺资金与财务的管理

9.1 设置淘宝千牛工具

对于淘宝网卖家来说，与买家交流基本都是通过阿里千牛来完成的，具体的交流需要根据不同的买家来应对，这里我们介绍一下千牛的登录与使用方法。

技巧202：登录设置卖家千牛

作为一款交流工具，千牛与我们常用的QQ在很多功能上都是相似的。安装千牛后，即可登录自己的账号，具体操作方法如下。

第1步　❶在桌面上双击"千牛工作平台"快捷图标，如图9-1所示。

第2步　打开软件登录界面；❷输入用户名和密码；❸单击"登录"按钮，如图9-2所示。

图 9-1

图 9-2

第3步　❹直接单击会员名下的输入框，可以修改个性签名，如图9-3所示。

第4步　❺单击右下侧的"设置"命令，如图9-4所示。

第5步　❻单击"聊天设置"选项卡；❼单击"常规"选项；❽针对使用习惯进行相应的设置，如图9-5所示。

图 9-3　　　　　　　　　图 9-4

第6步 ❾切换到"安全设置"选项卡；❿单击"防骚扰"选项；⓫针对陌生人信息进行过滤设置，如图9-6所示。

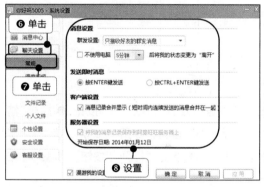
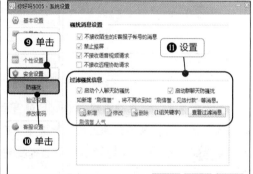

图 9-5　　　　　　　　　图 9-6

第7步 根据自己的使用习惯切换到其他选项卡，进行软件的其他方面设置，完成后单击"确定"按钮，即可应用设置效果。

> 小二开店经验分享——系统设置
>
> 　　在"系统设置"对话框中，可以就文件传输、聊天记录进行保存、消息提醒的方式等多个运行选项做具体设置，这都需要根据卖家实际使用情况来进行调整，才能让（旺旺）千牛真正成为有助于自己运营店铺的工具。

技巧203：设置独特的千牛头像

卖家的千牛头像能在交流过程中给买家留下第一印象。头像图片支持JPG、GIF、BMP等格式，上传的图像文件要小于10MB，推荐的最佳尺寸120像素×120像素。设置千牛头像，具体操作方法如下。

第1步 登录千牛工作台，❶在界面上方单击"切换至旺旺模式"图标；❷在弹出的"切换模式"提示框中单击"是"按钮，确认切换，如图9-7所示。

第2步 切换到千牛模式，❸在上方单击用户名，如图9-8所示。

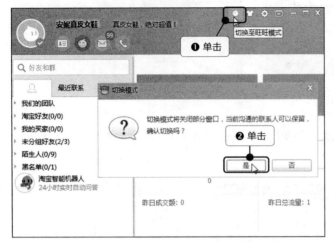

图 9-7

图 9-8

第3步 打开"我的资料"对话框，❹单击左侧头像下方的"修改头像"按钮；❺打开"修改头像"对话框，在"普通上传"界面中单击"选择文件"按钮，如图9-9所示。

第4步 ❻在打开的对话框中选择要打开的图片；❼单击"打开"按钮，如图9-10所示。

图 9-9

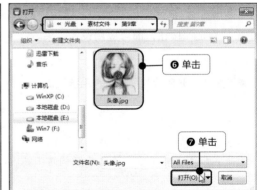

图 9-10

第5步 返回"修改头像"对话框，❽单击"上传图片"按钮；即可上传图片，❾单击"保存"按钮，如图9-11所示。

第6步 返回"我的资料"对话框中即可显示刚上传的头像图片，❿单击"确定"按钮，如图9-12所示。

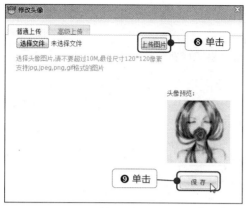

图 9-11

图 9-12

技巧 204：编辑店铺个性签名

阿里旺旺（千牛）中的个人资料都可以作为店铺宣传使用，编辑店铺个性签名，具体操作方法如下。

第 1 步 ❶ 在旺旺（千牛）主界页面单击用户名，如图 9-13 所示。

第 2 步 打开"我的资料"对话框；❷ 输入备注信息等个人资料；❸ 单击"确定"按钮，如图 9-14 所示。

图 9-13

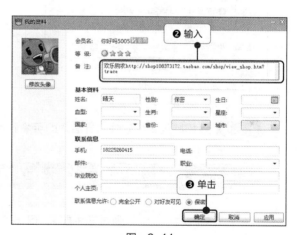

图 9-14

技巧 205：为卖家千牛分类

进入网店并通过千牛进行交流的买家，无论最终买或者不买，都属于我们的潜在客户，因此对于这些买家，我们应对其进行分类，以便进行有效的管理。对千牛好友进行分类管理，具体操作方法如下。

第 1 步 ❶ 右键单击千牛软件主界面的"未分组好友";❷ 在弹出的菜单中单击"添加组"命令,如图 9-15 所示。

第 2 步 ❸ 输入新添加组的名称,然后按 Enter 键完成新组的创建,如图 9-16 所示。

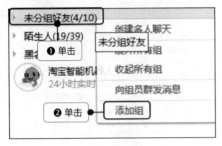

图 9-15

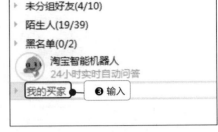

图 9-16

第 3 步 返回到"未分组好友";❹ 右键单击选择好友;❺ 从弹出的菜单中选择"移动好友"命令,如图 9-17 所示。

第 4 步 进入选择组对话框,❻ 单击"我的买家"选项;❼ 单击"确定"按钮,如图 9-18 所示。

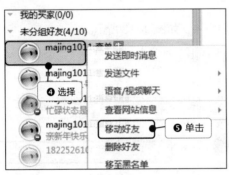

图 9-17

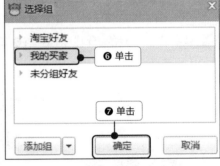

图 9-18

第 5 步 返回阿里千牛软件主界面,即可看到操作的好友已经移动到买家分组内了。

技巧 206:创建属于自己的买家交流群

我们在开店过程中,可以通过千牛群来结识更多的淘友以进行相互交流,这些淘友可以是买家,也可以是淘宝网中的其他卖家。随着结识的淘友越来越多并彼此熟悉后,当其他淘友需要购买商品时,自然就会优先考虑选择我们的商品了。创建属于自己的买家交流群,具体操作技巧如下。

第 1 步 ❶ 单击切换到"我拥有的群"选项卡;❷ 单击"立即双击启用群"选项组,如图 9-19 所示。

第 2 步 打开启用群窗口,❸ 设置群名称、群分类、群介绍等相关信息;❹ 设置进群验证方式;❺ 单击"提交"按钮,如图 9-20 所示。

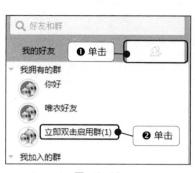
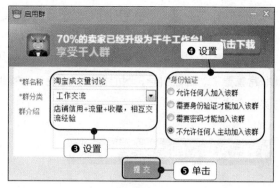

图 9-19　　　　　　　　　　　图 9-20

第3步　系统提示启用群成功，❻ 单击"邀请成员加入"按钮，如图9-21所示。

第4步　弹出邀请好友对话框；❼ 单击"邀请成员"按钮，如图9-22所示。

图 9-21　　　　　　　　　　　图 9-22

第5步　❽ 在左侧选择要邀请的好友；❾ 单击"添加"按钮，❿ 单击"确定"按钮，如图9-23所示。

第6步　系统提示邀请已经发出，⓫ 单击"确定"按钮，如图9-24所示。

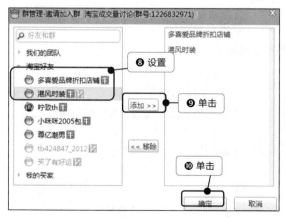
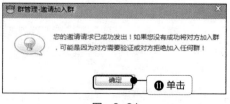

图 9-23　　　　　　　　　　　图 9-24

第7步　返回软件主页面，在我的群中鼠标双击即可打开群窗口进行聊天了。

9.2 专业准确地与买家交流促成生意

当买家有购买意向后，首选的交流工具当然是阿里千牛。对于卖家而言，此时和买家交流就非常重要了。合理引导，耐心解说，才能让你赢得商机。下面就来看看如何通过阿里千牛与买家交流。

技巧 207：回复买家站内信

为了方便与买家沟通，淘宝为所有的会员都提供了一个站内信箱。回复买家站内信件的具体操作步骤如下。

第1步 登录我的淘宝，进入淘宝网"卖家中心"，❶单击左上角的"站内信"超链接，如图 9-25 所示。

第2步 打开收件夹，即可看到站内的信件，❷单击查看需要回复的信件标题链接，如图 9-26 所示。

图 9-25

图 9-26

第3步 打开该信件，❸单击"阅读全部"链接，如图 9-27 所示。

第4步 阅读信件内容后，❹单击 回复该信件 按钮，如图 9-28 所示。

图 9-27

图 9-28

第 5 步 ❺ 在"内容"文本框中输入需要回复的信息,在"校验码"文本框中输入校验码;
❻ 单击 发表 按钮,如图 9-29 所示。

第 6 步 即可发送成功,如图 9-30 所示。

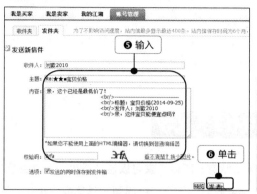

图 9-29

图 9-30

技巧 208：通过千牛聊天软件及时和买家交流

对于卖家来说,当店铺开张并使用千牛后,应尽可能长时间保持旺旺在线状态。因为多数买家在淘宝网购买商品时,都会和卖家交流,因此买家在对比价格后首先就会看卖家是否在线,如果不在线,就可能选择其他在线的卖家进行交流了。使用千牛与买家交流,具体操作方法如下。

第 1 步 当有买家在店铺中找到合适的商品,并通过旺旺发送消息后(买家多数使用阿里旺旺聊天工具)系统会自动弹出消息提示,❶ 用鼠标单击旺旺提示框图标,即可打开系统消息框,如图 9-31 所示。

第 2 步 ❷ 查看买家消息;❸ 根据实际库存,进行消息的回复;❹ 单击"发送"按钮(或按 Enter 键)进行发送即可, 如 9-32 所示。

图 9-31

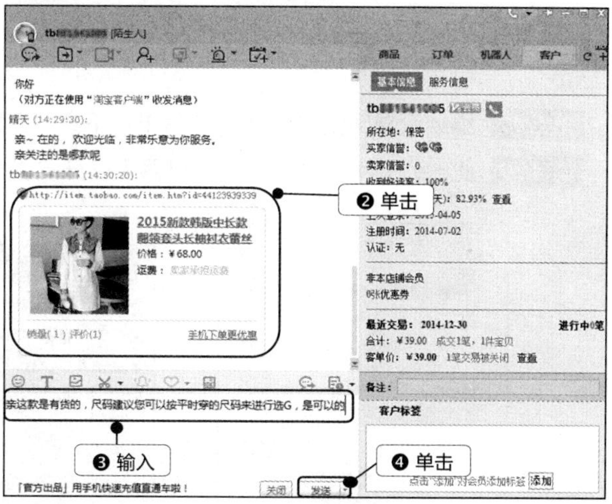

图 9-32

第 3 步 使用同样的方法,耐心地回复买家的询问,直到其满意为止。

 小二开店经验分享——后续沟通方法

在后续的沟通过程中，卖家通过千牛耐心细致地解释买家的各种问题与顾虑，并争取让买家下单，这样针对一个买家的沟通过程就算是结束了。当然，在商品的售后方面，买家也会通过旺旺来联系卖家。无论在哪个方面，与买家对话都是个技巧问题，我们一定要掌握买家的各种心理，通过对话使买家确定购买商品。

技巧209：设置自动回复，不让客户久等

卖家离开计算机5分钟，千牛会变为闲置状态。所以卖家可以启动千牛的自动回复功能，在闲置时自动回复咨询买家提出的关于店铺及商品宣传方面的问题，具体操作步骤如下。

第1步 打开千牛主界面，❶单击右上角"机器人"选项卡，如图9-33所示。

第2步 ❷在打开的界面中设置"买家问题：'谢谢'等感谢语"栏下的回复语；❸并勾选"遇该问题自动回复"复选框；❹单击"确认"按钮，如图9-34所示。

图 9-33

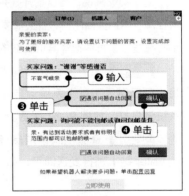

图 9-34

第3步 继续设置回复语，❺完成后单击下方"立即使用"按钮，如图9-35所示。

第4步 此时，即可查看到半自动机器人已开启，如图9-36所示。

图 9-35

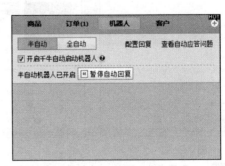

图 9-36

技巧 210：快捷短语，迅速回复客户

有经验的客服人员会发现客户旺旺咨询的有些回答内容是重复的，于是我们就可以选择快捷短语进行编辑。

制作快捷短语，用好这个功能的关键是要设计出好的快捷短语内容，并在合适的场合，发出适当的快捷信息。创建快捷短语具体操作步骤如下。

第 1 步 ❶ 在消息框中单击"快捷短语"图标，❷ 在右侧打开的面板中单击"新建"按钮，如图 9-37 所示。

第 2 步 打开"新增快捷短语"对话框，❸ 输入短语内容与快捷编码；❹ 设置短语样式；❺ 单击"保存"按钮，如图 9-38 所示。

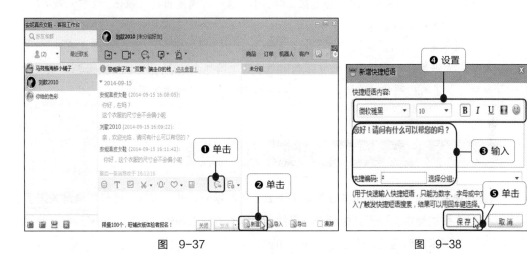

图 9-37　　　　　　　　　　　　图 9-38

第 3 步 此时，即可查看到"快捷短语"面板中有新建的短语内容，❻ 在输入框中输入"/"，即可选择短语，如图 9-39 所示。

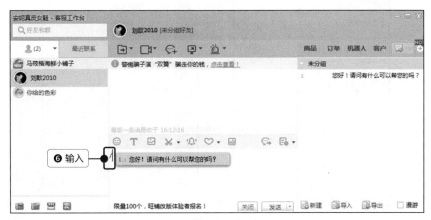

图 9-39

小二开店经验分享——快捷短语常用的设置思路

（1）买家初次打招呼时。

设计一个问候语，这点很重要，即能够显示出自己的热情，也可以显示出自己的专业。可以根据自己的语言习惯、表达方式来定。如"您好！我们专门做出口绿色健康食品，有什么可以帮您的！"。

（2）买家询问产品质量时。

可以用："这点您放心，我们的产品质量完全有保证的，原材料来自……"多数客户可能都需要介绍产品情况。事先做好准备，做好快捷短语，就不会让我们每次都输入同样的话了！

（3）买家问售后服务问题。

先想一下对方可能会经常问到的内容，然后进行设计，如"我们承诺您七天无条件退货，一年保修"等，当客户问到售后保证时，可以第一时间发出这条短语，让客户放心。

（4）在聊天结束时。

无论对方是否购买我们的产品，周到的结束语都是有必要的，让客户感觉更贴心，为下次再来提供条件。如"您要的货物我们会通过中国邮政发出，预计7~14天到，请耐心等候喔。如果有问题请随时联系××××。合作愉快，欢迎下次光临"。

技巧211：使用移动千牛，随时随地谈生意

卖家在使用千牛时，注意也要在手机上下载千牛卖家版，并安装好，这样即便是关闭了电脑，在线客服的标志也处于在线状态，仍然吸引买家给你发短信，不错过任何买卖。使用移动千牛，与买家随时随地洽谈生意效果，如图9-40和图9-41所示。

图 9-40

图 9-41

技巧 212：妥善保存聊天记录

聊天记录非常重要，建立客户档案，总结交流经验，查找承诺过的口头协议，发生纠纷时的取证，都离不开聊天记录。保存聊天记录的具体操作步骤如下。

第 1 步 ❶ 在千牛客服工作台单击"查看消息记录"按钮；❷ 在消息记录面板下方单击"消息记录"按钮，如图 9-42 所示。

图 9-42

第 2 步 打开"消息管理器"窗口，显示所有联系人的昵称，❸ 单击选择需要备份消息记录的好友，在窗口的右侧，会出现最近的聊天记录；❹ 单击右上角"导出消息记录"按钮，如图 9-43 所示。

图 9-43

第 3 步 弹出"导出选择"对话框，❺ 设置导出消息的起始时间以及消息类型；❻ 单击"确定"按钮，如图 9-44 所示。

第 4 步 弹出"导出"对话框，❼ 选择聊天记录存储位置；❽ 单击"保存"按钮，如图 9-45 所示。导出完成后，在弹出的对话框中单击"确定"按钮即可。

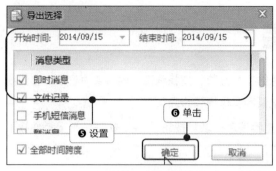

图 9-44

图 9-45

技巧213：使用电话联系与买家交流

卖家可以在店铺中加入自己的电话号码信息，以便买家在使用QQ、阿里旺旺等网络软件找不到自己的情况下，用电话能及时将需要的宝贝情况传达给自己。在网上交易的过程中，有一个环节卖家很容易就能了解买家的电话号码，那就是在写买家的收货地址和联系电话时，一定要索要买家联系电话，这样不仅在发快递的时候方便快递公司联系，卖家自己也能利用电话和买家沟通。有的买家平时并不上网，但一定会使用手机，所以能及时联系买家的就是手机了，还可以在节假日发些问候的短信，让买家对自己的印象好上加好。

技巧214：巧用千牛表情拉近和买家的距离

阿里千牛提供了丰富的表情，在与买家沟通的过程中，如果加一些表情进行沟通，可以让买家产生亲切感，增加其购买的欲望。

聊天工具里面的表情是我们与客户沟通的好帮手，它能很快地制造出轻松的气氛，拉近大家的距离，灵动的表情，立刻让聊天气氛轻松，一个初次交谈的人都能感受到心与心之间的撞击。不用说话就能显示出热情、友好的待人之道，如果运用得当，它能进一步增添别人对你的信赖感，如图9-46和图9-47所示。

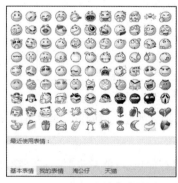

图 9-46

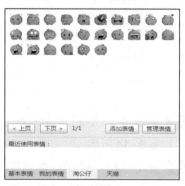

图 9-47

9.3 与买家的交流技巧

卖家经过铺货、申请店铺开始销售商品后，即可耐心等待买家关注自己的商品，不要轻易放弃每个对自己商品感兴趣的买家，也许其中存在能够成功的交易。

技巧 215：与买家交流时应该注意哪些禁忌

在与买家的交流过程中，卖家在多数情况下都处于被动的位置，也就是买家问什么问题，卖家再进行解释和说明，在这个过程中，卖家应注意以下几个问题。

① 掌握交流频率，不宜太过主动。

一般来说，在与买家交流过程中，卖家只要有针对性地回答买家所提出的各种问题即可，让买家占有主动发问权，而不宜太过主动。尤其是新手卖家，好不容易等来一个顾客，往往表现得过于热情，结果适得其反，有时候还会吓跑买家。

② 注意沟通与辩论的区别。

卖家与买家沟通的最终目的是达成交易，所以面对买家对商品所持的不同见解，应该报以平和的心态去解释和沟通，而不应该刻意与买家进行争论。否则即使在口舌之争中占据了上风，却因此失去了买家，这对卖家来说其实是得不偿失的。

③ 不宜质问买家。

买家与卖家交流的目的是解决其对商品存在的疑问。所以卖家回答时，要保持诚恳及平和的态度，而不应采用质问的语气。

要知道是否购买商品完全出于买家的意愿，俗话说"买卖不成仁义在"，卖家要获得买家的好感，首先就要尊重买家的意愿，如果以质问的语气与买家交流，就会引起买家的反感，进而流失顾客。

④ 勿以命令的语气交流。

在网上交易过程中，卖家其实就是商店中的售货员，这时候应该秉持以顾客为中心的原则，在交流过程中，态度要和蔼，语气要柔和，采用协商或者请教的语气与买家交流，切忌采用命令或批示的口吻与人交谈。

⑤ 不宜太过直白。

网上交流其实和现实中交谈是一样的，针对不同的买家，我们应当掌握交流的技巧与艺术，一些针对性强的问题，可以婉转回答。要知道网上购物什么人都有，他们对不同商品的认知与见解程度也不同，如果买家在交流中提出较肤浅的问题，或者看似比较笨拙的问题，那么作为卖家，更应该巧妙地对这些问题给予回答，而不能直接指出卖家问题的肤浅性与错误性。

技巧216：不同类型客户的不同交流技巧

不同类型客户对店铺产品的了解程度、价格要求以及商品的性能要求等因素不同，因此卖家也应有不同的交流技巧。下面就来分别介绍应对不同买家的交流技巧。

（1）顾客对商品了解程度不同，沟通方式也有所不同

● 对商品缺乏认识，不了解：这类的顾客商品知识缺乏，疑虑且依赖性强。对于这样的顾客需要我们像朋友一样细心解答，从他的角度考虑为他推荐，并且告诉他你推荐这些商品的原因。对于这样的顾客，你的解释越细致他就会越信赖你。

● 对商品有些了解，但是一知半解：这类顾客对商品了解一些，比较主观，易冲动，不太容易信赖。面对这样的顾客，这时就要控制情绪，有理有节耐心地回答，向他展示你丰富的专业知识，让他认识到自己的不足，从而增加对你的信赖。

● 对商品非常了解：这类顾客知识面广，自信心强，问题往往都能问到点子上。面对这样的顾客，要表示出你对他专业知识的欣赏，表达出"好容易遇到懂行的了"，用朋友的口气和他探讨专业知识，给他来自内行的推荐，告诉他"这个才是最好的，你一看就知道了"，让他感觉到自己被当成了最内行的朋友，而且你尊重他的知识，你给他的推荐肯定是最衷心的、最好的。

（2）对价格要求不同的顾客

● 有的顾客很大方，说一不二，看见你说不砍价就不跟你讨价还价。对待这样的顾客要表达你的感谢，并且主动告诉他我们的优惠措施，我们会赠送什么样的小礼物，这样，让顾客感觉物超所值。

● 有的顾客会试探性的问问能不能还价，对待这样的顾客既要坚定的告诉他不能还价，同时也要态度和缓地告诉他我们的价格是物有所值的。并且谢谢他的理解与合作。

● 有的顾客就是要讨价还价，不讲价就不高兴。对于这样的顾客，除了要坚定重申我们的原则外，还要有理有节地拒绝他的要求，不要被他各种威胁和祈求所动摇。适当的时候建议他再看看其他便宜的商品。

（3）对商品要求不同的顾客

● 有的顾客因为买过类似的商品，所以对购买的商品质量有清楚的认识，对于这样的顾客是很好打交道的。

● 有的顾客将信将疑，对于这样的顾客要耐心给他们解释，在肯定我们是实物拍摄的同时，要提醒他难免会有色差等，让他有一定的思想准备，不要把商品想象得太过完美。

● 还有的顾客非常挑剔，在沟通的时候就可以感觉到，他会反复问：有没有瑕疵？有没有色差？有问题怎么办？怎么找你们等。这个时候就要意识到这是一个很完美主义的顾客，除了要实事求是介绍商品，还要实事求是把一些可能存在的问题都介绍给他，告诉他没有东西是十全十美的。如果顾客还坚持要完美的商品，就应该委婉地建议他选择实体店购买需要的商品。

9.4 店铺诞生第一笔交易

当和买家达成一致后,既可让买家拍下此商品并等待对方完成付款操作。这个过程中,卖家的工作主要是根据之前交流约定修改价格、安排发货等相关事宜。下面详细介绍这方面的操作流程。

技巧 217：根据交易约定修改宝贝价格

卖家在经营店铺中,必然会遇到讲价的买家,这个时候是否对价格进行让步,就需要我们根据实际情况来定了,如果接受了买家的讲价,那么在买家付款前,还需要对交易价格进行修改。要修改原来商品的标价,可以按以下方法操作。

第1步 登录淘宝并进入"卖家中心",❶ 在"交易管理"选项下,单击"已卖出的宝贝"链接,如图9-48所示。

第2步 显示所有的出售宝贝信息;❷ 单击需要修改价格的宝贝,如图9-49所示。

图 9-48

图 9-49

第3步 ❸ 在宝贝标题的最后单击"修改价格"链接,如图9-50所示。

第4步 进入修改价格页面;❹ 输入要修改的幅度或是比例;❺ 单击"确定"按钮,即可修改宝贝价格,如图9-51所示。

图 9-50

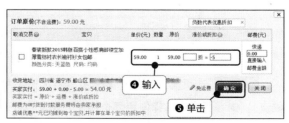

图 9-51

> 小二开店经验分享——修改商品免运费
>
> 在第 4 步中单击"免运费"链接，可以直接减少商品的价格，而不是按照价格比例来进行减少。

技巧 218：做好确认发货

当买家付款后，就需要根据买家的订单对商品进行包装，并联系快递公司为该买家发货。在发货后，需要根据发货订单来录入发货信息，进行发货订单的创建，以便完成整个交易过程，其操作方法如下。

第 1 步　在"交易管理"选项下，❶单击"已卖出的宝贝"链接，如图 9-52 所示。

第 2 步　显示所有的出售宝贝信息；❷选择要发货的宝贝，单击其右侧的"发货"按钮，如图 9-53 所示。

图 9-52

图 9-53

第 3 步　在打开的页面上方显示买家的订单商品以及收货地址、收货人、联想方式等信息，以及卖家的发货退货信息等，如图 9-54 所示。

图 9-54

第 4 步　在页面下方的"第三步"中选择采用的物流方式；❸如这里选择"自己联系物流"；❹在列表中选择使用哪个物流公司发货以及填写发货的货运快递单号；❺单击"确认"按钮，如图 9-55 所示。

图 9-55

第5步 当卖家发货并在淘宝网中完成了发货流程后,我们可以将物流快递单号以及物流公司告诉买家,方便买家在线跟踪运输进度。我们给买家发货后,一些买家会关心发货进度以及期待尽早收到货物,这个时候可能会咨询卖家发货进度,这时可以将快递单号与物流公司网址告知买家以方便买家自己查询,也可以在查询后将进度告知买家。

 小二开店经验分享——发货后提醒买家当面验收

在网店上一定要清楚地提醒买家在收到货物后当面验收,同时也要通过千牛、电话等方式来提醒买家,这样可以避免因为运输原因造成的货物破损纠纷。

技巧219:给买家评价

买家收到将货款支付给卖家后,卖家应及时对买家做出评价。只要交易顺利,就不妨多做"好评"给买家,买卖双方互给好评,"好评"要日积月累,店铺才能越做越大。卖家要遵循"顾客就是上帝"的原则,细心周到地处理好每一笔交易,给买家好评,具体操作方法如下。

第1步 进入"已卖出宝贝"页面,可以看到已经成功的交易列表右侧显示为"对方已评",❶单击下方的"评价"链接,如图9-56所示。

第2步 在打开的页面中,❷勾选"好评"复选框;❸在下方的文本框中输入评价内容;❹单击"提交评论"按钮,如图9-57所示。

图 9-56

图 9-57

第3步 在打开的页面中告知用户评价成功，如图9-58所示。

图 9-58

小二开店经验分享——批量给买家评价

如果卖家做了活动，单品销量过大，那么就有可能同时出现很多需要评价的订单。目前淘宝服务市场中很多提供批量评价功能的软件，可以去搜索一款免费试用的进行尝试，这样就可以免去手动评价的困扰。

技巧220：进行交易退款操作

随着网店的交易量不断增加，卖家将不可避免地遇到退款的情况。遇到这种情况时，卖家应积极与买家进行协商，如果交易确实无法挽回，就应该退款给买家。

在退款提示框中单击"同意退款"后的地址链接，或者进入"已卖出的宝贝"页面单击商品列表中的"退款中"链接，在打开的页面中单击"同意退款申请"按钮，按提示完成操作即可。

技巧221：查询系动自动回款情况

待买家确认收货后，第三方支付宝平台即会将宝贝购买金额自动回款到卖家支付宝账户中。卖家通过支付宝即可查证，具体操作方法如下。

第1步 登录我的淘宝，❶ 在"卖家中心"页面中单击"支付宝账号"链接，如图9-59所示。

第2步 进入我的支付宝，❷ 单击"查询"链接，如图9-60所示，即可以看到支付宝可用余额。

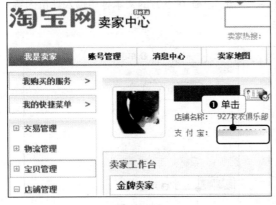

图 9-59

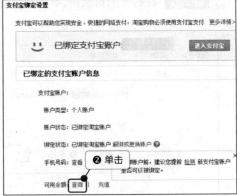

图 9-60

第3步 进入支付宝中，❸ 单击支付宝页面中的"交易记录"选项，如图9-61所示。

第4步 我们会看到相应的商品订单后显示"交易成功"，"交易成功"就表示货款已经到账了，如图9-62所示。

图 9-61

图 9-62

9.5 店铺资金与财务的管理

经营网店经常都会进行资金流入与流出的操作，因此卖家需要随时对日常经营的情况进行跟踪管理，比如查看目前营业额、盈亏比例等，这就需要广大卖家学会对自己的资金与账目进行有效地管理。

技巧222：查看支付宝账户余额

支付宝是淘宝网卖家的资金管理平台，购买成功的买家货款会转入卖家的支付宝账户，所以卖家应该在经营过程中定期查询自己的支付宝账户余额，再根据具体交易来合理规划资金的流转与分配。下面来看具体的操作技巧。

第1步 ❶ 输入淘宝网网址，登录到淘宝页面；❷ 单击"支付宝"链接，如图9-63所示。

第2步 如果没有登录支付宝，会打开登录支付宝的页面，输入账号和密码进入支付宝后即可看到支付宝的余额，如图9-64所示。

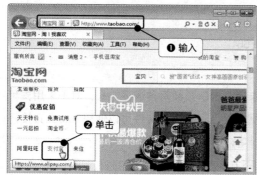

图 9-63

图 9-64

技巧223：分析店铺资金流动情况

无论是买入或卖出交易，都涉及资金的流动，而作为一个卖家有必要对自己支付宝账户的资金流动明细实时掌握。

为了便于商家了解自己的资金流动明细，支付宝提供了在线明细表与数据库两种查询方式，前者在线即可浏览与查看，后者则可将数据库下载到电脑中查看。普通的查看只要在线查询就可以了，而如果店铺交易量较大，那么就可以下载数据文件并使用Excel程序来进行详尽的统计分析。

（1）在线查询资金流动

在线查询即当我们进入支付宝账户后，就可以设置查询条件来查看指定的交易明细状况，并且查看指定交易的详情。

第1步 登录支付宝账户，❶在上方单击"交易记录"链接，如图9-65所示。

图 9-65

第2步 进入"交易记录"界面，显示有详细的交易资金流动明细，如图9-66所示。如果记录太多，还可以单击下方的分页链接进行查看。

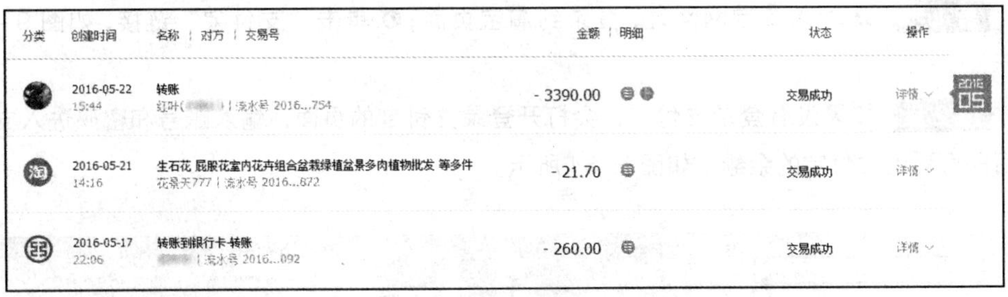

图 9-66

（2）下载账户明细数据库

在支付宝实名认证时，我们知道有支付宝卡通与确认余额两种认证方式，对于采用支付宝卡通认证的用户，可以下载账户资金明细数据文件，下载后的文件可以使用Excel直接打开并进行各种管理，如排序、筛选、分析与统计等。

第1步 ❶在支付宝账户的"交易记录"页面下方单击"下载查询结果"链接，如图9-67所示。

第2步 ❷在打开的"文件下载"对话框中单击"Save（保存）"按钮，如图9-68所示。

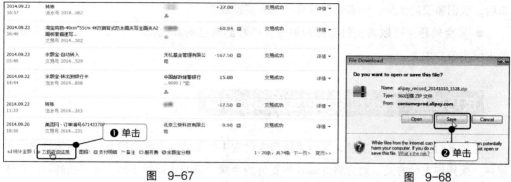

图 9-67　　　　　　　　　　　图 9-68

第3步　打开"另存为"对话框，❸ 选择数据文件的保存位置；❹ 输入数据文件的保存名称；❺ 单击"保存"按钮，如图 9-69 所示。

第4步　此时开始下载文件并显示下载进度，❻ 下载完毕后，直接单击"Open（打开）"按钮，如图 9-70 所示。

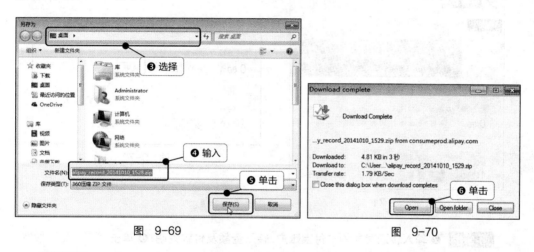

图 9-69　　　　　　　　　　　图 9-70

第5步　如果电脑中安装了 Excel 程序，那么默认将启动 Excel 并打开数据文件，其中显示了支付宝中进行的每一笔交易数据。此时即可使用 Excel 各种功能对数据进行综合分析与统计了。

技巧 224：根据支付宝余额支付交易款

无论是直接充值，还是与其他卖家交易成功得到货款，所有资金都会转移到支付宝账户中，这样卖家以后付款时，都可以直接通过支付宝账户来支付，而且通过付款功能，我们还可以在不同支付宝账户中转移资金。通常来说，卖家通过支付宝付款的情况有以下四种。

- 购买淘宝服务：购买淘宝图片空间、淘宝旺铺或者加入消保等增值服务。
- 网上购物：卖家也是买家，可以直接在淘宝网向其他卖家购买自己需要的商品。
- 网店代销：对于代销的卖家，与代销商的订货通常也是使用支付宝支付，当买家下单后，我们需要同步为代销商付款并等待其为买家发货。

● 资金转移：可以将支付宝账户的资金转移到自己的其他支付宝账户，或者亲人朋友的支付宝账户中。

技巧225：直接利用支付宝向对方打款

通过支付宝即时到账功能，可以直接将支付宝中的部分或全部余额支付给指定的支付宝账户。采用该支付方式，对方将立即收到支付的金额。该方式适用于熟人之间的转账、合作伙伴之间的付款等，但不适用于网上购物。具体操作方法如下。

第1步 首先输入账号和密码登录支付宝，进入支付宝首页，如图9-71所示。

第2步 ❶ 单击账户余额下的"转账"按钮，如图9-72所示。

图 9-71　　　　　　　　图 9-72

第3步 ❷ 输入转账对象的支付宝账户、转账金额及付款说明；❸ 单击"下一步"按钮，如图9-73所示。

第4步 ❹ 单击"确认信息并付款"按钮，如图9-74所示。接下来按提示操作完成转账即可。

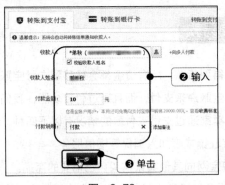 

图 9-73　　　　　　　　图 9-74

技巧 226：了解与分析店铺资金流动情况

对于卖家来说，商品销售情况的分析是非常重要的，我们只有通过销售历史全面了解不同商品的销售状况，并合理分析与调整商品以及经营方向，才能让网店的销量越来越好。也就是作为一个要将网店越开越大的卖家，在经营网店过程中，必须能够实时了解商品的销售情况，并加以合理判断。

在淘宝网中，可以通过两种途径查看与统计商品的历史销售情况。一是通过淘宝网本身的交易历史功能，二是通过千牛工作台的交易管理功能。通过淘宝网历史交易查看销售状况时，只要进入"我的淘宝"页面，单击"我是卖家"列表中的"卖出的宝贝"选项，在页面中就能够查看商品销售详情。在"千牛工作台"首页中单击"交易管理"选项，进入交易管理页面，在"交易管理"区域中即可查看最近一周内的所有交易记录，如图9-75所示。

图 9-75

在交易列表上方，显示有"待付款""待发货""已发货""退款中"等交易状态按钮，单击某个按钮，即可在下方筛选显示出处于该状态的交易，如果要查看某个交易详情，则单击交易列表最右侧的"查看"链接，在打开的页面中即可查看详细的交易信息。

技巧 227：掌握店铺总体销售业绩

在经营网店过程中，卖家除了实时了解并掌握商品的销售情况、资金流动情况外，还应该通过淘宝网提供的销售简报查看店铺每周销售量与销售额，直观地了解销售趋势，这对于网店的推广和经营都是非常重要的。查看自己店铺的销售简报，具体操作方法如下。

第1步 进入"卖家中心"页面，在"我是卖家"页面下方就可以看到最近一周内的销量，如图9-76所示。

第 2 步 单击“更多店铺数据”链接，即可查看到月底成交数据，如图 9-77 所示。

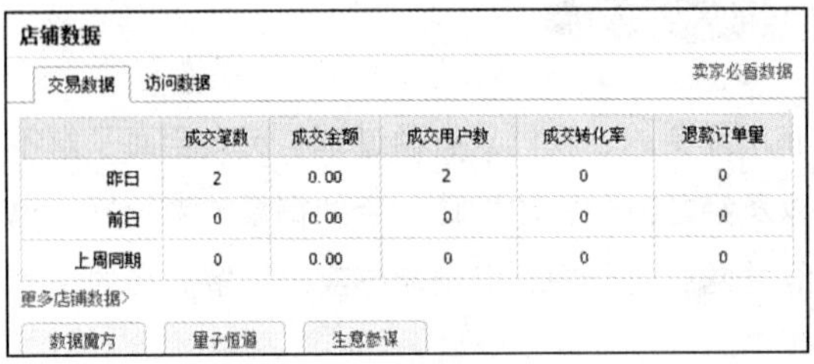

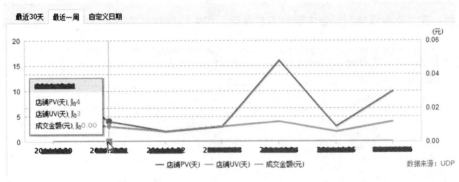

店铺数据

交易数据 访问数据 卖家必看数据

	成交笔数	成交金额	成交用户数	成交转化率	退款订单量
昨日	2	0.00	2	0	0
前日	0	0.00	0	0	0
上周同期	0	0.00	0	0	0

更多店铺数据>

数据魔方 量子恒道 生意参谋

图 9-76

月度成交数据 详细数据 >>

	成交金额（元）	成交用户数	成交笔数	客单价（元）	笔单价（元）
201409	995.80	8	11	124.48	90.53
201408	557.24	5	6	111.45	92.87
201407	1235.27	15	21	82.35	58.82
201406	1254.19	9	9	139.35	139.35

图 9-77

第 3 步 在销售额曲线图中，将鼠标指针指向某一天时，还会显示出精确的销售额与销售量数据，如图 9-78 所示。

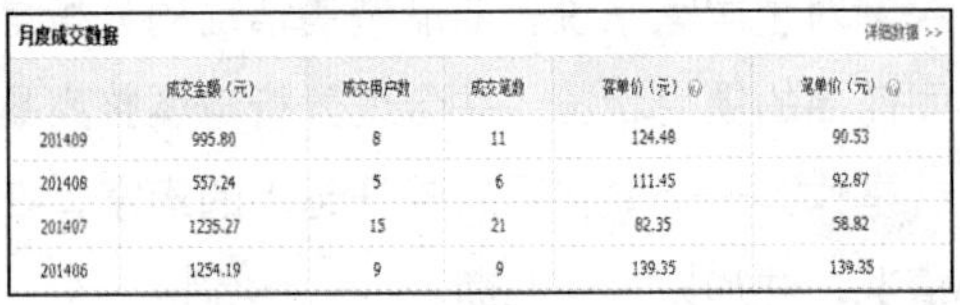

图 9-78

本章小结

本章详细介绍了与买家沟通和交易的技巧。先介绍了怎样设置千牛聊天工具及其使用方法，进而讲解了如何通过千牛与买家交流的技巧，顺利完成生意，最后介绍了宝贝卖出后应该执行的必要流程操作以及店铺资金与财务的管理。学习本章后可以全面了解在网上完成商品出售的流程与技巧，帮助卖家将商品顺利销售。

第 10 章

吸引回头客,商品包装与物流技巧

本章导读

当买家从网店中购买商品后,我们就需要按照订单来对商品进行包装并给买家发货。商品的包装与物流环节是非常重要的,对于卖家来说,有必要了解商品的包装方法以及各种物流公司的服务与收费标准。本章将会讲解到商品包装与物流的相关知识。

知识要点

通过本章内容的学习,读者能够学习到如何对商品进行包装,如何选择物流及查询物流的运输等技巧。学完后需要掌握的相关技能知识如下。

- 商品的包装方法
- 物流的选择
- 在线查询货物的运输进度
- 宝贝的发货技巧

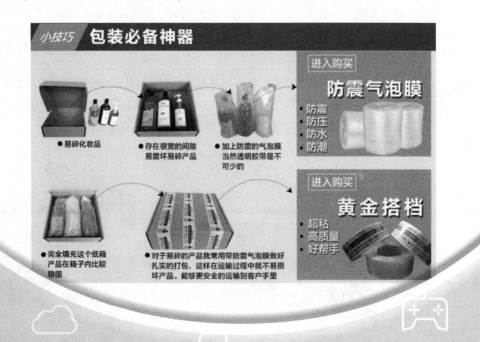

10.1 用心包装，让顾客更信赖

商品的包装是商品的重要组成部分，它不仅在运输过程中起到保护的作用，而且也直接关系到商品的综合品质。

技巧228：商品包装的一般性原则

作为一个卖家，商品好坏衡量的指标之一就体现在包装细节上。当你和别的卖家产品同质量时，包装是否具有鲜明的特色就是取得成功的关键了。在包装产品时需要注意以下两点。

（1）包装的完整性

所谓完整性，就是产品经过包装，在送至顾客手中时，和产品描述中的一样，如产品的重量、规格、颜色、质量等。这就要求我们在包装时注意包装盒是否结实，因为产品通常需要经过长途运输后才能到达顾客的手中，如图10-1所示。

（2）包装的美观性

如果我们随便用报纸包装产品，当买家拿到货品时，也可能因心理感受造成负面的评价。除了宝贝本身的完整性之外，包装精巧的宝贝必然能博得顾客的喜爱。同时，我们在包装时，还可以赠送该产品的辅助用品，来增加产品亮点，如图10-2所示。

图 10-1

图 10-2

技巧 229：选择合适商品的包装材料

通过物流将商品交付给买家，这一过程中包装就成了非常重要的环节。由于不同卖家销售的商品不同，其所使用的包装材料也各有不同。根据商品的具体情况来选择不同的包装材料，常见的包装材料有纸箱、编织袋、泡泡纸、牛皮纸以及内部的填充物等，如图10-3所示。

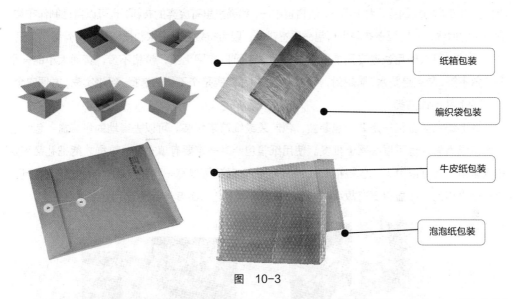

图 10-3

纸盒是使用比较普遍的包装材料，其优点是安全性强，可以有效地保护物品，而且可以适当添加填充物以对运输过程中的外部冲击产生缓冲，其缺点是增加了货物的重量，运费也会相应增加。

编织袋适用于各种不拍挤压与冲击的商品，其优点是成本低、重量轻，可以节省一点运费，其缺点是对于物品的保护性比较差，只能用于包装质地较软、耐压、耐摔的商品。

泡泡纸不但价格比较低、重量较轻，而且还可以较好地防止挤压，对物品的保护性相对较强。适用于包装一些本身具有硬盒包装的商品，如数码产品。另外泡泡纸也可以配合纸箱进行双重包装，加大商品的运输安全系数。

牛皮纸多用于包装书籍等本身不容易被挤压或是摔坏的商品，可以有效地防止商品在运输过程中磨损。

对于用纸箱包装的商品，一般内部会添加填充物以缓解运输过程中的外部冲击，起到缓冲作用，填充物可以因地制宜来选择，常用的填充物主要有泡沫、旧报纸等。另外，对于有些商品，在包装时还需要考虑防水防潮的因素，如服饰、数码产品、未密封的食品等，这类商品在包装后，可以采用胶带对包装口进行密封。

技巧 230：不同类型商品的包装方法

当买家拿到宝贝时最先看到的是包装，所以要给买家留一个非常好的印象，减少他们挑毛病的机会，那就要首先包装好宝贝。美观大方、细致入微的包装不但能够保护宝贝安全到达，而且能够赢得买家的信任，赢得顾客的心。下面介绍一下不同商品的包装方法。

（1）衣服、床上用品等纺织类

如果是衣服，就可以用布袋装，用布袋包装服装时，白色棉布或其他干净、整洁的布最好。淘宝上有专卖布袋的店，大小不一，价格也不一，如果家里有废弃的布料，也可以自己制作布袋。在包装的时候，一定要在布袋里再包一层塑料袋，因为布袋容易进水和损坏，容易弄脏了宝贝。

当然也可以使用快递专用加厚塑料袋，这个可以在网上买，价格不贵，普通大小的一个3~7角不等，特点是防水、防辐射，用来邮寄纺织品确实是个不错的选择，经济实惠，方便安全。

（2）礼品饰品类

礼品饰品类宝贝一定要用包装盒、包装袋或纸箱来包装。可以去当地的包装盒、包装袋批发市场看看，也可以在网上批发。使用纸箱包装时一定要有填充物，这样才能把礼品固定在纸箱里。还可以附上一些祝福形式的小卡片，有时还可以写一些关于此饰品的说明和传说，让一个小小的饰品显得更有故事和内涵。图 10-4 和图 10-5 所示为使用包装盒包装。

图 10-4

图 10-5

（3）数码产品类

这类产品需要多层"严密保护"。包装时一定要用泡膜包裹结实，再在外面多套几层纸箱或包装盒，多放填充物，如图 10-6 所示。而买家收到宝贝后，一般会当面检查确定完好再签收。因为数码产品的价格一般来说比较高，如果出现差错也是比较麻烦的事。

均采用五层邮政专用防压纸箱，内部有防震防压气泡垫填充。

图 10-6

（4）电子产品类

电子产品在各行各业中算得上是上等产品，很精密的产品，包装很讲究，通常用纸箱。在货物比较轻的情况下可以用纸箱，但纸箱的质量一定要好。包装时一定要用泡膜包裹结实，再在外面多套几层纸箱或包装盒，多放填充物。而买家收到宝贝后，一般会当面检查确定完好再签收。因为数码产品的价格一般来说比较高，如果出现差错也是比较麻烦的事。图10-7所示为电子类产品五大常用纸箱包装类型。

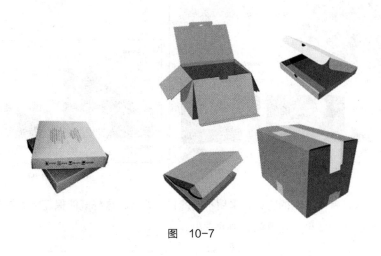

图 10-7

（5）书刊类

书刊类宝贝的具体包装过程可以这样进行。

● 书拿回来用塑料袋套好，以免理货和包装时弄脏，也能起到防潮的作用。

● 用报纸中夹带的铜版纸作为第二层包装，以避免书籍在运输过程中被损坏。

● 外层用牛皮纸、胶带进行包装。

● 如打算用印刷品方式邮寄，用胶带封好边与角后，要在包装上留出贴邮票、盖章的空间；包裹邮寄方式则要用胶带全部封好，不留一丝缝隙。

（6）食品类

易碎食品、罐装食物宜用纸盒或纸箱包装，让买家看着放心，吃着也放心。在邮寄食品之前一定要确认买家的具体位置、联系方式，了解运送到达所需的时间。因为食品有保质期，而且还与温度和包装等因素有关，为防止食品运送时间过长导致变质，一般来说，发送食品最好使用快递。

（7）化妆品、香水等液体类产品

化妆品、香水大部分是霜状、乳状、水质，多为玻璃瓶包装，因为玻璃的稳定性比塑料好，化妆品不易变质。但这一类货物也一直是查得最严的，所以除了包装结实、确保不易破碎外，防止渗漏也是很重要的。最好是先找一些棉花把瓶口处包严，用胶带扎紧，用泡膜将瓶子的全身包起来，防止洒漏。最后再包一层塑料袋，即使漏出来也会被棉花吸住，并有塑料袋作为最后的保障，不会漏出污染到他人的包裹。

（8）钢琴、陶瓷、工艺品等类包装

钢琴、陶瓷、工艺品等偏重或贵重的物品采用木箱包装。美国、加拿大、澳大利亚、新西兰等国，对未经过加工的原木包装有严格的规定，木箱必须在原出口国进行熏蒸，并出示承认的熏蒸证，进口国方可接受货物进口。否则，罚款或将货物退回原出口国，图 10-8 和图 10-9 所示为雅尊家居产品包装示意图。

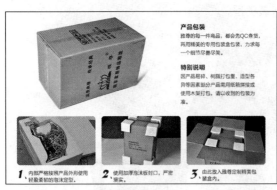

图 10-8　　　　　　　　　　　　　图 10-9

按上述方法，针对不同的宝贝，采用不同的包装方法，这样既能保证宝贝在包装运输途中的安全，也能尽量减少在宝贝包装中的支出。

> **小二开店经验分享——易碎品的包装注意事项**
>
> 易碎品包装一直是一个难点，特别是易碎品的运输包装。这一类产品包括瓷器、玻璃饰品、CD、茶具、字画、工艺品等。通常要求易碎品外包装应具有一定的抗压强度和抗戳穿强度，可以保护易碎品在正常的运输条件下完好无损。
>
> 对于这类产品，包装时要多用些报纸、泡沫塑料或者泡绵、泡沫网，这些东西重量轻，而且可以缓和撞击。
>
> 另外，一般易碎怕压的东西四周都应用填充物充分地填充，这些填充物也比较容易收集，比如包水果的小塑料袋，平时购物带回来的方便袋，还有一些买电器带回来的泡沫等。尽量多用聚乙烯的材料而少用纸壳、纸团，因为纸要重一些，而那些塑料的东西膨胀效果好，自身又轻。如果有易碎物品标签就贴上，箱子四周写上易碎物品勿压、勿摔，以提醒在装卸货过程中避免挤压、碰撞。

技巧 231：如何用包装来赢得买家好感

商品最终到达买家手中后，包装会在很大程度上影响买家对商品的好感，因而卖家在对商品进行包装时，还需要为买家考虑，毕竟赢得一份好感，很多时候相当于赢得一个回头客。我们可以通过以下几种方法令商品包装赢得买家好感。

（1）赠送小礼品（代写贺卡）

许多买家都希望得到一些小赠品，即使这些东西对他们来说没有多大作用，但是收到的时候会觉得很高兴，就像我们在现实生活中收到礼物会有惊喜的感觉一样。在采购宝贝的时候，记得多留意一些小物件，比如头饰或者小发卡之类，价格越便宜越好，但是质量不能太差。一个质量好的赠品可以起到画龙点睛的作用，但是如果买家收到的是一个粗制滥造的宝贝，那么他们对你的好印象也会大打折扣。比如出售工艺品、服装等的卖家还可以代写贺卡来取得买家的好感。此外还要注意控制赠品的成本，如图10-10所示。

图 10-10

（2）货品要干净整洁

无论你用什么包装寄东西，都应把盒子弄得干干净净，破破烂烂的包装会让人怀疑里面的东西是不是已经压坏了，甚至怀疑产品的质量问题。所以包裹一定要干净整洁，在不超重的前提下尽量用硬壳包装。

（3）不要擅自带价格标签

无特殊需要，建议不要自作主张，将宝贝的价格标签放入包装箱内。因为有些买家购买宝贝是用来送礼，这一类买家希望网店直接发货给他的朋友，而他们一般是不愿意让朋友知道这件礼物的价格是多少以及购买地点。

总之，我们在包装商品时，从自身心理出发就应该将商品作为一件礼物来包装，在我们已经保障好商品质量的同时，赢得买家的好感也是非常重要的。

 小二开店经验分享——给予买家特别的提示

对于使用比较复杂的宝贝，在给买家的包裹中有针对性地写一些提醒资料，比如不同质地的衣服洗涤、收纳、个别数码类宝贝的使用注意事项等，这会让买家觉得卖家服务很周到，进而发展成为老顾客，甚至会给买家带来新的顾客。

技巧232：节约包装材料的技巧

网店物流费用也是一笔不小的开支，因此每个环节的开支都需要节省。下面来看看几个包装材料可以不花钱的技巧心得。

（1）生活中留心积累

平常生活中也会遇到各种各样的包装材料，比如瓶装水纸箱、过期广告纸袋、公司收到的快递包裹箱等，这些质地不错的包装材料都可以用在自己网店物流包装中。

（2）变废为宝巧包装

比如废弃的矿泉水纸箱，经过简单改造后，用来包装寄送一些小件商品也是非常不错的。拿到纸箱后再按图步骤操作，如图10-11所示。

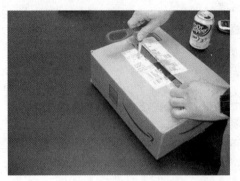

图 10-11

10.2 好的物流是成功的一半

当前，大多数网店在发货时是借助快递公司（如邮政、航空、铁路等）的快递物流网络渠道，而选择不同的物流渠道，所以支付的物流成本是不同的，若想选择合适的物流，就要先对各种物流渠道有比较清楚的认识。

技巧233：选择方便的快递公司

选择快递公司来配送货品是现在网店卖家最主要的物流方式。相比其他物流方式来说，快递公司的配送比较灵活，而且在价格上也有一定的优势。下面分别介绍一般快递公司与顺丰快递公司相关的知识。

（1）一般快递公司

快递公司是超过95%的卖家的选择，特点就是快速、高效，价格也不贵，目前国内主要的几家快递公司为顺丰快递、申通快递、圆通快递、中通快递、韵达快递等。

（2）顺丰快递公司

顺丰快递是目前所有快递里面速度最快的一个，而且丢失快递的概率也是最低的，但也是价格最高的一个快递。

目前顺丰快递发货速度较快，全国范围内一般2天左右收货，但收费略高，其他快递速度略慢，全国范围内一般2～4天收货，但收费略低。

如果你是追求更快速，且商品利润较高，推荐选择。如果你的产品利润不是很高，买家也没有特别要求必须用顺丰快递发货，那可以选择其他快递公司。

小二开店经验分享——快递公司发货需要注意的事项

选择快递公司发货时，有两个方面需要注意。一方面是包裹遗失问题，对于贵重物品，可以考虑保价。如果是长期合作的快递公司，则可以考虑签订遗失照价赔偿的协议；另一方面是液体商品，它们是不能走空运的，我们在发货时，必须要和快递员说明或者在快递单中注明。

技巧 234：无处不在的邮政 EMS 快递

EMS 中国邮政的特快专递业务，其速度与快递公司相差不远，但是服务和效率有些地方不如快递公司。

主要是采取空运方式，加快递送速度，根据地区远近，一般 1~8 天到达。由于邮政属于国营企业，因此该业务在海关、航空等部门均享有优先处理权，相比其他快递更加高速，能够为用户特快传递国际、国内紧急信函、文件资料、金融票据、商品货样等各类文件资料和物品。

邮政 EMS 快递的特点除了覆盖面广、安全性高以外，最大的特色就是能够覆盖全国所有地点，包括比较偏远的山区，这是其他所有快递公司所不具备的。因此 EMS 相较于其他快递的服务收费都要高一些。

技巧 235：利用价格低廉的邮政包裹

平邮是邮政提供的普通包裹运输服务，运输时间较长，一般发货后 7~15 日才能收到。平邮的优点就是运费较为低廉，目前由于快递公司收费较为低廉，平邮已经很少被卖家采用，而且对于卖家来说，发送普通包裹需要自己到邮局办理，相对来说较费时间。

 小二开店经验分享——平邮发货的安全保障性

每个包裹都有单号，可根据单号查询投递状况。如果邮寄时进行保价，在包裹丢失后可以按保价金额进行赔偿；如果邮寄时没有进行保价，在包裹丢失后最高不超过邮费的两倍进行赔偿。

技巧 236：快捷的同城快递配送

在开店过程中，同城交易在所有交易中往往占据了一定的比例，因为很多卖家在淘宝网上购买商品时，会优先选择本地的卖家，这样不但收货速度快，运费便宜，而且如果买卖条件允许的话，还可以让买家上门购买或者卖家送货上门。

在绝大多数城市中，同城快递的费用一般在5元左右，而且次日即可收到货，这无疑缩短了买家的收货等待时间，而且由于在同一地区，相互交流起来也会较方便，对于商品的售后服务，如果买家在使用过程中遇到了问题，也便于维修与处理。

在同城买家中，往往也会遇到很多要求上门交易，或者见面交易的买家，对于这种情况，如果卖家具备条件的话就可以接受，因为见面交易，买家能够看到商品实物后再决定购买与否，这样不但增强了买家的信任感，而且只要交易顺利且买家满意的话，往往会成为我们的回头客，有时候甚至还可以帮我们招揽更多的顾客。不过见面交易或者上门取货，并不适合代销的卖家。

由于同城交易有着网上交易无可比拟的优越性，对于卖家来说，我们非常有必要抓住并巩固这一顾客群体。在交易上面，由于网店的信用非常重要，因此即使是同城交易，也最好能够先让买家通过支付宝付款，而后见面交易或上门取货，既赚取利润，又赚取信用。

10.3 跟踪货物运输进度

通过任意一种物流发货后，都会留下一份发货单，在买家收到货物并确认之前，我们必须将发货单保存好，以便于处理发货后期出现的纠纷。而且一般发货后，买家都会关心发货进度，我们就可以通过发货单号来跟踪货物的运输进度并告知买家。

技巧237：在线跟踪EMS运输进度

使用EMS发货后，都会给卖家留有一张发货单，在发货过程中，我们可以随时通过发货单中的订单号登录到物流公司网站跟踪货物的运输进度，或者将订单号告知买家，以便买家自己跟踪运输进度。

采用EMS发货后，通过货单号即可在线跟踪货运的进度，EMS的货单号一般为13位数字与字母组合，通常最前面与最后面2位为字母，中间为数字，如"EE1527028500GD"，一般位于货单下方。图10-12所示为EMS货单的填写示意图，下方的数字即为货号单。

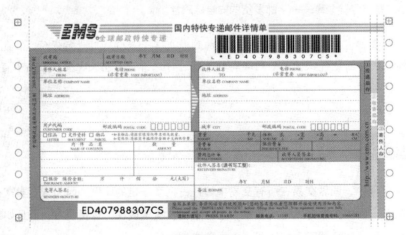

图 10-12

邮政 EMS 快递查询网址为 http：//www.ems.com.cn/，我们只要进入该网站，通过货物快递单即可方便查询运输进度。具体操作方法如下。

第1步 ❶打开 EMS 查询网点；在"EMS 号码"文本框中输入货单号；❷在"验证码"文本框中输入验证码后 ❸单击"查询"按钮，如图 10-13 所示。

第2步 稍等之后，在打开的页面中即可显示出当前快递到达的运输环节，如图 10-14 所示。

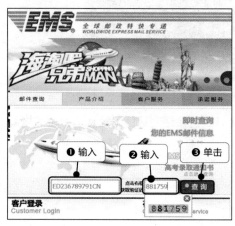

图 10-13

图 10-14

技巧 238：在线跟踪快递公司运输进度

目前几乎所有物流公司都提供了在线跟踪运输进度的服务，当我们通过快递公司发货后，也可以登录到快递公司网站方便地跟踪货物运输进度。

通过快递公司发货后，可以从发货单中获取到快递单号，不同快递公司的货单号的位置可能并不相同，但一般都是位于快递单上方的条码位置或是快递单下方突出位置，如图 10-15 所示。

图 10-15

有了快递单号，就可以登录到相应的网站中跟踪查询货物运输进度，快递单号一般为 12 位数字，下面以在线跟踪百世汇通为例简单介绍其在线查询的方法。

第1步 打开汇通快递网站 http://www.htky365.com/；❶ 在页面左侧"查询"列表框中输入快递单号；❷ 输入"验证码"；❸ 单击"查询"按钮，如图 10-16 所示。

图 10-16

第2步 稍等之后，在打开的页面中即可显示出当前快递到达的运输环节，也可以看的买家货物的签收状态，如图 10-17 所示。

图 10-17

10.4 宝贝的发货技巧

对于卖家来说，发货中的技巧也是很重要的。网店的经营利润本来就不高，如何开源节流需要卖家们时刻考虑。而这当中物流费用又是不得不支出的，所以减少发货中的失误，并想办法节省邮费，就显得至关重要了。

技巧 239：设置合理的物流信息

卖家销售的商品，如果体积、重量都差不多的话，那么发货时运费价格也是一样的。为了方便以后发布商品时快速给出对应的运费价格，卖家可以在前面发布商品时针对某一类商品建立一个运费模板，这样在以后发布同类商品时，只要使用运费模板就可以了，而不用逐个设置运费。设置合理的物流信息具体的操作技巧如下。

第1步 ❶在"淘宝网卖家中心"左侧区域中单击"物流工具"选项,如图10-18所示。

第2步 ❷在打开页面中单击"运费模板设置"选项;❸单击"新增运费模板"按钮,如图10-19所示。

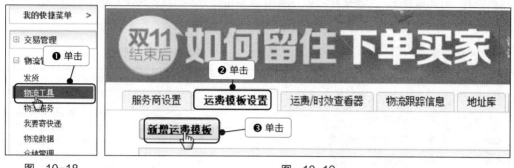

图 10-18　　　　　　　　　　　图 10-19

第3步 在"新增运费模板"页面中,❹设置新增运费模板内容;❺单击"保存并返回"按钮,如图10-20所示。

第4步 即完成运费模板的设置,如图10-21所示。

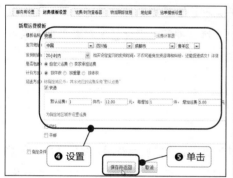 

图 10-20　　　　　　　　　　　图 10-21

 小二开店经验分享——设置运费模板的小方法

　　运费模板中可以根据不同物流针对不同地区的价格来分别设定运费。如针对卖家所在省市,运费较低;对于其他省市的运费就稍高。注意平邮、快递以及EMS都可以根据地区设置不同的运费。

技巧240:选择便宜的物流公司

采用不同的物流方式,需要支付的运输费用是不同的,不同的快递公司,在物流价格上面也是有着差异的。

由于网上交易涉及的商品体积都不会太大,因此货物运费主要是依据货物重量与地区来衡量,重量主要是指首重与续重,首重是指1千克以内的运费,续重是指超过1千克以后每500克的运费。同样不同地域的运费也可能存在一定的差异,如卖家所在省内城市就较低,省外城市就较高,目的地越远,运费也就越高。表10-1所示即为不同物流方式大致的资费标准。

表 10-1

物流方式	首重	续重	备注
平邮	省内6~8元,省外8~10元,偏远地区12~15元	6~10元	此价格表仅供参考,不同地区不同范围的运费均不同,具体可咨询邮局或快递公司
EMS	全国范围20元/500克	8~16元	
E邮宝	全国范围内12~15元	8~10元	
快递公司	同城6元,省内8~10元,省外10~15元	6~10元	

除EMS首重以500克计算外,其他物流方式均以1千克为首重计算,即货物重量为1千克或以下,均按照首重资费计算;如果超过1千克,则按续重资费计算。不过不同的物流方式,对续重的计算是不同的,有些以超过1千克不足2千克则按2千克计算,而有些则以超出比例来计算,如1.25千克,那么只计算1/4续重费用,具体情况需要卖家联系并咨询相应的物流公司。

技巧241:怎样与快递公司讲价

目前几乎所有的快递公司都可以灵活讲价,不过想要成功降低快递费用,我们还需要了解一些讲价技巧。下面介绍一下常用的与快递公司讲价的方法,卖家可以根据实际情况参考使用。

- 直接找快递业务员讲价,而不要找快递公司客服或前台人员讲价。
- 在讲价过程中,适当夸张自己的发货量,因为如果发货量较大,业务员为了稳定业务,一般会在价格上有一定让步。
- 用其他快递公司价格对比,在讲价时可以和业务员谈及其他快递公司要低多少,但要表现出很真实的样子,一般是可以讲下一定价格的。
- 掌握讲价幅度,如同日常购物砍价,假如15元的快递费用,我们想讲到12元,那么要和业务员先砍到10元,这样即使不同意,但最终可能就以12元的折中价成交。

技巧242:运输过程中货物损坏的处理与预防

一旦在运输过程中商品发生损坏,就可以与快递公司协商赔偿问题。视不同情况,与快递公司协商赔偿是件非常费时费力的事情,如果发货方没有对商品进行保价,那么最终争取到的赔付金额也不会太多，通常对于没有保价的商品，赔付是根据运费的倍数来赔偿的，而这个赔偿数额可能远远低于商品价值。由于快递公司丢失或损坏货物的概率非常低，因而多数卖家在发货时，都认为没必要对商品保价，而一旦出现货物损坏情况，也只能尽力与快递公司周旋，争取到尽可能多的赔付金额。

另外，一些快递或物流公司对运输过程中的商品损坏是不予赔偿的，如玻璃制品等，这时卖家在发货时就需要对一些易碎商品加固包装，在最大程度上防止运输过程中出现商品损坏。而对于一些价值较高的贵重易碎物品，通常建议对商品进行保价。

技巧 243：快递包裹丢失的预防

部分快递公司在快递单背面的"服务契约"注明："若邮寄人未购买保险，按遗失部分的 3 倍赔偿。"这是明显的霸王条约。

因此，在快递贵重物品，如手机、相机、MP3、MP4 等数码产品时，一定要谨慎对待快递包裹丢失的情况。现行市场决定了，如果平时快递业务量少，一般很难和快递公司有效沟通。如果每月快递量大，可与快递公司单独签定赔偿合同，如丢失要求对方按实际价值进行赔偿。

技巧 244：加入淘宝快递保险费

加入淘宝快递保险费，也就是退货运费险（卖家版），是指在买卖双方产生退货请求时，保险公司对由于退货产生的单程运费提供保险的服务。

商家和淘宝商城的卖家如果加入了消费者保障服务并交纳了保证金（机票、酒店、直充卖家除外），退货退款成功后，保险公司会直接将理赔金额划拨至买家支付宝账户。

这样如果发生物流上的过失，可以减少损失，让保险公司进行赔付。

 小二开店经验分享——退货运费险

 卖家加入退货运费险，是指卖家支付运费险的保费，后续买家退货，保险公司赔付退货运费给买家。

技巧 245：卖家通过多途径提醒买家先验货后签收

通常来说，如果快递公司在运输过程中损坏商品，那么买家是无论如何也不可以签收的，因为一旦买家签收，就意味着快递公司已经完成本次运输，不再负担任何责任，因此对于易碎类商品，卖家在销售前有必要告知买家，先检查物品是否有损坏，若有损坏，可拒绝签收。

这样可以避免因为运输原因造成的纠纷。

最好的提醒方法，就是在商品页面中添加一些起到衬托作用的背景图片，让买家在购物之前就能够了解该如何进行收货查验。另外，发货以后，卖家也应该尽量通过千牛、电话等联系方式来提醒买家在最终收货的时候需要向快递员提出验证请求。

技巧246：快递放假该怎么办

春节期间，一般的快递公司都会放假，但春节黄金周又是商业活动最频繁的时候，网店在这期间开业就没办法配送了吗？下面来看看相关解决办法。

（1）照常卖货

大部分店主采取的解决办法是春节期间照常做生意，但是不发货，等快递公司上班后再发货。这样做，需要与买家沟通好，免得引起不必要的麻烦。

（2）用平邮或EMS

虽然网店店主在平时一般不会采用中国邮政发货，但遇到快递公司休假时也只能继续沿用。不过，费用方面要贵一些。

本 章 小 结

本章详细介绍了出售商品以后的商品包装和物流方法。先介绍了如何让商品包装吸引顾客，得到他们的信赖，进而介绍了如何选择物流方式，最后介绍了对已发货商品的运输进度查询。卖家通过学习后，能够掌握如何包装商品和选择好的物流公司，使自己的发货更加简单省心。

服务至上，售后服务的相关技巧

本章导读

开店的卖家都知道客服对商品的销售也起着至关重要的作用，客服是卖家在淘宝中能长久发展的本源。这其中包括与买家的沟通、客服工具的使用以及达成交易等知识点。本章将介绍皇冠级卖家的客服及销售秘籍。

知识要点

通过本章内容的学习，读者能够学习到售前服务拴住进入网店的上帝，以及为客户提供最好的售后服务的相关技巧。学完后需要掌握的相关技能知识如下。

- 建立自己强大的团队
- 淘宝客服培养技巧
- 完善网店售后服务工作
- 常见买家退换货处理技巧

11.1 建立自己强大的团队

当销售规模达到一定程度，仅凭店主一个人很吃力，而又无法继续扩张的时候，再想扩大经营就会有点力不从心，这时候需要建立自己强大的团队。

技巧247：增强自己的运营管理技能

在所有的管理人群中，管理员的工作量是最大、最繁杂的，除了每天要回答顾客的提问，及时处理商品的上架和下架外，还要根据不同的交易状态对售出的商品进行分类管理，同时还要制定商品的促销方案以及店铺经营策略等。

根据管理范围和内容的不同，需要不断学习来增强自己的运营管理技巧，另外，还必须利用休息时间到论坛上发帖、回帖等，做好网店的宣传推广工作，尽一切可能，寻找更多能让别人记住店主、商品和店铺的机会。

技巧248：专业的财务管理和优化

专业的财务管理和产品图片优化其实主要责任都落在网店的财务统计人员与商品拍照以及美工优化人员身上。专业的财务管理和优化，下面主要介绍这部分的知识。

（1）财务统计人员

统计员是介于会计和库管之间的一个职务，也就是俗称的账房先生，但不是专业的账房先生，要学会使用简单的表格统计店铺每天的收入和支出，做到及时、完整、准确地进行整理汇总，综合分析，建立相应的统计报表。

作为网店卖家，记账方法可以按照非专业要求，但前提是自己一定要能看懂，能够通过相应的统计报表判断出自己劳心劳力的店铺是赚是赔、有无库存积压、有多少资金可以周转和进货，以及还有多少剩余资金可以用来店铺的再发展。作为个人卖家，统计员就需要扮演兼会计、统计和库管于一身的角色了，不仅要会统计和分析，还要克服账面暂时没有赢利的失望心理，拥有信心，我们才能坚持把店铺一直经营下去。

（2）商品拍照登录人员

这个职位是网上生意的"核心技术"，很多卖家都是自己在做。在网店达到一定规模后，有成千上万的商品，就需要一个专人来管理在线商品，而这个人又必须和客服人员分开。卖家应该把主要精力放在进货上，至于拍照、描述、登录最好也找个有网页设计基础的人来做。第一可以保证页面制作美观专业，第二可以增加推广力度。任何职位工资都要与业绩挂钩，这个职位的提成也可以用网上拍下的商品数量，或商品的浏览量作为计算的标准。

（3）网店美工

网店美工应具备以下条件。

网络。淘宝美工设计师需要对网络上的相关信息有一定的了解（如做什么样的网站，同行业的网页风格是怎么样的等），做到知己知彼，否则网页设计师的作品就没有可衡量的水准了，设计师应能安排整个页面的布局排版，确定该页面的主题目或栏目内容。

美术。有美术基础，独特的审美观点，能够设计出与众不同的网页，这需要网页设计师对色彩，特别是对色彩的搭配有独到的见解。

工具。干什么活都需要有好的工具。美工常用的软件有 Photoshop、Flash、3ds Max、Fireworks、Dreamweaver 等，对这些软件都会熟练操作，是一个网页美工所必需的。作为一名美工人员，要具备一定的审美能力和美术功底，如果想成为一个优秀的美工师，应该在这两方面有较强的能力。可以说美工设计就是平面设计的一个方面，网页设计完全可以运用平面设计中的审美观点，美工一般都用到了动态效果，这是传统的平面美工不能完全达到的，它是一种审美方式的延伸。因此，平面设计的审美观点在网页美工设计上也非常实用，如果平面设计的一些技巧手法也能在网页上显示出来，就能反映出美工超凡的专业技能。

技巧 249：如何调动员工的积极性

记得有人曾说过这样一段话："你可以买到一个人的时间，可以雇用一个人到指定的工作岗位，可以买到按时或按日计算的技术操作，但你买不到一个人的热情，买不到创造性，买不到全身心的投入，你不得不设法去争取这些更重要的东西。"

其实一个管理者积极争取用金钱所买不到的职工的工作热情和积极性，便是如何更好地调动员工的积极性、主动性和创造性，促进企业全面进步和员工的全面发展的最好诠释。

（1）对员工的认可

当员工完成了某项工作时，最需要得到的是店主对其工作的肯定。店主的认可就是对其工作的最大肯定。认可已成为一个秘密武器。但也要注意认可的时效性。如果用得太多，价值将会减少，如果只在某些特殊场合和少有的成就时使用，价值就会增加。

采用的方法可以是单纯拍拍员工的肩膀给一个眼神的肯定、写张简短的感谢纸条，这类非正式的小小表彰，比公司一年一度召开盛大的模范员工表扬大会，效果可能更好。

（2）对员工真诚赞美

真诚的赞美是认可员工的一种形式。其实，称赞员工并不复杂。如在会议上、午宴上或在办公室里，在轮班结束或轮班前、轮班之中的任何可能之时都可以给予一句话的称赞，就可达成意想不到的激励效果。

当成绩在员工们头脑中还很新奇的时候，表扬员工会起到非常奇特的效果，最有效的做法就是走到下属中间，告诉你的下属："这是一个令人激动的创意！""你做得太棒了"等要抓住任何一个立即传达的赞扬能带来积极影响的机会。

在恰当的时间从恰当的人口中得到一句真诚的赞美，对员工的而言或许比加薪更有意义。

（3）向员工传递激情

杰克·韦尔奇登上了通用电气总裁宝座时说："我很有激情。通过我的激情来感染我的团队，让我的团队也有激情，这才是我真正的激情所在。"

在刚来到通用电气时，在数十个总经理组成的管理团队当中，没有一个是他选拔的。要让这些经理们一下子就接受他的想法，当然是很难。杰克·韦尔奇为了把自己的激情感染给团队，很注重沟通，而在诸多形式中他最爱演讲。他每次出差到分公司，就抽出一个晚上的时间，给分公司所有员工讲个话，讲话内容除了工作专业知识以外，还告诉他们如何看待他们的职业生涯，在职业生涯里应具备什么样的态度，如何让自己越来越优秀，如何提升自信心等。每一次演讲总能让听者热血沸腾，备受鼓舞。

（4）虚心倾听员工的意见

虚心倾听别人的意见，这种做法能够激励员工，并且也表示出店主很在乎员工的意见。一意孤行往往会众叛亲离。而众叛亲离之前，员工就会低迷、消极。所以当员工积极性不高时，一定要讨论消除问题，提高积极性。

（5）进行一对一指导

指导意味着员工的发展，而店主花费的仅仅是时间。但这一花费传递给员工的信息却是你非常在意员工，而对于员工来说，并不在乎上级能教给他多少工作技巧，而在乎你究竟有多关注他。无论何时，重点是肯定的反馈，在公众面前的指导更是如此。在公共场合要认可并鼓励员工，这对附近看得见、听得清所发生的事的其他人来说会起到一个自然的激励作用。

（6）给员工更多的自由空间

不管是人还是机器，工作久了都需要休息。因此，只有在不影响正常工作的情况下，可以适当延长休息时间。这样不但是尊重员工的一种方式，也可以让员工有更好的精力完成工作。

11.2 淘宝客服培养技巧

随着网店数量越来越大，网店的管理营销已不是店主单打独斗能够应付的，许多网店开始寻找专门的网店管理人员，从而催生了一项新的职业——网店客服。

技巧 250：网店掌柜如何培养新手客服

网店客服是网店交易中重要的角色，如何帮助这些职场新兵迅速进入角色，让他们为网店创造更大的价值至关重要。如何培训新员工呢，有以下几点需要注意。

（1）制定标准化制度

样板即根据各项标准要求所做出来的模板，是员工日常工作的参照物。店主可以按各种工作标准做出样子来，每一步流程怎么走，工作中所遵循的规则有哪些。以最直观的方式让客服新手明白什么是正确的，如何去操作。

在标准化的制度下，只要店主依规定执行，不放任，客服们便会自觉地在你为他们划定的圈子内施展所长。

（2）协助带领员工一起做

协同即带领、陪同员工完成各项工作。店主按工作标准做出样板后，要亲自和被培训者按样板要求共同完成各项工作，如何与客户沟通、如何收款、如何发货等。这样一方面使客服人员更理解制度标准中的内容，另一方面可以帮助新手解决初次工作遇到的困难和心理障碍。

（3）工作流程中跟踪指点

观察即通过对其工作的全过程进行观察，以了解客服在工作中的优缺点。经过前两个步骤，被培训者已具备一定的操作技能，这时应该让客服独立完成每一项流程。店长此时也应当站在客服旁边，进行观察记录，对做得不足的地方及时指出来，做得好的地方进行肯定和表扬。

（4）强化记忆，打造凝聚力

强化即按照样板标准坚持做下去，最终形成习惯。强化是一个长期的过程，必须逼迫客服不断坚持去做，而且要根据样板标准做出考核指标，没达到标准的要进行处罚。久而久之，客服养成了谨慎细致的态度。

技巧 251：让客服人员拥有谦和的服务态度

坐在办公室里通过聊天软件与客户沟通，需要有谦和的服务态度，耐心接受客户的询价，这些都是网店客服要做的基本工作。下面来看具体的介绍。

（1）微笑是对买家最好的欢迎

当迎接买家时，哪怕只是一声轻轻的问候，也要送上一个真诚的微笑，虽然说网上与买家交流看不见对方的表情，但言语之间却可以感受到客服的诚意与服务。多用些旺旺表情，并说"欢迎光临！""感谢您的惠顾！"加与不加旺旺表情给人的感受完全是不同的。图 11-1 所示为添加表情与顾客沟通。

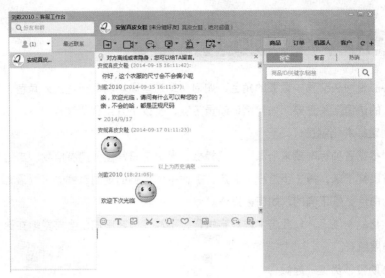

图 11-1

（2）树立买家永远是对的理念

当卖出的商品有问题时，无论是买家的错还是快递公司的问题，都应该及时解决，而不应采用回避、推脱之类的解决方法。

要积极主动与买家沟通。对买家的不满要反应积极，尽量让买家觉得自己是被重视的，尽快处理买家反馈意见，让买家感受到尊重与重视，能补最好尽快再给买家补发货过去。除了与买家之间的金钱交易之外，更应该让买家感觉到购物的乐趣和满足。

（3）礼貌待客，多说谢谢

礼貌待客，让买家真正感受到"上帝"的尊重，买家询问之前先来一句"欢迎光临，请多多关照。"或"欢迎光临，请问有什么可以帮忙吗"。诚心致意，会让人有一种亲切感。

并且可以先培养一下感情，这样买家心理抵抗力就会减弱或者消失。有时买家只是随便到店里看看，客服人员也要诚心地感谢并说声："感谢光临本店。"

（4）坚守诚信

网络购物虽然方便快捷，但唯一的缺陷就是看不到摸不着。买家面对网上商品难免会有疑虑和戒心，所以对买家必须要用一颗诚挚的心，像对朋友一样对待。包括诚实地回答买家的疑问，诚实地告诉买家商品的优缺点，诚实地向买家推荐商品。

（5）要有足够的耐心与热情

常常会遇到一些买家，喜欢打破砂锅问到底。这时客服人员就需要耐心热情地细心回复，给买家信任感，不要表现出不耐烦。即使不买也要说声"欢迎下次光临"。如果服务好这次不成下次有可能还会回来的。

在彼此能够接受的范围可以适当地让一点，如果确实不行也应该婉转地回绝。如说"真的很抱歉，没能让您满意，我会争取努力改进"或者引导买家换个角度来看这件商品让他感觉货有所值，就不会太在意价格了。

也可以建议买家先货比三家。总之要让买家感觉是热情真诚的。

（6）做个专业卖家，给买家准确的推介

不是所有的买家对店铺的产品都是了解和熟悉的。当有的买家对产品不了解时，就需要客服人员熟悉产品专业知识，这样才可以更好地回复买家。

帮助买家找到适合他们的产品，不能买家一问三不知。这样会让买家感觉没有信任感，谁也不会在这样的店里买东西的。

（7）坦诚介绍商品优点与缺点

在介绍商品时切莫夸大其词地介绍自己的商品，介绍与事实不符，最后会失去信用也失去买家。

技巧 252：客服人员必须拥有专业知识

于网上店铺而言，顾客看到的商品都是一个个图片，往往会产生距离感和怀疑感。这时通过和店铺客服人员在网上交流，顾客可以切实感受到商家的服务和态度。因此好的淘宝客服人员非常重要。网店客服都需要具备哪些知识呢？下面来看详细的介绍。

（1）商品专业知识

客服首先需要了解商品知识，应当对商品的种类、材质、尺寸、用途、注意事项等都有所了解，最好还了解一些行业的有关知识、商品的使用方法、修理方法等。

其次是需要了解商品周边知识，商品可能会适合部分人群，但不一定适合所有的人。如衣服，不同的年龄、生活习惯以及不同的需要，适合于不同的衣服款式；又如，有些玩具不适合太小的婴儿。这些情况都需要客服人员有基本的了解。

（2）网站交易规则

客服首先应该了解淘宝网交易规则，把自己放在一个买家的角度来了解交易规则，以便更好地把握自己的交易尺度。有的顾客可能第一次在淘宝网上交易，不知道该如何操作，这时客服除了要指点顾客去查看淘宝的交易规则，在细节上还需要一点点指导顾客如何操作。

此外，客服人员还要学会查看交易详情，了解如何付款、修改价格、关闭交易、申请退款等。

最后支付宝的流程和规则也是需要了解的，只有了解支付宝交易的原则和时间规则，才可以指导顾客通过支付宝完成交易、查看支付宝交易的状况、更改现在的交易状况等。

（3）付款知识

现在网上交易一般通过支付宝和银行完成付款。银行付款一般建议同行转账，可以网上银行付款、柜台汇款，同城可以通过 ATM 机完成汇款。

客服应该建议顾客尽量采用支付宝方式完成交易，如果顾客因为各种原因拒绝使用支付宝，需要判断顾客确实是不方便还是有其他的考虑，如果顾客有其他的考虑，应该尽可能打消他的顾虑，促成使用支付宝完成交易。

（4）物流知识

物流知识也是客服必备的素养之一。

了解不同物流方式的价格：如何计价、价格的还价余地等。

了解不同物流方式的速度。

了解不同物流方式的联系方式，在手边准备一份各个物流公司的电话，同时了解如何查询各个物流方式的网点情况。

了解不同物流方式应如何办理查询。

了解不同物流方式的包裹撤回、地址更改、状态查询、保价、问题件退回、代收货款、索赔的处理等。

技巧253：如何让客服人员掌握良好的沟通技巧

沟通与交流是一种社会行为，是每时每刻发生在人们生活和工作中的事情。客户服务是一种技巧性较强的工作，作为网店的客服人员，更是需要掌握和不断完善与客户沟通的技巧。

那么如何让客服人员掌握良好的沟通技巧呢？下面来看详细的介绍。

（1）使用礼貌有活力的沟通语言

态度是个非常有力的武器，当客服人员真诚地把买家的利益放在心上时，买家自然会以积极的购买决定来回应。而良好的沟通能力是非常重要的，沟通过程中客服人员怎样回答是很关键的。

让我们看下面小细节的例子，来感受一下不同说法的效果。

"您"和"亲"比较，前者正规客气，后者比较亲切。

"不行"和"真的不好意思哦"；"恩"和"好的没问题"，都是前者生硬，后者比较有人情味。

"不接受见面交易"和"不好意思我平时很忙，可能没有时间和你见面交易，请你理解"相信大家都会以为后一种语气更能让人接受。

（2）遇到问题多检讨自己少责怪对方

遇到问题的时候，先想想自己有什么做得不到的地方，诚恳地向买家检讨自己的不足，不要上来先指责买家。如有些内容明明写了，可是买家没有看到，这时不要光指责买家不好好看商品说明，而是应该反省有没有及时提醒买家。

（3）多换位思考有利于理解买家的意愿

当遇到不理解买家想法的时候，不妨多问问买家是怎么想的，然后把自己放在买家的角度去体会他的心境。

（4）少用"我"字，多用"您"

要从内心深处尊重客户。多用"您"，多写短句，多按回车键，别让客户久等。少用"我"字，让买家感觉我们在全心地为他考虑问题。

（5）经常对买家表示感谢

当买家及时地完成付款，或者很痛快地达成交易，客服人员都应该衷心地对买家表示感谢，谢谢他为我们节约了时间，谢谢他给我们一个愉快的交易过程。

（6）坚持自己的原则

在销售过程中，会经常遇到讨价还价的买家，这时应当坚持自己的原则。如果作为商家在定制价格的时候已经决定不再议价，那么就应该向要求议价的买家明确表示这个原则。

（7）保持相同的谈话方式

对于不同的买家，应该尽量用和他们相同的谈话方式来交谈。如果对方是个年轻的妈妈给孩子选商品，应该表现站在母亲的立场，考虑孩子的需要，用比较成熟的语气来表述，这样更能得到买家的信赖。如果客服人员自己表现得像个孩子，买家会对推荐表示怀疑。

11.3 完善网店售后服务工作

为了让自己的网店生意更好，除了提供好的商品以外，还需要向买家提供良好的售后服务。只有体贴周到的服务，才能让用户倍感亲切，真正体会到买家是上帝的购物环境。

技巧 254：如何提供售后服务

一个完整的销售过程，应包括售前、售中、售后 3 部分，售后服务是整个商品销售过程的重点之一。好的售后服务会带给买家非常好的购物体验，增加顾客的信任感，使这些买家成为你的忠实用户。

卖家应该建立一种"永远真诚为顾客服务"的观念，重视和把握与买家交流的每一次机会，因为每一次交流都是一次难得的建立感情、增进了解、增强信任的机会，做好售后服务可以从以下几方面着手。

- 服务应该贯穿购物全程。

服务应该贯穿购物全程，让顾客在发现你的店铺那一刻起，就感受到你的服务。

- 成交结束后与买家及时联系。

交易达成后卖家要及时主动与买家联系，掌握顾客的反馈意见。

- 交易结束如实评价。

评价是买卖双方对一笔交易最终的看法，对买家和卖家来说都是比较重要的，评价涉及双方的信用度问题，一定要真实。买家对卖家好的评价可以影响其他顾客的购买决定。

- 不可忽视"三包"问题。

网上开店与实体店不一样，三包服务实现起来确实有些困难，但这不能成为卖家推托责任的借口。要想网店得以生存、得到发展，包修、包换、包退这三包服务不但要做好，还要尽量做到完善。

- 建立详细的顾客档案。
- 重视对老顾客的维护。

技巧255：理智地处理中差评

在网店经营中，难免碰到一些急躁的顾客，在卖家还没有做出反映之前就给了个差评。作为卖家，莫名其妙得到一个差评，不仅扣分还会觉得冤屈。

在看到有差评时，要心平气和地看看是什么原因造成的。一般差评有如下几种情况。

- 相对比较心急的买家抱怨物流速度慢。
- 由于特殊原因卖家回复过慢，买家认为服务态度差，售后服务没能达到买家的意愿。
- 对商品的一些主观判断，如买家觉得颜色、大小和外观等与描述不符，而对商品提出一些异议。

如果卖家又在第一时间拿出处理问题的方案，大多数买家就都会用商量的口吻来讨论。如果是卖家的过错，要想办法去弥补，即使是运输过程出了问题，也不要让买家去完全承担。但是往往就是有些人抓住卖家这种心理，利用差评要挟，特别是新手卖家，一定要注意。如果遇到以差评要挟的，一定要找到有力证据，与这样的买家斗争到底，坚决维护自己的利益。

买家中有没有贪小便宜的人呢？当然会有，但一定是极少数。聪明的卖家在遇到差评的时候，首先想到的是，第一，买家的意见里有没有值得自己改进的地方？如果有，早改比晚改好；第二，能不能用这样的机会，向潜在的买家表明自己对待错误的态度和出色的售后服务管理制度。这样做，就会扩大店铺的关注度。

一般情况下买家都是很好的。尽量和买家沟通好，如果认为买家提出的问题可以通过换货解决，那就尽量换货。如果买家提出的要求，换货也解决不了，那就退货。

还有一种情况就是遇到职业差评师，一旦遇到这种人，最好的办法就是直接向淘宝官方提出维权投诉申请，相信淘宝小二的火眼金睛，一定会将他们"绳之以法"的，千万不要向差评师低头。

最后如果还是各种情况导致交易后买家给予了中差评，并且无法得到有效解决后，我们也就失去了让买家修改评价的能力，一些卖家在得到中差评后，往往会担心生意受到影响而丧失对网店的经营激情。

其实网上交易如同我们现实中的交易一样，根据购买群体的不同，每个人的审视角度也是不一样的，一件商品往往有人喜欢而有人不喜欢。

随着网店中的交易次数越来越多，不可避免地会出现一次或几次中差评，这是非常正常的情况，而且目前网上买家也越来越理性，在查看卖家信用时，也会对存在的中差评进行分析的，而不是盲目地看到差评就离开，只要店铺中的中差评能够被买家所接受，那么并不会影响买家的购买意向。

这里广大卖家还需要考虑到好评率带来的影响，当我们获得中差评后，最好的补救方法，就是分析其原因所在，为后来的买家提供更好的服务，通过获得更多好评的方式来弥补中差评所带来的影响，如100次交易中获得一个差评，那么好评率为99%，如果后面继续了900次交易并全部获得好评，那么好评率就是99.9%，这个时候一个差评对网店生意的影响就微乎其微了。

 小二开店经验分享——查看卖家信用率的小方法

将鼠标移动到店铺左上方的旺旺图标处即可自动打开动态评分板块以供查看。卖家好评率最好控制在99%以上，太低的话搜索会被降权，影响自己的店铺流量。

技巧256：引导买家修改评价

在淘宝网中，如果买家给予了差评，那么卖家可以分析买家给差评的原因并与买家协商解决，当交易得到良好的解决后（如退换货）并被买家满意后，就可以引导买家将差评修改为好评，具体操作方法如下。

第1步 ❶ 单击"我的淘宝"列表中"已买到的宝贝"选项，如图11-2所示。
第2步 ❷ 在左侧页面下，单击"评价管理"选项，如图11-3所示。

图 11-2　　　　　　　　　　　　　　图 11-3

第3步 进入"评价管理"页面后，❸ 单击"给他人的评价"选项，如图11-4所示。
第4步 ❹ 单击"改为好评"链接，如果想要删除评价，也可以直接单击"删除评价"选项，如图11-5所示。

图 11-4　　　　　　　　　　　　　　图 11-5

第5步 单击"修改评价"后，会看到如下的页面，❺ 可以在"评论"里输入评语，也可以不输入，❻ 单击"确认修改"按钮，如图11-6所示。

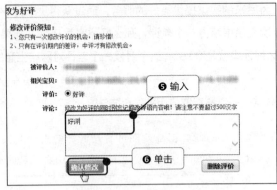

图 11-6

技巧 257：理性回应买家的投诉与抱怨

当淘宝店铺的信用和规模达到了一定程度之后，交易量会大大增加，买家的投诉必然也会增加。不管是钻石卖家，还是皇冠卖家，没有不处理投诉的。

在回应买家投诉与抱怨过程中，态度是非常关键的，下面来看详细介绍。

（1）态度好一点

买家抱怨或投诉的原因一般是对产品及服务不满意。从心理上来说，他们会觉得卖家亏待了他们。因此，如果在处理过程中态度不友好，会让买家的情绪很差，会恶化与买家之间的关系。反之，如果卖家态度诚恳，礼貌热情，会降低买家的抵触心理。

（2）换位思考

理解是化解矛盾的良药，店主一定要学会换位思考，站在买家的角度看待问题。不管问题出在什么地方，首先要真诚地向买家道歉，不要试图去压制买家的火气，也不要指责买家，要尊重他并让他发泄。买家往往会在平静下来后觉得对不起你，甚至会向你道歉，这个时候难道还会有什么问题不好解决吗？当一个人被放到文明的环境中，他也会用文明的方式解决问题。相反，如果他受到了不公正的待遇，他的行为甚至有可能是偏激的。

（3）认真聆听

买家投诉的时候，肯定会有很多怨气。处理投诉，首先要处理的是买家的心情，认真地倾听会让买家心情平静下来，也会让你了解买家的真正意图。要耐心地倾听买家的抱怨，不要轻易打断买家的叙述，不要批评买家的不足，应该让他们尽情宣泄心中的不满。你只需要闭口不言、仔细聆听。当然，不要让买家觉得你在敷衍他。耐心地听完了买家的倾诉与抱怨，买家得到了发泄的满足之后，就能够比较自然地倾听卖家的解释和道歉了。

通过他的报怨了解他所认为的真正问题是什么，他这次投诉真正要达到的目的是什么。这既是对买家的安慰，也有助于自己了解真相，解决问题。

（4）不可推卸责任

接到买家投诉时，不管是何种原因引起的投诉，首先要向买家真诚道歉，承认自己的不足，然后双方再进行交流投诉产生的原因。此时切不可推卸责任，把一切过错都推到买家身上，在你把责任推出去的时候，一定会连买家也一块推出去了。

（5）及时表达歉意

即使卖家没有错，或只是一个误会，也不妨礼貌地给买家道个歉。道歉并不意味着做错了什么，重要的是它向买家表达了卖家的态度。尽量用委婉的语言与买家沟通，即使是买家存在不合理的地方，也不要过于冲动，否则，只会使买家失望并很快离去。

（6）询问买家意愿

店主不要试图以自己的意愿来解决问题，也不要把以前解决同类投诉的经验照搬过来。每个买家希望的解决方案都是不一样的，有时买家也许只想听到真诚的道歉和改进工作的保证，而不是经济方面的补偿，询问清楚买家的意愿，才能真正做到让买家满意。

（7）提出完善的解决方案

买家的所有投诉、抱怨，归根到底，是要求解决问题。因此，买家抱怨或投诉之后，往往会希望得到补偿。这种补偿有可能是物质上如更换产品、退货，或赠送产品等，也可能是精神上的，如道歉等。有时是物质及精神补偿同时进行，多一点的补偿，让买家得到额外的收获，他们会理解卖家的诚意而下次再来的。

（8）双方谈判

谈判时一定要向买家展示自己的诚意和信心。对买家提出的不现实的解决方案，要先君子后小人，因为让买家满意并不代表着要一味退让，全盘接受买家的方案。谈判的结果应该是双方在理智的范围内达成一致。

（9）信守承诺

谈判方案达成后，落实工作一定要及时到位，包括赔偿。越早处理，买家的满意程度就越高，处理投诉和抱怨的动作要快。

- 第一可以让买家感觉到尊重。
- 第二表示卖家解决问题的诚意。
- 第三可以及时防止买家的负面宣传造成更大的伤害。

一般接到买家的投诉或抱怨信息，应立即向买家了解具体情况，想好处理方案，最好当天给买家答复。如果迟迟不肯落实，会加重买家的不满情绪，引发新的投诉。

（10）跟踪结果

问题解决后的一定时间内对买家进行回访，了解买家对解决方案的满意程度。这样才可以增加买家对你的信任度，使之成为你的忠实买家。

 小二开店经验分享——关于顾客投诉

顾客投诉对卖家而言并不完全是一件坏事，卖家可以此为方向，改进产品、加强管理，并进一步完善售后服务。因此卖家应以谦卑、宽容、求进的态度，坦然接受顾客的一切善意投诉。

技巧258：避免和买家发生争吵

在交易过程中，或许会遇到一些蛮不讲理的买家，他们凡是喜欢与人争论，即便他们所提出的问题根本没有任何意义，也希望在气势上压倒对方。但是此时，卖家千万不要与买家争辩，不要错误地以为在这场战争中取得了胜利，买家就会购买店铺的商品。当卖家控制不住情绪与买家发生争论时，往往意味着他对整个局面已经失去了有效控制，这样的结果必定指向失败。

下面是一个与顾客发生争执的典型例子，结果根本无法进行交易。

卖家："您好，我想同你商量有关您昨天预定的那张矫正床的事，您认为那张床还有什么问题吗？"

顾客："我觉得你们这床太硬了。"

卖家："请问，您是觉得这床太硬了吗？"

顾客："是啊，虽然我不要求有弹簧垫，但是实在是太硬了"

卖家："不好意思，我还没弄明白，您不是原来跟我讲您的背部目前需要有东西支撑吗？"

顾客："对，不过我担心如果床太硬，对我所造成的危害不亚于软床。"

卖家："可是您开始不是认为这床很适合您吗？怎么过了一天就不适合呢？"

顾客："我就是不太喜欢，就觉得从各方面都不适合。"

卖家："可是您的情况很需要这种床配合治疗。"

顾客："我有治疗医师，这你不用操心。"

卖家："您怎么能这样，说好的要买的，现在又变卦，怎么可以这样不讲信用呢？"

以上案例中的卖家与顾客发生争执时，用各种理由进行辩解，他可能在争论上取胜了，但也彻底失去了这位买家。

作为卖家应该理解买家有不同的见解与认识，要允许买家表达出来。而且还要特别注意，绝不能出口伤人、恶语相向，对自己的言行要谨慎。要勇于说"对不起"，因为每个人都有可能犯错。但犯错时，要勇于承认错误。而说"对不起"，不是代表真的犯了什么弥天大错，而是一味软化剂，使事情得以缓解。

技巧259：有效预防中差评的技巧

卖家视评价如生命，但往往事与愿违，因为卖家做生意时间久了，和不同的人打交道，很多方面的原因可能会得到客户的中评或者差评。

买家给卖家中差评的原因很多，把握好商品的质量，不断提高服务水平，努力做好以下几个方面，就可以最大限度地消除中差评。

（1）严把商品质量关

"以质量求生存"不是一句口号，而是关系卖家在网上能否长期生存和发展的关键。网上竞争是非常激烈的，但任何时候卖家的商品质量都不能太次，否则很难在网上立足。这就要求卖家在进货的时候一定要把好关。在进货时宁愿价格高点，也要选质量好的。在做宝贝描述的时候，切不可急于卖出宝贝而夸大对宝贝的宣传，从而酿成恶果。在发货的时候再检查一下，保证发给买家的是一个非常完美的高质量的商品。

（2）关于色差问题

现在有很多卖家，往往喜欢利用杂志、网站或者厂家提供的模特图片，而不去拍实物图，造成图片失真，以致买家收到货后，给出"照片是天使实物是垃圾"之类的差评。买家在网上买东西，是看不到实物的，图片就是买家判断商品优劣的重要依据，所以一定要是实物图，并且实物图要和商品尽量接近，商品描述要全面客观。那么给差评的机会就会很少。

（3）商品包装要仔细完好

商品卖出以后，首先要包装好，一个认真仔细的包装会让买家在拿到货后有一个良好的印象。有的时候好的包装可以避免很多退换货的环节，还会为卖家的评价增光添彩。

（4）良好的售后服务

不要认为商品发出去了，就万事大吉了。如果快递发出去了好几天，买家都没来确认。这种情况下，可能有两种原因。第一是买家还没有收到东西，第二是买家收到了还没有来得及确认。如果是第一种，应该根据快递发货时间推算，如果到了时间买家还没来确认，这时就应该联系买家确认是否收到货了。这么做不是为了让买家快点来确认，而是看看发出去的东西是不是有问题，买家是否真的收到，这样对于自己来说可以做到心里有数。即使收到了不确认，但至少也知道这个商品是否快递到了，对于买家来说，也会让他们觉得售后服务做得很好，他是被重视的。

（5）对待买家要热情

卖家有的时候会遇到一个人接待几个买家甚至十几个买家同时咨询的情况，感觉忙不过来，这个时候要说明情况，不要不回复或者很晚才回复买家，让买家等很久，这都是不礼貌的，是对买家的不尊重，要从增加人员等方面解决这个问题。

（6）勇于面对评价

如果收到了买家的中评或差评，也不要生气，不要去埋怨买家怎么这样。要先看看自己哪里做得不好了，才产生这样的评价。主动和买家进行沟通协调，不要推卸责任，如果真的是自己的过失造成的，要勇于承担责任，并真诚地道歉。即使遇到中评或者差评，也是可以取消的，这就要看怎么和买家进行沟通了，如果不是特别大的问题，真诚的道歉，相信买家也会被你的真诚打动的，也许这个评价就可以取消呢。

（7）分析买家类别，区别对待

预防中差评的最好办法，就是不把产品卖给那些喜欢给人中差评的买家。卖家的好评离不开买家，因此，在交易前最好查看一下买家的信用度，买家对别人的评价以及别人对买家的评价。再综合各类买家的不同特点来区分对待。

此外，在发货的时候送给客户一个小礼物，给客户一个意外的惊喜，往往会收到客户的"手下留情"，毕竟人非草木，买家往往也会宽容卖家的不足之处。

技巧260：重视对老买家的维护

卖家一定不要认为老买家已经是熟客，已经认同自己的网店并且有了成交的历史，不再有流失的危险，所以把精力都用在开拓新买家上面。开拓新买家固然很重要，但是如果因此而丢掉了老买家，那就得不偿失了。

据调查，网店80%的业绩都是由老买家创造的。因此失去老买家，也就失去了利润的最主要来源，并且留住现有买家，比盲目去开发新买家更能节省大量成本。所以，一定要重视对老买家的维护，一旦老买家选择离开，再想让他回心转意，就要花费相当大的力气。

培养一个新客户难，但是做好老客户的关怀工作很容易，老客户感觉卖家人好，而且东西也不错，他肯定愿意到你店铺来，所以店铺服务一定要给买家留下深刻的印象，那么下次再买东西时还会想起你的店铺。所以可以通过以下方式进行维护。

- 定时发送一些关怀信息给自己的客户，提醒他们一些生活上的注意事项或者节假日进行问候。
- 定时推荐合适的宝贝给买家。
- 及时回复消息，做到有问必答。

技巧261：建立淘宝客户档案

每次成交之后，一定要做好记录，把买家的联系方式、发货地址、收款发货的日期、发货的包裹号、自己当时的承诺等，都一一记录在案，这样既方便买家询问时的查询，也便于老买家下次购物时直接按照地址发货。

卖家还可以把买家的职业、年龄、性别等都记录下来，据此综合分析买家情况，总结出有针对性的各种营销策略。

客户是店家的重要资产，信息就是力量。如何加强组织以提高利润？资料库营销是运用储存的有关网店与买家关系的所有信息来辅助个性化沟通，以创造销售业绩的一种营销方式，资料库让店家"看得见"买家与潜在买家，为营销成功增添了胜数。

客户档案的建立和管理也有规律可循，首先应该按买家的个性、喜好及消费能力分级分类。如果想让客户资料发挥更大的功能，最好加以分类，哪些是你的"忠诚买家"？哪些是顺便上门消费的？哪些人是心血来潮偶尔来一次的？然后根据每类买家的具体情况确定优惠政策和章程，包括如何成为会员，会员如何升级，有什么样的奖惩制度，对老买家有哪些优惠服务，以及定期组织促销活动等。

技巧 262：设置店铺会员制度

会员制度的建立对于网店来说是非常有必要的，能够帮助卖家更好地牵制住买家，为防止买家流失做出有效的预防。店铺 VIP 会员主要针对在自己店铺购物的买家，在购买时给予一定优惠。会员制度出台前卖家要仔细衡量，抓住买家的同时也要考虑经济上的收益。

会员档次分得越多越细，买家得到优惠的幅度就会越大。要吸引回头客的同时，也是激励买家网购的方法。会员细则的说明简单为好，毕竟买家的时间有限，过于复杂买家会因为搞不明白而横生误会。下面来看店铺 VIP 打折的具体设置。

第1步 进入"卖家中心"，找到"营销中心"这栏，❶单击"会员关系管理"按钮，如图 11-7 所示。

第2步 ❷第一次进入要先订购才能使用，单击"立即开通"按钮，如图 11-8 所示。

图 11-7

图 11-8

第3步 在订购页面，❸选择服务版本与周期；❹单击"立即订购"按钮，如图 11-9 所示。

第4步 订购成功后，❺单击"会员关系管理"链接，进入"会员关系管理"页面，如图 11-10 所示。

图 11-9

图 11-10

第5步 进入"客户关系管理"页面后，❻单击"创建打折活动"按钮，进行商品优惠设置，如图 11-11 所示。

图 11-11

第6步 在"新建活动"页面，❼选中"店铺 VIP 客户"单选按钮；❽单击"下一步"按钮，如图 11-12 所示。

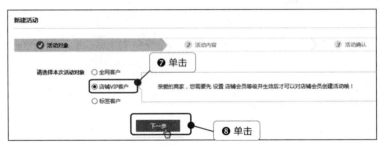

图 11-12

第7步 根据活动内容，按照指示进行设置即可完成。

技巧 263：定期推荐商品给老顾客

在买家交易完成后，会对商品进行客观的评价，经常会写到收到的宝贝有哪些地方不合适，有什么地方非常满意。店主就要抓住机会，定时向老顾客推荐较合适他们的商品，投其所好，如图 11-13 所示。

图 11-13

在为买家服务的时候,卖家一定要细心,买家提供的信息,一定要主动询问,为买家提供最合适、最贴心的商品才是卖家获得买家信任的途径。

11.4 常见买家退换货的处理技巧

很多卖家在出售商品过程中,都遇到过有买家在收货以后,因为各种原因而提出退货的要求。这里列举几种常见的处理退换货的技巧。

技巧 264:处理因个人喜好而引发的退货

喜好问题通常存在很大的主观色彩,很难用一定的规则来界定。但是无论是什么原因,事先和买家朋友们积极沟通都是非常重要的,尽可能达到全面的互相理解,不至于出现误解而导致的退货问题。

一般情况下在商品描述页面我们都需要注明,如果由于个人喜好问题,比如觉得这件衣服不好而不是质量等原因要求退货的,一概不予接受。否者这样做生意只有亏本,毕竟网店的商品价格利润并不是很大,而且店主也不可能花过多的精力来处理这些问题。

技巧 265:处理因实物照片而引起的退货问题

一般商品图片都会通过后期处理起到美化的效果,这的确能让自己的宝贝看上去清新靓丽,比较起来更能吸引买家的眼球。但同时也要考虑到,过度的处理,必然会引起照片与实物相差较大,如图 11-14 所示。

图 11-14

在这种情况下当买家拿到货物以后,会认为受到欺骗而要求退货,甚至会给卖家差评,往往得不偿失。因此在处理商品效果时,要注意把握一个尺度,不能将商品原来的面貌都掩盖掉了。此外,也要尽量避免使用网络上的照片,避免不必要的矛盾。

技巧 266：处理因规格尺寸而引发的退货

所谓规格也就是俗称的大小和尺寸问题，尤其像出售衣服、鞋子等商品时，常常会遇到买家收到货物后抱怨尺寸有偏差，长短有出入等情况，如果买家因为此类问题要求退货，也在情理之中。

因此，为避免此类问题，一定要在商品介绍中详细标注出相关的尺寸大小，如图 11-15 所示。

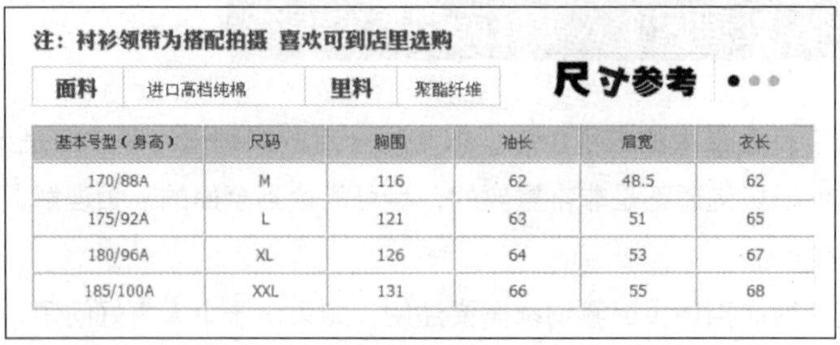
注：衬衫领带为搭配拍摄 喜欢可到店里选购

面料	进口高档纯棉	里料	聚酯纤维

尺寸参考

基本号型（身高）	尺码	胸围	袖长	肩宽	衣长
170/88A	M	116	62	48.5	62
175/92A	L	121	63	51	65
180/96A	XL	126	64	53	67
185/100A	XXL	131	66	55	68

图 11-15

> **小二开店经验分享——服装类产品尺寸介绍小技巧**
>
> 对于服饰类商品而言，诸如衣长是多少，其中是否包括领口长度，胸围及腰围又是多少，帽子是否可脱卸等参数，最好都能明示出来。这样可以在买家要求退货时进行协调，并且由买家自己支付来回运费。

技巧 267：处理因商品质量而引发的退货

质量出现问题，对于店主们来说就是“硬伤”，无话可说当然都是无条件退货。不仅如此，由于质量问题还给买家制造了来回运输货物的麻烦，可能还会导致卖家赔偿。

所以，在实际经营过程中，一定要严格把好商品质量关，不能厚此薄彼。但是有时也可能是因为运输途中造成了损坏，那么在销售这类比较“脆弱”的商品时，一定要在商品资料里详细写清楚，注明有可能的情况，防患于未然。

本章小结

本章详细介绍了如何做好店铺的团队管理、售后服务工作，先带领读者建立自己强大的团队以及如何调动员工的积极性，然后介绍了如何做好店铺的售后服务，进而提供了店铺常见的几种处理退换货的技巧。学习本章后可以全面系统地了解到如何打造淘宝店铺的服务技巧。

安全第一，保障网店安全的技巧

本章导读

网上开店，不管卖家的生意好坏，都会在网上进行交易，必然会涉及资金的交易，尤其是经营状况良好店铺，在网上交易的金额也会很大。因此在网上交易过程中，广大卖家必须掌握电脑安全及网店安全等方面的一些技巧。

知识要点

通过本章内容的学习，读者能够学习到如何进行网店安全的维护，学完后需要掌握的相关技能知识如下。

- 电脑安全设置技巧
- 网银安全保障技巧
- 提升网店账号技巧
- 淘宝网店安全保障技巧

保护账户安全
- 为您打造安全的账户
- 账户资金异动通知
- 账户安全必备攻略
- 隐私保护策略

保护网络交易安全
- "担保交易"让您安心购物
- 联手打击钓鱼网站
- 网购交流工具选择
- 风险管理和实时监控

自我保护从头学起
- 支付宝里放余额安全吗？
- 网上支付安全吗？
- 支付宝账户安全吗？
- 支付宝有哪些安全产品套餐？

12.1 电脑安全设置技巧

如今越来越多的人在网上开店,但也有人持观望态度,其中一个重要的因素就是安全问题,很多人担心银行账号、密码被盗。在网上开店,一定使用个人电脑,安装防病毒软件,并且保持病毒库最新,为电脑设置开机密码等,这些都是保障电脑安全的相关措施。下面就来介绍几种常见的电脑安全设置技巧。

技巧268:使用360安全卫士保护电脑

360安全卫士是国内受欢迎的免费安全软件之一。它拥有查杀流行木马、清理恶评及系统插件,管理应用软件、系统实时保护以及修复系统漏洞等数个安全功能。下面就使用360安全卫士保护电脑,具体的操作见如下介绍。

1. 电脑体检

360安全卫士是一款免费的防火墙工具,我们可以通过网络下载安装文件,然后在电脑中安装运行。而360安全卫士最为强大的功能,就是可以轻松检测当前电脑运行的好不好,是否安全,下面来看相关的介绍。

第1步 下载安装360安全卫士,然后运行程序打开"360安全卫士"界面,❶单击界面上方的"立即体检"按钮,如图12-1所示。

第2步 此时软件会自动开始进行系统检测,如图12-2所示。

图 12-1

图 12-2

第3步　检测完成后，下方将显示当前的检测项目，❷ 单击"一键修复"按钮，如图 12-3 所示。

第4步　此时，360 安全卫士软件会自动开始进行系统的修复工作，如图 12-4 所示。

图 12-3　　　　　　　　　　　　图 12-4

第5步　弹出"电脑体检"提示框，提示有可以禁止的启动项（如果没有就不会弹出），❸ 勾选需禁止的启动项复选框；❹ 单击"确认优化"按钮，如图 12-5 所示。

第6步　稍后，弹出提示框，❺ 单击"是"按钮，重启电脑完成整个修复，如图 12-6 所示。

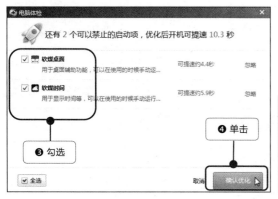
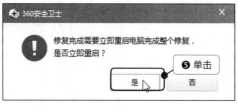

图 12-5　　　　　　　　　　　　图 12-6

2. 木马查杀

木马是指通过网络传播的一些恶意程序，当入侵电脑时，会导致文件的损坏与丢失。因此办公用户需要定期扫描电脑是否感染木马。使用"360 安全卫士"查杀电脑中的木马，具体操作方法如下。

第1步　❶ 单击"360 安全卫士"首页上方的"木马查杀"图标；❷ 单击"全盘扫描"按钮，如图 12-7 所示。

第2步　此时，360 安全卫士开始扫描电脑所有文件是否存在木马，如图 12-8 所示。

图 12-7　　　　　　　　　　　　图 12-8

第3步　扫描完成后，发现有安全威胁，❸单击"立即处理"按钮，如图12-9所示。

第4步　开始对各项威胁逐一处理，如图12-10所示。

图 12-9　　　　　　　　　　　　图 12-10

第5步　弹出提示对话框，❹单击"好的，立刻重启"按钮，完成处理，如图12-11所示。

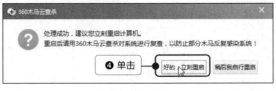

图 12-11

3. 修复系统漏洞

网络中很多木马或者黑客程序，都是通过系统漏洞对电脑进行攻击的，使用360安全卫士，可以更加方便地对系统存在的漏洞进行扫描并修复，其具体操作方法如下。

第1步　❶在360安全卫士主界面中单击"修复漏洞"图标；❷打开漏洞修复窗口后，程序会自动对系统中存在的漏洞进行扫描，如图12-2所示。

第2步　完成后会显示当前漏洞信息，勾选后单击右侧的"立即修复"按钮进行修复。❸如无漏洞只需单击"返回"链接即可，如图12-13所示。

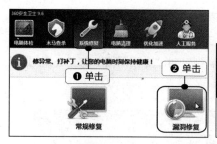

图 12-12

图 12-13

技巧 269：启用 Windows 防火墙

Windows 防火墙是 Windows 系统中内置的防火墙程序，用于控制系统中的程序对网络的访问，有效防止恶意程序通过网络入侵系统，从而确保电脑数据与信息的安全。

开启 Windows 防火墙，保护电脑系统，具体操作方法如下。

第 1 步 ❶ 单击"开始"按钮；❷ 选择"控制面板"命令，如图 12-14 所示。

第 2 步 ❸ 打开"控制面板"窗口，单击"系统和安全"选项，如图 12-15 所示。

图 12-14

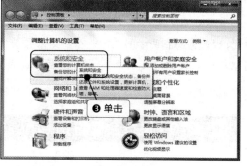

图 12-15

第 3 步 在打开"所有控制面板项"窗口中，❹ 单击"Windows 防火墙"选项，如图 12-16 所示。

第 4 步 ❺ 单击左侧窗格中的"打开或关闭 Windows 防火墙"链接，如图 12-17 所示。

图 12-16

图 12-17

第 5 步 进入"自定义设置"界面，❻ 分别在"家庭或工作"与"公用网络位置设置"区域中选中"启用 Windows 防火墙"单选按钮，❼ 单击"确定"按钮，如图 12-18 所示。

第 6 步 返回"Windows 防火墙"窗口后，即可看到针对"专用网络"与"公用网络"的防火墙已经全部开启，如图 12-19 所示。

图 12-18

图 12-19

 小二开店经验分享——防火墙出现冲突该怎么办

如果在系统安装了带有防火墙功能的安全软件，可能与 Windows 系统自带的防火墙冲突，因此需要在两者间关闭一个。如果要关闭 Windows 防火墙，只需单击上图中的"关闭 Windows 防火墙（不推荐）"单选按钮，再单击"确定"按钮即可。

技巧 270：进行合理的 Internet 安全设置

对于淘宝卖家而言，Internet 安全设置可以调整访问 Internet 时的安全级别，因此我们应该根据自己的实际使用情况来进行调整。下面就来看看如何进行 Internet 安全设置。

第 1 步 按 Alt 键，打开菜单栏，❶ 单击打开"工具"菜单，❷ 单击"Internet 选项"命令，如图 12-20 所示。

第 2 步 弹出"Internet 选项"对话框，❸ 切换到"安全"选项卡；❹ 拖动"安全级别"滑块至"高"处；❺ 单击"默认级别"按钮；❻ 单击"确定"按钮应用设置，如图 12-21 所示。

 小二开店经验分享——设置安全级别的注意事项

默认情况下 Internet 的级别为"中"，如果设置成高之后，浏览的安全性能够得到保障，但是有可能出现无法下载文件、网上银行不能正常使用等情况，此时可以通过单击右下方的"自定义级别"按钮，来单独调整一些选项，如下载等。这样就可以兼顾安全和使用正常了。

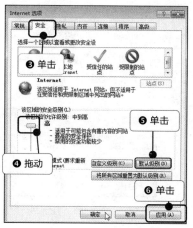

图 12-20　　　　　　　　　　　图 12-21

技巧 271：定期清理临时文件

Windows 为了提供更好的性能，往往会采用建立临时文件的方式加速数据的存取。随着使用时间的增长，系统的临时文件会越来越多，影响运行速度。临时文件又是很多病毒隐藏的地方，定期清理临时文件，不仅可以清理垃圾文件和潜在的病毒，还可以使电脑运行速度保持在比较高的水平上。清理临时文件的具体操作步骤如下。

第 1 步　进入我的电脑，❶ 单击选择硬盘"C 盘"；❷ 选择"属性"命令，如图 12-22 所示。

第 2 步　弹出属性命令对话框，❸ 单击"磁盘清理"按钮，如图 12-23 所示。

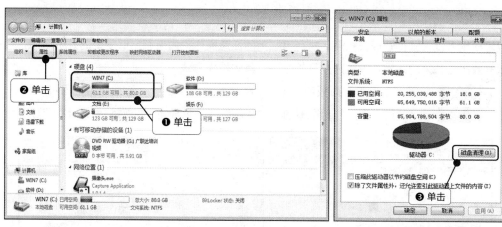

图 12-22　　　　　　　　　　　图 12-23

第 3 步　弹出"磁盘清理"对话框，系统会自动显示扫描这个盘的垃圾文件，如图 12-24 所示。

第 4 步　即可看到这个扫描垃圾文件的详细信息，❹ 勾选要删除的文件；❺ 单击"确定"按钮，即会显示磁盘清理提示，如图 12-25 所示。

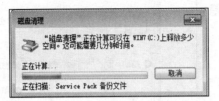

图 12-24　　　　　　　　　图 12-25

第5步 弹出"磁盘清理"对话框，❻ 单击"删除文件"按钮，如图 12-26 所示。

第6步 显示"磁盘清理"对话框，此时系统正在自动清理计算机上不需要的文件，清理完会自动关闭，如图 12-27 所示。

图 12-26　　　　　　　　　图 12-27

技巧 272：设置电脑开机密码

一台上网的电脑如果不设开机密码，就等于敞开了大门，黑客用一些 IP 扫描工具，可以轻松地入侵，获得管理员权限，执行电脑上的任意操作，如果有足够复杂的开机密码，可以有效阻止外来的入侵。设置账户开机密码，具体操作方法如下。

第1步 打开"所有控制面板项"窗口，❶ 单击"用户账户"选项，如图 12-28 所示。

第2步 进入"用户账户"界面，❷ 单击"为您的账户创建密码"链接，如图 12-29 所示。

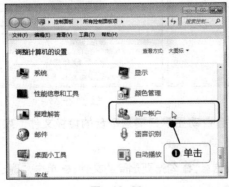

图 12-28　　　　　　　　　图 12-29

第3步 ❸为当前账户创建密码及密码提示；❹单击"创建密码"按钮，如图12-30所示。

第4步 此时，即可为账户添加密码保护，如图12-31所示。

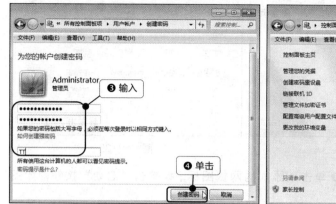

图 12-30

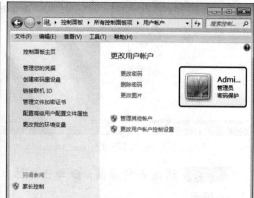

图 12-31

> 小二开店经验分享——更改账户密码
>
> 　　如果发现密码被其他人知道了或者先前的密码不方便记忆，这时可以更改密码。选择需要更改密码的账户，在其"更改账户"界面中单击左侧"更改密码"链接，输入新密码、确认密码以及密码提示（密码提示可选填），单击"更改密码"按钮即可。

12.2　网银安全保障技巧

　　保护网银安全、保护个人资金安全，一直都是网银用户最为关心的问题，然而，尽管大家有一定的网银安全防范意识，但还是屡屡发生网银账户密码被盗的情况。因此，掌握正确的网银安全防范技巧就很有必要了。

技巧273：使用网银保护软件

　　网上理财账号、淘宝即时通信账号等个人敏感信息，都可以使用专门的账号保护软件来加强保护。360保险箱、金山密保等都是常见的保护软件。下面以360保险箱软件为例，来介绍具体的保护设置。

　　第1步 打开360保险箱，在这里显示了当前所有受保护的程序，如果没有自己想要保护的银行，❶单击右侧的"添加"链接，如图12-32所示。

　　第2步 ❷单击要添加的银行图标，自动进行添加；❸单击下方的"退出"按钮，如图12-33所示。

图 12-32　　　　　　　　　　　　　图 12-33

第3步 返回安全桌面，❹单击刚添加的网银图标；❺单击"启动"按钮，如图 12-34 所示。

第4步 启动当前网银，并针对当前银行的启动脚本进行保护，以保证用户登录安全，如图 12-35 所示。

图 12-34　　　　　　　　　　　　　图 12-35

技巧 274：用好银行数字证书

现在国内的银行都为自己的网银客户提供了数字证书，通过它可以帮助大家更好地保护自己的资金安全。

银行依据用户自己的有效证件，如以银行卡号、身份证号码为依据，生成了一个数字证书文件，用户通过数字证书配合自己的用户名和密码，可以大幅度提高自己的资金安全性。数字证书因其文件成本低，使用方便，而被广大银行所使用，有需要的用户可以直接向银行柜台申请。

> 小二开店经验分享——其他安全防范方法
>
> 除了数字证书，现在很多银行还提供了交易短信通知、邮件信息提醒、手机银行等便捷网银服务，网银用户可以充分利用银行的这些服务来了解自己的财物消费状态，起到跟踪防范的作用。

技巧 275：使用银行 U 盾保护网银

各银行依据各自技术实力的不同，对自己的网银建设也不尽相同。有的直接以控件形式安装后，用户可以用 IE 浏览器登录后进行操作；也有需要用户下载专用网银客户端进行操作。但现在各银行对网银的安全保险的做法还是使用 U 盘型加密卡，比如建设银行的"网银盾"、工商银行的"U 盾"、农业银行的"K 宝"等。

银行推出的 U 盘型加密卡的共同特征是，网银用户在登录网上银行和在网上支付时需要插入此设备。通过内置在 U 盘的网银加密，来保证网银登录、转账的足够安全。

 小二开店经验分享——U 盾安全性能好么？

U 盾是目前最安全的加密方式，即使用户银行账户密码被盗，那么对方在没有 U 盾的情况下只能对账户查询而无法对资金进行操作。同样如果我们丢失了 U 盾，那么也无法动用自己账户的资金了。

技巧 276：保障网银安全的防范技巧

随着网络技术的普及，越来越多的普通百姓开始利用网上银行来处理个人资产，查询、转账、支付或交易。

为尽可能地保障资金安全，避免不必要的损失，下面总结了一些防范招式，希望能对广大网银用户在进行风险防范时有所帮助。

（1）核对网址

要开通网上银行功能，通常事先要与银行签订协议。进行网上购物或进入网上银行交易时，应留意核对所登录的网址与协议书中的网址是否相符。不要从来历不明的网页链接访问银行网站。谨防假网站索要账号、密码、支付密码等敏感信息，银行在任何时候都不会通过电子邮件、短信、信函等方式要求客户提供账号、密码、支付密码等信息。

（2）妥善选择和保管密码

密码应避免与个人资料有关系，不要选用如身份证号码、生日、电话号码等作为密码。建议选用字母、数字混合的方式，以提高密码破解难度。密码应妥善保管，账号和密码是绝对私人所有，不要轻易告诉别人。尽量避免在不同的系统使用同一密码，否则密码一旦遗失，后果将不堪设想。

（3）交易明细定期查

应对网上银行办理的转账和支付等业务做好记录，定期查看"历史交易明细"，定期打印网上银行业务对账单。这样能做到尽早发现问题，尽早解决问题。

（4）及时确认异常状况

如果在陌生的网址上不小心输入了银行卡号和密码，并遇到类似"系统维护"之类的提示，应当立即拨打相关银行的客户服务热线进行确认。万一资料被盗，应立即进行银行卡挂失和修改相关交易密码。

（5）运用各项网上银行增值服务

如可以申请开通银行的短信服务，无论存取款、转账、刷卡消费，还是投资理财，只要账户资金发生变动，在第一时间就能收到手机短信提醒，以实现对个人账户资金的实时监控。如发现异常，应立即与银行联系，避免损失。

（6）坚持"四不"原则，提高防范意识

● 不轻信：一般政府机关、银行或公共事业单位不会直接致电持卡人交谈涉及费用的问题，更不会直接"遥控指挥"持卡人去 ATM 等没有银行工作人员在场的地方进行转账。

● 不回应：对可疑的电话或短信不要回应，应直接致电相关公共事业单位或发卡银行客服热线询问。

● 不泄露：注意保护身份资料、账户信息，而且任何情况下，也不要泄露银行卡密码。

● 不转账：为了确保银行卡资金安全，对陌生人"指导"进行 ATM 或网上银行转账要谨慎，谨防上当受骗。

12.3 提升网店账号安全技巧

对广大淘宝用户来说，遇上账号和密码被盗是一件最头痛的事情，而在平时的操作中账号和密码安全问题又是最容易被大家忽视的，总以为自己不会就那么倒霉，被盗时方才悔恨。

技巧 277：密码安全莫忽视

淘宝账号密码设置原则是"安全 + 容易记忆"。使用英文字母和数字以及特殊符号的组合，如 WenDi71@%。

出于安全考虑，千万不要出现以下几种情况。

● 密码和会员登录名完全一致。

● 密码和联系方式"电话""传真""手机""邮编""邮箱"的任何一个一致。

● 密码用连续数字或字母，密码用同一个字母或者数字，简单有规律的数字或者字母排列。

● 密码用姓名、生日、单位名称或其他任何可轻易获得的信息。

● 有些卖家总是嫌麻烦，把账号和密码保存在一个 txt 文档里，每次登录的时候直接复制登录，这样很容易导致木马的盗号行为。

技巧278：防止密码被盗

在金钱利益的诱惑下，有一些居心叵测的人，通常采用卑鄙手段来达到个人目的，比如冒充工作人员骗取账号密码，或利用木马或暴力破解密码的软件盗取用户的账号密码。

为了提高大家的密码防范意识，避免出现因密码被盗而带来的无辜损失，下面是防止密码被盗的注意事项。

- 设置安全密码；尽量设置长密码。设置便于记忆的长密码，可以使用完整的短语，而非单个的单词或数字作为密码，因为密码越长，则被破解的可能性就越小。
- 输入密码时建议用复制+粘贴的方式，这样可以防止被记键木马程序跟踪。
- 建议定期更改密码，并做好书面记录，以免自己忘记。
- 不同账户设置不同的密码，以免一个账户被盗造成其他账户同时被盗。
- 不要轻易将身份证、营业执照及其复印件、公章等相关证明材料提供给他人。
- 通过软键盘输入密码。软键盘也叫虚拟键盘，用户在输入密码时，先打开软键盘，然后用鼠标选择相应的字母输入，这样就可以避免木马记录击键。

技巧279：使用技术防范

在网店经营过程中，除了提升账号密码保护和做好预防密码被盗措施外，还需要使用技术防范。

这里列举一些常用的技术防范措施，做好技巧防范，具体详情如下。

- 及时升级浏览器和操作系统，及时下载安装相应的补丁程序。
- 安装正版的杀毒软件、防火墙，尤其重要的是，还要安装"防木马软件"。现在很多用户只装杀毒软件，对于木马的防范意识不够，希望引起注意，"木马"非常可怕。
- 要及时更新杀毒软件、防火墙、防木马软件，并定期查杀。
- 使用上网工具，保护你的电脑。
- 不浏览不明网页，不使用不明软件，不在聊天时透露个人、单位和账户信息。
- 安装支付宝数字证书，即使被盗了，至少能保证资金安全。
- 绑定手机，遇到被盗或有异常都可以通过手机找回密码或者接收验证码，开通网页登录保护来保卫账户安全。

技巧280：加强防患Wi-Fi网络安全意识

Wi-Fi是一种可以将个人电脑、手持设备（如iPad、手机）等终端以无线方式互相连接的技术，事实上它是一个高频无线电信号。许多卖家使用无线网络交易时，还没有足够的防患意识。

在这信息高速发展的社会，黑客只要入侵网店的内部网络，就可以向店家发送钓鱼页面，套取店家的银行账户、网络交易平台账号等信息，甚至将店家的资产洗劫一空。对此，建议网店卖家做好以下安全防护工作。

● 将 Wi-Fi 网络密码设置为 WPA2 加密模式，使用数字、符号及大小写字母混编的密码，并定期更换密码。

● 定期更换路由器的登录设置账号和密码，切勿使用 admin/admin 一类的出厂默认账户密码。

● 经常查看内网的使用状况和联网终端数量，一旦有不认识的设备进入内网，立刻将其 MAC 地址拉入黑名单。

● 检查路由器的设置，关闭远程管理功能和 DMZ 主机功能。

12.4 淘宝网店安全保障技巧

在淘宝网开店，淘宝账户的安全当然不可忽视。为了进一步保障淘宝账户的安全性，用户可以登录到我的淘宝个人管理页面下，实施淘宝账户的安全设置。

技巧 281：设置淘宝网账户密码保护

安全问题是最常用的密码保护方式，淘宝允许用户设置三个密码保护问题，当忘记或遗失密码后通过安全问题即可找回密码。下面来看淘宝网账户密码保护的具体设置技巧。

第1步 ❶打开我的淘宝，在"账号管理"栏目下单击"安全设置"选项；❷单击"设置"链接，如图 12-36 所示。

第2步 ❸设置 3 个问题及其答案；❹单击"确定"按钮，如图 12-37 所示。

图 12-36

图 12-37

第3步 稍等片刻，在打开的页面中即会告知用户设置成功。

小二开店经验分享——安全问题设置

为了安全起见，当我们在注册淘宝会员并通过实名认证后，就应该设置密码保护问题，然后再开张店铺。当采用安全问题保护时，我们必须要牢记自己所选的问题以及所设置的答案。

技巧 282：将淘宝账户与手机绑定在一起

我们可以将自己的手机与淘宝账号绑定，绑定后即使密码遗失，也可以通过手机短信方便地找回密码，而且绑定手机后，还能够享受来自淘宝网的各种其他服务，如手机登录、手机动态密码等。下面来看如何将淘宝账户与手机绑定在一起的具体设置技巧。

第1步 ❶ 进入"账号管理"页面后，单击页面下方"手机绑定"区域中的"绑定"链接，如图 12-38 所示。

第2步 ❷ 在打开的页面中选择"通过'手机效验码+支付密码'"选项，单击其右侧的"立即添加"按钮，如图 12-39 所示。

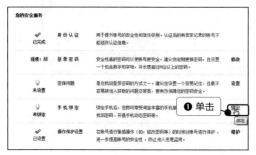

图 12-38   图 12-39

第3步 ❸ 在接着打开的"安全中心"页面中输入要绑定的手机号码与校验码及支付密码；❹ 单击"下一步"按钮，如图 12-40 所示。

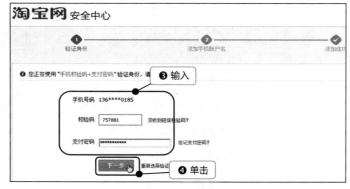

图 12-40

第4步 如果输入的验证码无误，接着将会返回"安全信息"页面，在"账号登录信息"区域中即会显示绑定后的手机号码。

技巧283：重新设置淘宝账户密码

设置了密码保护后，一旦丢失或忘记密码，就可以使用密码保护功能来找回密码，通过找回密码功能并不能找回原有密码，而是直接设置新密码。下面来看如何重新设置淘宝账户新密码的具体设置技巧。

第1步 ❶在淘宝网会员登录页面中单击"忘记登录密码"链接，如图12-41所示。

第2步 进入"找回密码"页面，❷在"会员名"框中输入要找回密码的淘宝账号和验证码；❸单击"下一步"按钮，如图12-42所示。

图 12-41

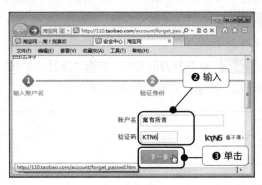

图 12-42

第3步 在打开的页面中提供了两种找回密码方式，这里选择用"手机校验码+证件号码"找回，❹单击"立即找回"按钮，如图12-43所示。

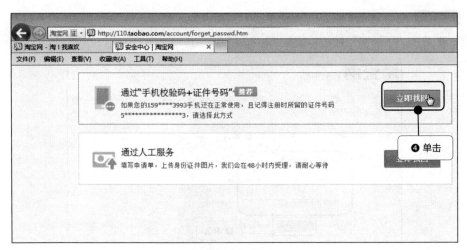

图 12-43

小二开店经验分享——如何正确选择找回密码的方式

忘记登录密码后，如果要找回选择方式应按照申请账号时所选择的方式，如果选择的方式与原来设置的不同，则不能重新设置新密码。

第4步 进入验证的页面，❺单击"点此免费获取"按钮，如图12-44所示。

第5步 ❻在验证页面中输入手机校验码和身份证号码；❼单击"下一步"按钮，如图12-45所示。

图 12-44

图 12-45

第6步 ❽进入重新输入密码的页面，在新的登录密码和确认新的登录密码框中输入密码；❾单击"确定"按钮，如图12-46所示。

第7步 经过以上操作，重新成功设置淘宝账号的登录密码，效果如图12-47所示。

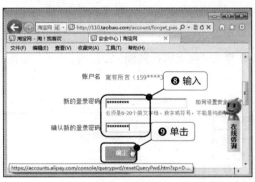

图 12-46

图 12-47

技巧284：定期修改支付宝密码

我们知道，通过支付宝支付密码，就可以任意动用支付宝账户中的资金，因此为了支付宝中资金的安全，建议定期对支付宝密码进行修改。下面来看定期修改支付密码的具体设置技巧。

第1步 ❶ 进入"我的支付宝"界面,单击右上角的"安全中心"选项,如图12-48所示。

第2步 ❷ 进入"账户管理"页面,在页面中单击"支付密码"后的"修改"链接,如图12-49所示。

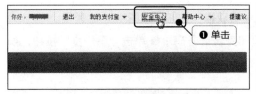

图 12-48

图 12-49

第3步 进入相应的密码修改页面,分别输入修改前的旧密码,以及修改后的新密码,单击"确定"按钮。

第4步 在打开的页面中告知用户密码修改成功,下次登录或使用支付宝时,就需要使用修改后的密码了。

技巧285:查看支付宝每笔交易额度

在淘宝账号中,使用支付宝进行付款时,交易额度会以办理银行卡时设置的额度为标准,如果时间久了,不清楚当时设置的额度,可以使用以下方法进行查询。查看每笔交易额度的具体设置技巧如下。

第1步 ❶ 进入支付宝"安全中心",单击"保护账户安全"下方"手机绑定"右侧的"管理"按钮,如图12-50所示。

第2步 ❷ 单击"付款方式和额度"链接;❸ 单击"网上银行限额"右侧的"查看"按钮,如图12-51所示。

图 12-50

图 12-51

第3步 选择支付宝的银行,如"工行",❹ 单击"点此查看"链接,如图12-52所示。

第4步 打开工行网上银行的限额页面,在该页面中即可查看设置的额度,如图12-53所示。

图 12-52　　　　　　　　　　图 12-53

技巧 286：快速找回支付宝密码

如果不慎遗失或忘记了支付宝登录或支付密码，那么我们就可能无法登录到支付宝，或者使用支付宝进行各种交易了，这时可以通过找回密码功能来找回丢失的支付宝登录或支付密码。快速找回支付宝密码的具体设置技巧如下。

第1步 ❶ 进入支付宝登录界面，单击"忘记登录密码"链接，如图 12-54 所示。

第2步 ❷ 在打开的页面中，输入"账户名"和"验证码"；❸ 单击"下一步"按钮，如图 12-55 所示。

图 12-54　　　　　　　　　　图 12-55

第3步 ❹ 进入"找回登录密码"界面，单击"立即找回"按钮，如图 12-56 所示。

第4步 ❺ 单击"点此免费获取"按钮，如图 12-57 所示。

第5步 ❻ 在"校验码"框中输入验证码；❼ 单击"下一步"按钮，如图 12-58 所示。

第6步 ❽ 在打开的"找回登录密码"页面中重新输入新的支付密码；❾ 单击"确定"按钮，如图 12-59 所示。

图 12-56

图 12-57

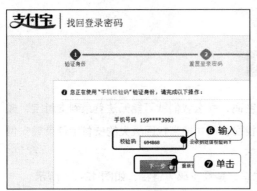

图 12-58

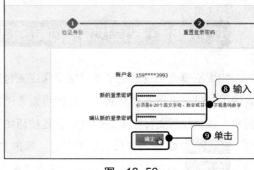

图 12-59

第7步 经过以上操作，成功设置新的登录密码，如图 12-60 所示。找回密码后，就需要使用新的支付密码来进行支付了。

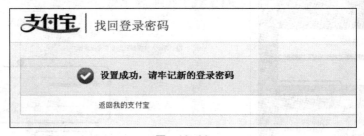

图 12-60

本章小结

本章详细介绍了网店交易安全的保障技巧。先介绍了电脑安全以及网银的安全设置技巧，进而讲解了如何提升网店账号安全技巧，最后介绍了淘宝网店安全保障的技巧。通过本章的学习，主要让卖家掌握淘宝网店的安全维护技能。

抢占移动端，淘宝手机端的使用技巧

本章导读

2015年是淘宝无线端大力发展的一年，淘宝网已将70%以上的流量给了无线端，且它在后续会给予无线端更大力度的扶持，作为卖家的我们也不要错过这个机会。本章将会学习手机端页面的装修、运营推广及"淘宝工具"的使用，让读者在手机端的运营中如鱼得水。

知识要点

通过本章内容的学习，读者能够了解到什么是手机端淘宝店以及如何装修店铺，并学会推广手机店铺。学完后需要掌握的相关技能知识如下。

- 了解淘宝店铺手机端
- 掌握手机端页面的装修知识
- 掌握手机端运营与推广
- 掌握手机淘宝工具的使用

13.1 认识淘宝店铺手机端

随着无线网络覆盖面不断扩大，智能手机的全面普及以及手机性能的普遍提升，移动互联网已经势如破竹。相比互联网，移动互联网让用户能更好地突破时间和空间的限制。

技巧 287：手机端店铺的优势

无线购物已经崛起，在 2015 年的双 11 当天，手机端的支付宝成交金额占比 68%，21 世纪的社会，不仅仅是 PC 端网购的时代，更是无线端网购的新时代。

可能许多卖家会疑惑"我不做手机端，同样可能通过手机找到自己家的宝贝，那为什么还要做呢？"这点是说得没有错，但也需要明白以下几点。

● 在有无线网络的前提下，买家是可以通过手机查看到自己的宝贝并可以浏览，包括宝贝描述，但是那时所看到的其实是 PC 端的店铺宝贝。

● 要是在没有无线网络的前提下，买家如果想通过数据流量来查看宝贝，那所能看到的一定只是一张主图，其他的宝贝描述将全部屏蔽掉了，无法打开。但如果卖家已经做了手机端的店铺，那顾客就可以完完全全地打开宝贝进行完整的浏览。这问题主要原因是 PC 端和无线端的图片像素大小是不一样的。

● WAP 端的重点在于有限展位里展现最佳的图片，即针对有限的展位选择最佳产品图片，APP 端则是注重排版和设计，这也是卖家淘宝网 PC 端和移动端的分水岭。

技巧 288：手机端店铺的风险

例如，2015 年的双 11 当天，消费者的疯狂秒杀考验了银行的支付系统，巨大流量给支付渠道造成拥堵，部分银行系统一度出现故障难以付款，甚至一些银行网银恢复之后又再度"受伤"。与此同时，快捷支付及支付账户提前充值等方式表现抢眼。

对此，建议手机购物时使用相对复杂的网银登录密码、支付密码是较为简单和有效的办法。此外，也建议智能手机用户安装手机杀毒软件，实时检测手机银行客户端与支付环节的安全性，对恶意软件窃取用户隐私的行为实时监控。因此，卖家使用手机端开店应牢记以下几点技巧。

- 尽量不使用公共场所的免费 Wi-Fi 登录手机银行。
- 根据自己平时的交易习惯、转账金额设立合适的额度。
- 每次登录手机端淘宝店铺时要仔细核对欢迎信息是否相符、上次登录时间是否正确，发现异常情况及时退出。
- 使用完毕后，点击"安全退出"按钮退出，以免程序可能仍在后台运行。
- 开通短信通知业务，账户资金一旦有变动，淘宝都会在第一时间以手机短信的形式通知用户，确保账户安全。

13.2 手机端页面的装修

在当下无线营销发展的大环境中，掌握好无线端营销的方向就等于握住了网络营销发展的咽喉。而要想做好手机店铺营销，首先要做的是无线端手机店铺的装修。

技巧 289：手机店铺店标与店招的设置

目前新版的手机店铺设置面页也有了很大的变化，在操作步骤方面简化了很多，这也让新手更容易上手设置手机店铺，而且大部分的基础模板功能都是免费的。只需事先准备好图片素材。

装修店铺，首先要设计好自己店铺的店标与店招，图 13-1 和图 13-2 所示为手机页面的店标与店招。下面就具体讲解手机店铺的店标与店招设置操作步骤。

图 13-1

图 13-2

第1步　进入"淘宝网卖家中心"页面，❶ 单击左侧"店铺管理"中的"手机淘宝店铺"链接，如图 13-3 所示。

第2步　进入"手机淘宝店铺"页面，❷ 在"无线店铺"类别下方单击"立即装修"按钮，如图 13-4 所示。

第3步　进入"无线运营中心"页面，❸ 单击页面左边"无线店铺"选项；❹ 在"手机淘宝店铺首页"右侧单击"去装修"链接，如图 13-5 所示。

图 13-3　　　　　　　　　　图 13-4

第4步 在"手机淘宝店铺首页"装修页面中，❺单击手机板块中的"店招"所处空白位置，如图13-6所示。

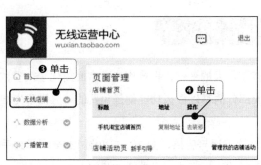

图 13-5　　　　　　　　　　图 13-6

第5步 此时，在右侧自动打开"模块编辑"页面，❻单击设置店招基本信息下方的"重新上传"链接（如果是设置店招基本信息下方为"＋"图标，则单击"＋"图标即可），如图13-7所示。

第6步 上传完成后，回到"模板编辑"页面，❼单击"修改店铺标志"链接，如图13-8所示。

图 13-7　　　　　　　　　　图 13-8

第7步　即刻，❽跳转至卖家中心的"店铺基本设置"页面进行设置（与PC端设置相同），❾设置完成后单击"保存"按钮，如图13-9所示。

第8步　回到"模板编辑"页面，❿单击"确认"按钮，如图13-10所示。

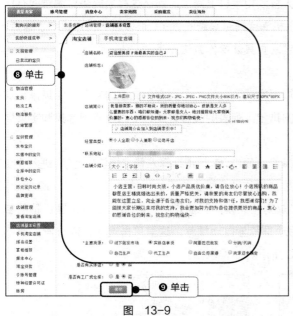

图 13-9

图 13-10

第9步　⓫在"手机淘宝店铺首页"右上角单击"保存"按钮；⓬再单击"发布"下拉按钮；⓭选择发布方式，如选择"立即发布"或"定时发布"，即可完成手机店铺的店招与店标的设置，如图13-11所示。

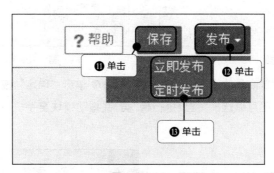

图 13-11

 小二开店经验分享——新手在设置手机端店铺时需要注意的事项

我们在设置手机端店铺时，需要注意两点。一则是PC端与无线端的店铺店标是同步的。二则是在店招规格与类型设置的时候需要注意，手机端店招规格为640像素*200像素，类型格式可以为jpg、jpeg、png。

技巧290：无线店铺首页装修

随着移动网络的发展，越来越多的人喜欢用手机上网了。那么这样的趋势对淘宝网有什么影响呢？随着网络购物人群的增加，手机淘宝网越来越吃香了，很多店长也意识到了这点，那么，手机淘宝网店怎么装修。无线店铺首页具体操作方法如下。

1. 宝贝类装修

宝贝类的装修主要是宝贝在首页的展现方式，分为"单列宝贝、双列宝贝、宝贝排行及搭配套餐"这四类，卖家根据情况合理安排宝贝列表的装修方式，下面以双列宝贝和宝贝排行为例，具体讲解操作步骤。

第1步 在"手机淘宝店铺首页"装修页面中，❶单击选择左侧"模块"连接，进入"宝贝类"界面；❷将类别"双列宝贝模块"选项拖动至手机页面的板块中，如图13-12所示。

第2步 此时，在右侧自动打开"双列宝贝模块"编辑栏，❸输入宝贝标题、粘贴宝贝链接；❹设置宝贝推荐方式（包含手动推荐与自动推荐，这里单击选择自动推荐，就不需要手动一个个的推荐了），如图13-13所示。

图 13-12

图 13-13

第3步 ❺再设置商品的价格、关键词、类目等；❻单击"确定"按钮，如图13-14所示。

第4步 ❼卖家还可以选择"宝贝排行榜"类，并拖动模块至手机页面，如图13-15所示。

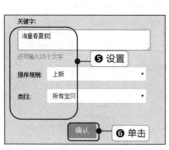
图 13-14

图 13-15

第5步 ❽在右侧的"宝贝排行榜"编辑栏中设置宝贝信息及选择宝贝；❾完成后单击"确认"按钮，即设置宝贝排行榜完成，如图13-16所示。

> 小二开店经验分享——新手设置手机端店铺需要注意的事项
>
> 卖家在装修手机淘宝店铺首页时，应该根据自己实际需要和商品的具体情况来选择宝贝类别模块，通常使用最多的是单列和双列宝贝类。

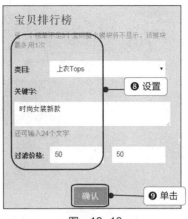

图 13-16

2.图文类装修

在图文类装修中有"标题模板""文本模板""多图""辅助线""焦点图模板""左文右图""自定义模板"等装修模板，与宝贝类装修类似，卖家需要哪种模板直接将模板拖动进手机页面然后在左边页面进行编辑，下面具体讲解"焦点图模板"的编辑方式及步骤，其他模板举一反三。

第1步 在"手机淘宝店铺首页"装修页面中，❶单击左侧"图文类"选项；❷将类别"焦点图模板"选项拖动至手机页面的板块中，如图13-17所示。

第2步 拖动后，右侧即会出现"焦点图模块"编辑模式，❸单击"+"图标，如图13-18所示。

图 13-17

图 13-18

第3步 在"编辑图片"页面，❹单击选择需要的图片（首先需将图片上传至图片空间内），如图13-19所示。

第4步 即刻，弹出剪裁图片对话框，❺设置所需图片大小比例，调整后单击"上传"按钮，如图13-20所示。

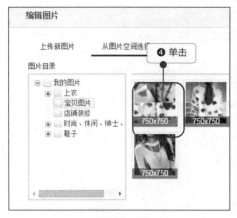

图 13-19

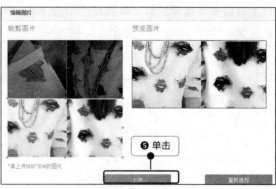

图 13-20

第5步 ❻单击"🔗"图标,如图 13-21 所示。

第6步 在弹出的"链接小工具"对话框中,❼选择图片所需链接网址,如图 13-22 所示。

图 13-21

图 13-23

第7步 如无须新增列表(如需要新增,则单击"新增列表"按钮即可,后续操作与上述相同),❽则单击"确认"按钮,即设置"焦点图模板"成功,如图 13-23 所示。

第8步 ❾在"手机淘宝店铺首页"右上角单击"保存"按钮,❿单击"发布"下拉按钮,选择发布方式,即可完成装修,如图 13-24 所示。

图 13-24

3. 营销活动类

手机淘宝首页还可以添加"电话"和"活动"模板以及"专享活动",下面以添加"电话"模板为例,具体讲解操作步骤。

第1步 在"手机淘宝店铺首页"装修页面中,❶ 单击左侧"营销互动类"选项;❷ 将类别"电话"选项拖动至手机页面的板块中,如图13-25所示。

第2步 拖动后,右侧即会出现"电话模板"页面,❸ 输入电话号码;❹ 单击"确定"按钮,即可完成设置,如图13-26所示。

图 13-25

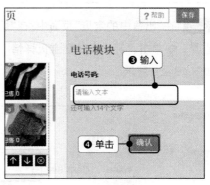

图 13-26

技巧291:手机宝贝详情页发布

发布无线端详情页时,卖家可以根据网页版宝贝详情页的内容进行一键设置,设置后,在无线端查看宝贝详情页时即为手机详情页的尺寸大小,设置完成后可以提高无线端登录及查看速度,减少流量,给买家带来便利。下面来具体讲解手机端宝贝详情的设置操作方法。

第1步 在"淘宝网卖家中心"页面;❶ 单击左侧宝贝管理中的"出售中的宝贝"按钮,如图13-27所示。

第2步 在"出售中的宝贝"页面中;❷ 在需要发布手机详情页的宝贝的右侧单击"编辑宝贝"链接,如图13-28所示。

图 13-27

图 13-28

小二开店经验分享——优先选择无线端潜力款进行设置

卖家店内主推爆款优先：店内主推爆款已经有了一定的基础，一般都有设置手机专享价，例如全店的TOP10，提前优化，对提升转化率更有帮助。

无线端潜力款优先：需要通过一段时间的观察，选择无线端具有潜力的宝贝，可以从生意参谋中来看，也可以从量子中PC端与无线端的访客、成交、转化率等来对比，选出合适的产品提前优化。

第3步 在"出售中的宝贝"页面中；在"填写宝贝基本信息"页面，❸单击宝贝描述中"手机端"选项；❹单击"导入电脑端宝贝详情"按钮；即刻弹出对话框，❺单击"确认生成"按钮，如图13-29所示。

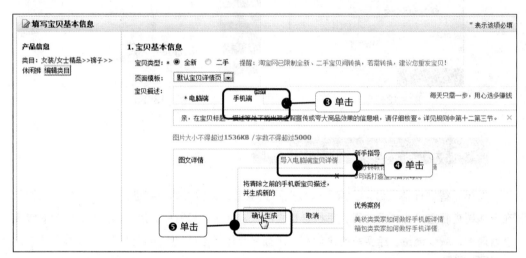

图 13-29

 小二开店经验分享——发布手机详情页面注意的三原则

在设置手机端宝贝详情之前我们还必须要了解手机无线详情页面的三原则如下。

排版简洁明了：由于手机端屏幕有限，无法像PC端那样面面俱到，所以排版要简洁明了，可以采用拼接式的图片，美观又简单。

内容精简概要：内容需取PC端的精华，有无线端自己的特色，可以通过价格曲线等方式突出亮点增加转化，在字体方面也要格外注意。

速度—存储格式：详情页图片在保存时要采用最小的格式，有利于缩短顾客打开时长。

第4步 系统自动生成后，❻单击"确认"按钮，即完成手机详情页一键设置，如图13-30所示。

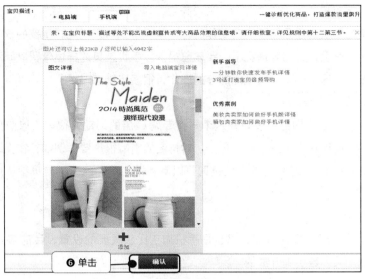

图 13-30

 小二开店经验分享——卖家在编辑手机详情页面时需要注意的事项

手机端宝贝描述支持音频、图片、纯文本输入，每个手机版图文详情至少要包含以上三种信息的其中一种才能发布成功。

在手机端宝贝详情页中，所有图片大小总和不得超过 1.5MB（包含 1.5MB）。

单张图片尺寸：620≥宽度≥480（宽度介于 480 像素到 620 像素之间），高度≤960（高度小于 960 像素）。举例，可以上传一张宽 480 像素、高 960 像素的图片。

1 个宝贝详情页内只允许有 1 个音频，音频大小≤200KB，支持 mp3 格式、单通道、8KHz 等。

13.3 手机端的运营推广

现在利用手机在淘宝网购物的用户越来越多，很多卖家开始重视起手机淘宝店铺，无线端将会开启卖家们的新一轮竞争。大家都知道店铺的运营推广会在很大程度上影响到店铺的转化。其实无线推广的方法也有很多，如直通车、官方活动等这些方法都是常用的推广方法，不同的推广方法能够吸引到不同的消费人群，下面就介绍手机端的运营推广。

技巧 292：手机营销的推广权重

目前手机淘宝推广有直通车、钻展位与 SEO。实践证明，在手机端最省钱、运用最广、最有效的推广方法还是直通车，这里给大家讲解手机淘宝搜索的部分权重。

（1）手机宝贝描述

集市店铺的手机描述是需要专门制作的，这是一个相对来说比较重要的权重，当设置完成后，一般比没有设置的同等情况下，要靠前很多。手机宝贝的描述停留时间和跳转率等一样影响搜索排名，这是一个设置就能加分的操作，很多店铺忽略了。

（2）淘金币

淘宝网早前开通了淘金币设置，这个一直专属 C 店的活动，很多人以前只知道淘金币能做活动，不知道现在应用到手机淘宝上，对排名的影响很重要。例如，在女装这个大类目下搜索"夏装新款套装 2015"这个关键词可以看到排名前 4 的店铺宝贝都使用淘金币活动且全部是 C 店。

（3）手机专享

手机专享价对部分 C 店开放，这也是手机淘宝比较重要的设置，目前 C 店只有部分店铺开放，商城是大多数店铺开放的。

（4）手机搜索成交转化率

手机淘宝上通过搜索关键词，进入店铺达成交易，这个比率越高，权重就会越大，排名一般就会靠前一些。很多店铺的流量是通过 PC 端扫描二维码进入的手机淘宝店铺，或者从其他的流量来源，这个对搜索的特定关键词排名是没有作用的。比如，你要做的搜索关键词是"毛呢大衣"，在搜索毛呢大衣的情况下，通过其他的渠道引流来的成交量对于这个词的排名影响不是很大，但是通过其他渠道带来的手机淘宝成交量会影响综合排名。

（5）推广转化率，越高越靠前

这里是根据手机直通车和钻展位得出的结论，当这些推广的转化越高，相对来说，比其他同纬度的店铺排名也越靠前。

 小二开店经验分享——成交量，影响搜索权重

不管是从什么渠道，用什么方式引来的流量，只要手机淘宝成交量高，你的综合排名就会高。并且在同等纬度下，在一些特定关键词搜索中也有权重。

技巧 293：使用二维码关注手机店铺

在"淘宝网"中，人气很重要，如果自己店铺的关注度很高，那买家对你店铺也会多一份信任，而且你的店铺与宝贝被搜索的概率也就大多了。使用二维码不等于刷信用作弊，只是给自己打打广告，为店铺宝贝提供多一点被搜到的机会。下面讲解如何使用二维码关注手机店铺。

第1步 在手机上安装"手机淘宝"后，❶ 单击"手机淘宝"图标，如图 13-31 所示。

第2步 在电脑中打开需要关注的手机店铺，指向页面右上角的"用手机逛本店"链接，显示出店铺二维码，如图 13-32 所示。

图 13-31

图 13-32

第3步 进入手机淘宝网首页，❸ 单击右上角的"扫一扫"图标（一部分手机该图标在左上角），如图 13-33 所示。

第4步 将手机摄像头对准电脑中该店铺的二维码，如图 13-34 所示。成功扫到后，即可进入店铺首页，❹ 单击右下角"关注"按钮，关注该店铺，如图 13-35 所示。

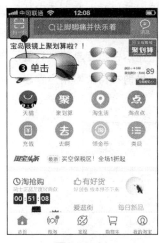

图 13-33

图 13-34

图 13-35

技巧 294：创建手机店铺活动

在淘宝网上开店活动是必不可少的，而且现在利用手机购物的用户越来越多。手机淘宝店铺活动就显得越来越重要。

卖家可以在"手机营销专区"中创建手机店铺活动,为自己店铺更多地带来流量。具体操作方法如下。

第1步 进入"卖家中心",❶ 在店铺管理栏目下单击"手机营销专区"链接;❷ 单击需要参加的活动下方的"马上创建"按钮,如图 13-36 所示。

第2步 ❸ 在弹出网页中的"营销互动类"中拖动"活动"至手机虚拟页面,进行创建活动,如图 13-37 所示。

图 13-36

图 13-37

技巧 295:设置手机专享价

手机专享价是一款专门针对手机端下单的促销工具,可实现在手机和电脑上不同的促销价格折扣。目前可以和双 12 大促、聚划算(仅限 C 商品)、天天特价、限时打折等所有第三方促销工具叠加使用,支持折上折,并且可以做到交易记录不显示手机专享价,只显示电脑端优惠价或一口价。手机专享价还可以指定享受优惠的人群,目前支持全网用户专享、微淘粉丝专享两类,如图 13-38 和图 13-39 所示。

图 13-38

图 13-39

设置手机专享价，具体操作方法如下。

第1步 在"淘宝网卖家中心"页面中，❶单击"营销中心"选项中的"手机营销专区"链接，如图13-40所示。

第2步 在打开页面，❷单击手机专享价下方的"马上创建"按钮，如图13-41所示。

图 13-40

图 13-41

第3步 进入手机专享价页面，❸单击"创建活动"按钮，如图13-42所示。

图 13-42

第4步 即刻，进入"创建无线手机专享价活动"编辑页面，❹输入活动名称，设置针对用户及活动时间；❺单击"确定"按钮，如图13-43所示。

第5步 ❻勾选出要参加活动的宝贝，如图13-44所示。

图 13-43

图 13-44

第6步 ❼ 设置手机专享价；❽ 单击"保存修改"按钮，如图 13-45 所示。

图 13-45

第7步 保存后即创建成功，系统也会自动弹出提示。

> 小二开店经验分享——新手卖家在设置手机专享时的注意事项
>
> 设置手机专享价格时可批量设置宝贝的手机专享价格，或者针对不同宝贝设置不同的专享折扣。
>
> 设置宝贝时，一个活动最多可以设置150个商品作手机专享价，一件宝贝在一个时间段也只能参与一个手机专享价活动。
>
> 设置活动价格时，宝贝列表中显示的当前优惠价是指目前通过官方工具或三方营销工具设置的最低价格，不论设置打折还是减价的优惠价格时都不能高于之前设定的最低价格，即手机专享价是保证渠道最低（也必须低于聚划算的价格）。
>
> 设置完成后，可在手机专享价的首页看到已设置的所有活动列表，在活动开始前和进行中可编辑活动，活动结束后可查看或删除活动。
>
> 成交价格的展现方式：在电脑端宝贝详情页中展现的历史成交价为电脑端的成交价格而非手机专享价。
>
> 无法使用营销工具的类目（如虚拟类目）同样不能使用手机专享价。

技巧 296：利用"码上淘"推广手机店铺

现在"二维码"的用途很广泛，在一个小小的方块里面嵌入一条链接地址，引导使用者通过扫描设备（如手机）快速进入相应的网址。申请二维码具体操作方法如下。

第1步 ❶ 进入"卖家中心"，在店铺管理栏目下单击"手机淘宝店铺"链接，如图 13-46 所示。

第2步 ❷ 这里将直接跳转到手机淘宝店铺介绍页面，直接单击"码上淘"页面下的"进入后台"按钮，如图 13-47 所示。

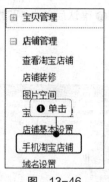
图 13-46

图 13-47

第3步 进入"码上淘"页面后，❸单击"创建二维码"链接，❹单击"通过宝贝创建"链接，如图13-48所示。

第4步 创建二维码可以通过工具、链接、页面及宝贝创建，这里以通过宝贝创建为例。❺单击店铺需要创建二维码的宝贝，❻单击"下一步"按钮。如图13-49所示。

图 13-48

图 13-49

第5步 ❼选择渠道标签；❽单击"下一步"按钮，如图13-50所示。

第6步 创建成功后，就会显示当前二维码效果，❾单击下侧的"下载"按钮可以进行下载，如图13-51所示。

图 13-50
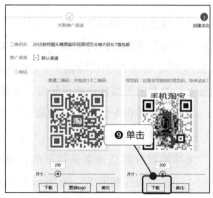
图 13-51

第7步 ❿ 在弹出的新建下载任务对话框中选择下载位置；⓫ 确认后单击"下载"按钮，如图13-52所示。

第8步 下载完成后，即可得到二维码，如图13-53所示。

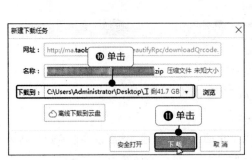

图 13-52

图 13-53

> **小二开店经验分享——使用二维码的作用**
>
> "码上淘"为天猫官方店铺唯一认证店铺包裹服务二维码，消费者可以通过扫描直接浏览店铺、管理订单、参加营销互动、呼叫快速客服、成为店铺粉丝等。下载的二维码可以打印在自己的名片，包装盒等地方，这样买家可以直接通过手机扫描进入我们的店铺。
>
> 开辟店铺访问便捷新入口，数据分析支持渠道和人群分析，帮助提升实际效果和转化。同时，通过二维码，将商家的店铺、商品活动等内容推广到线下主流媒体、广告、门店等渠道，直接实现流量变现。

技巧297：手机无线直通车

现在很多店铺都陆续开通了无线直通车。也有很多C店的无线端流量已经占到了50%以上。无线直通车目前已被越来越多的卖家接受并使用。而且目前"淘宝网"主推"无线端淘宝APP"，在智能手机阵营中，Android系统和苹果iOS系统各分半壁江山，那么如何在频繁更新的淘宝无线客户端玩转淘宝直通车无线端呢？

下面针对手机无线直通车的展示位置以及无线直通车的投放进行以下介绍。

（1）直通车的展示位置

无线端投放的点击率是很高的，原因是在无线端，第一个位置就是直通车广告位。图13-54、图13-55和图13-56所示为左上角带有"HOT"字样的宝贝即是参加手机直通车活动的，一般搜索页面中，第一个位置、最后一个位置及中间位置都有手机直通车的广告展示位。

图 13-54

图 13-55

图 13-56

（2）无线直通车的投放

手机直通车的投放方式与 PC 端的投放方式类似，但是在选择投放平台时一定要选择手机平台投放。下面来看一下无线直通车投放的具体操作方法。

第1步 打开"淘宝直通车"首页，❶ 单击"新建推广计划"按钮，如图 13-57 所示。

第2步 在打开页面中，❷ 在"推广计划名称"文本框中输入新建计划名称；❸ 单击"提交"按钮，如图 13-58 所示。

图 13-57　　　　　　　　　　图 13-58

第3步 即刻跳转回"我的推广计划"页面，❹ 单击相应的推广计划，如图 13-59 所示。

第4步 ❺ 单击"设置投放平台"选项（这里只讲解设置投放平台，其他设置与 PC 端直通车设置一样），如图 13-60 所示。

第5步 在设置投放平台页面中，❻ 选移动设备推广的平台；❼ 单击"保存设置"链接。如图 13-61 所示。

图 13-59

图 13-60

第6步 在回到的推广计划页面中,❽单击宝贝推广下面的"新建宝贝推广"按钮,如图 13-62 所示。

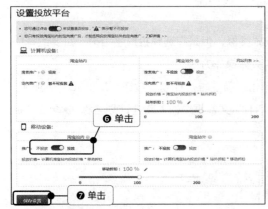

图 13-61

图 13-62

第7步 ❾在需要推广的宝贝右边单击"推广"按钮,如图 13-63 所示。

第8步 ❿选择宝贝创意图片;⓫输入标题;⓬单击"下一步"按钮,如图 13-64 所示。

图 13-63

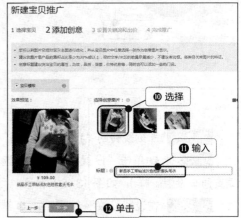

图 13-64

第9步 ⑬选择关键词，⑭设置默认出价，⑮单击"完成"按钮，如图13-65所示。
第10步 即可完成直通车宝贝推广，如图13-66所示。

图 13-65   图 13-66

13.4 手机淘宝工具的使用

网络购物不仅仅限于利用电脑，也可以使用手机。那么使用"淘宝工具"也不限于电脑，在手机上卖家也可以利用"淘宝工具"进行收货、发货、转账等操作。而且利用手机往往更加方便、快速。

技巧298：手机千牛的使用

手机千牛作为C店卖家必备应用之一，该如何使用，怎么操作的呢？相信对于很多一直使用电脑的卖家来说并不熟悉，但是在很多情况下不方便使用电脑又担心不能及时管理店铺时，就需要使用手机千牛了。下面讲解手机千牛具体该如何使用。

1. 根据订单发货

卖家可以利用手机千牛随时随地给宝贝发货，具体操作方法如下。

第1步 下载及登录手机千牛工作台后，❶在软件主界面中单击"待发货"链接，如图13-67所示。

第2步 ❷在打开的"待发货"页面中单击"快捷发货"链接，如图13-68所示。

图 13-67   图 13-68

第3步 在打开的"发货"界面中，❸选择发货方式与物流公司，❹输入运单号，❺单击"确定发货"按钮即可，如图13-69所示。

第4步 返回交易页面，就会显示近三个月订单、今/昨日订单、已发货订单等，如图13-70所示。

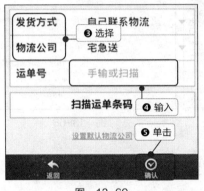
图 13-69

图 13-70

2. 使用手机千牛扫描发货

如何使用手机千牛扫描发货呢？使用手机千牛扫描发货，不用电脑也可以轻轻松松地完成发货，使用手机千牛扫描发货的前两步操作方法同上，另外，高级版是支持批量发货的，具体操作如下。

第1步 进入"发货"页面中，❶单击"扫描运单条码"按钮，如图13-71所示。

第2步 按图13-72所示进行运单号的扫描。

图 13-71

图 13-72

第3步 扫描完成后即可看见快递单号，如图13-73所示，❷单击"确认"按钮即可。

第4步 弹出对话框提示发货完成，如图13-74所示。

抢占移动端，淘宝手机端的使用技巧 第13章

图 13-73

图 13-74

3. 修改交易价格

遇到需要修改个别交易价格时，移动卖家在手机上也可以进行修改，具体操作方法如下。

第1步 在买家提交订单后，千牛会接收到"新订单"的交易消息提示，❶ 单击查看该消息内容，如图13-75所示。

第2步 进入"待付款"页面，❷ 单击"快捷改价"按钮，如图13-76所示。

图 13-75

图 13-76

第3步 进入订单详情页面，❸ 选择"改价"选项；❹ 输入优惠价格即可显示相应的折扣价，如图13-77所示。

第4步 页面刷新时即刻会显示修改后的价格，如图13-78所示。此时，需要马上通知买家付款以免错失生意。

page | 347

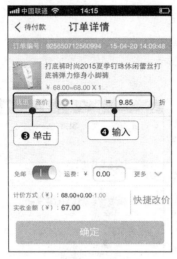
图 13-77

图 13-78

4. 上架店铺中的宝贝

使用千牛工作台，还可以简单地管理店铺中的宝贝，如将新货从仓库中上架，具体操作方法如下。

第1步 在手机中打开千牛工作台，❶ 在首界面单击"商品管理"图标，如图 13-79 所示。

第2步 进入"爱用商品管理"界面，❷ 单击"仓库中"链接，如图 13-80 所示。

图 13-79

图 13-80

第3步 进入"仓库中"页面，❸ 单击需要上架的商品右侧的"⊙"图标，打开该商品，如图 13-81 所示。

第4步 弹出宝贝详情页面，❹ 在下方单击"☐"按钮，即可将该商品从仓库中上架，如图 13-82 所示。

图 13-81

图 13-82

5. 将宝贝下架

将销量不好或是缺货的商品下架，具体操作方法如下。

第1步 进入"爱用商品管理"页面，❶单击"出售中"链接，如图13-83所示。

第2步 ❷在打开的"出售"页中单击展开需要下架的宝贝，如图13-84所示。

图 13-83

图 13-84

第3步 进入"宝贝详情"界面，❸在下方单击"下架"按钮，如图13-85所示。

第4步 即可将该宝贝成功下架，系统也会弹出提示消息，提示该商品被下架，如图13-86所示。

图 13-85

图 13-86

6. 使用手机直通车

在千牛工作台中，可以与"卖家中心"的"我要推广"页面一样，使用直通车推广商品，具体操作方法如下。

第1步 登录千牛，❶在首页面单击"直通车管理"图标，如图 13-87 所示。

第2步 进入"无线车手"页面，❷单击左下角"直通车"菜单，如图 13-88 所示。

图 13-87

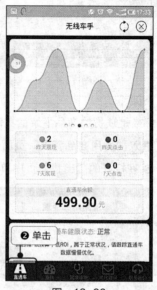

图 13-88

第3步 ❸在打开的面板中选择所需执行的操作即可，如图 13-89 所示。

第4步 在"无线车手"页面单击下方的"优化建议"菜单；❹单击"开始今天优化任务"按钮，进行数据优化，如图 13-90 所示。

图 13-89

图 13-90

7. 使用手机千牛与买家交流

卖家在使用千牛时，一定注意在手机上下载千牛卖家版，这样就算外出期间，也能时时与买家沟通交流，具体操作方法如下。

第1步 ❶ 在手机千牛主面板中单击"消息"图标，如图13-91所示。

第2步 ❷ 单击正在联系的买家，如图13-92所示。

第3步 进入与该买家的聊天面板，进行沟通即可，如图13-93所示。

图 13-91　　　　　图 13-92　　　　　图 13-93

技巧299：淘宝助理的使用

卖家也可以利用"淘宝助理"软件对手机宝贝详情页进行"一键适配"，具体操作方法如下。

第1步 打开淘宝助理软件，❶ 在"会员名"和"密码"后面的文本框中分别输入会员名称和密码，❷ 单击"登录"按钮，如图13-94所示。

第2步 在打开的页面中，❸ 单击选择需要进行手机详情页设置的宝贝；❹ 单击"宝贝管理"页面"手机详情"选项卡；❺ 在其编辑栏右侧单击展开按钮；❻ 在打开的列表中单击"导入"下拉按钮，单击"导入页面版详情"命令，如图13-95所示。

第3步 弹出"一键导入"对话框，❼ 单击"是"按钮，确认导入页面版详情，如左下图所示，如图13-96所示。

第4步 ❽ 进入手机详情编辑页面，在导入的各宝贝图片下方依次单击"点击适配"链接，如图13-97所示。

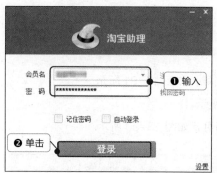

图 13-94

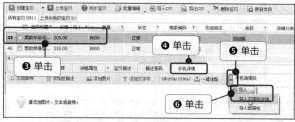

图 13-95

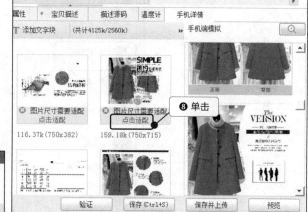

图 13-97

图 13-96

第5步 将各图片实拍完成后，❾ 单击"验证"按钮，验证成功后，❿ 卖家根据店铺需要单击"保存"或"保存并上传"按钮，如图 13-98 所示。

图 13-98

技巧 300：手机支付宝的使用

手机支付宝网站是针对当前移动互联网发展推出的手机网页，集手机支付和生活应用为一体的手机软件，通过加密传输、手机认证等安全保障体系，可以随时随地进行付款、转账等。

1. 使用手机支付宝为交易付款

通过手机支付宝可以为"淘宝网"或其他网站购物交易进行付款，安全方便。具体操作方法如下。

第1步 首先下载并安装手机支付宝，然后打开支付宝图标，❶ 输入登录账号和支付宝登录密码；❷ 单击"登录"按钮，如图 13-99 所示。

第2步 在支付宝首页，❸ 单击页面右上方"账单"按钮，如图 13-100 所示。

图 13-99

图 13-100

第3步 在"我的账单"页面，即可查看所有账单详情，单击需要付款的账单，❹ 单击"果断付款"按钮，如图 13-101 所示。

第4步 弹出"确认为"对话框，❺ 单击"确定"按钮，如图 13-102 所示。

图 13-101

图 13-102

第5步 弹出对话框,❻输入支付宝的支付密码;❼单击"付款"按钮,如图13-103所示。

第6步 即刻,用支付宝为交易付款成功,如图13-104所示。

图 13-103

图 13-104

2. 用支付宝给他人转账

通过手机支付宝,可以直接将支付宝中的部分或全部余额支付给指定的支付宝账户或银行卡。转账对于卖家来说是常有的情况。用支付宝给他人转账,具体操作方法如下。

第1步 登录支付宝首页,❶在"支付宝"首页单击"转账"图标,如图13-105所示。

第2步 进入支付宝转账页面后,选择转账类型(转账到支付宝、转账到银行卡、国际汇款),这里以转到银行卡为例,❷单击"转到银行卡"链接,如图13-106所示。

图 13-105

图 13-106

第3步 跳转到"转到银行卡"页面，❸ 输入姓名和卡号；❹ 设置到账时间和金额以及付款方式（这里的付款方式可以选择银行卡、账户余额、余额宝），❺ 单击"下一步"按钮，如图13-107所示。

第4步 确认转账信息，❻ 单击"确认转账"按钮，如图13-108所示。

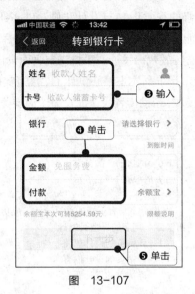
图 13-107

图 13-108

第5步 输入手机支付宝密码即可转账成功。

本章小结

本章详细介绍了淘宝手机端的应用技巧，先分析了手机端的优势与风险，进而介绍了手机店铺的装修技巧以及运营推广，最后介绍了手机无线直通车的使用技巧以及手机淘宝工具的使用，学习本章后可以清楚知道手机店铺的装修技巧，全面系统地了解手机端的运营推广等知识。

延伸阅读……　**淘宝天猫店设计、装修与视觉营销从入门到精通**

当今，网店经营产业的快速发展，让更多的传统行业和经营者们都选择在网上开店，而"店铺设计与装修"又是网店经营中最重要的一环。本书从零开始，系统并全面地讲解了店铺设计与装修的相关知识和操作技能，内容包括开网店必学的视觉营销知识、开网店必懂的店铺装修常识、网店装修的视觉影响与设计法则、Photoshop 网店装修的基本技能、网店首页设计、详情页设计、主图设计、推广图设计、特效代码设计、手机淘宝页面设计与装修等相关技能知识。同时，本书精心设计了"皇冠支招"和"案例分享"小模块，帮助读者快速成长为"淘宝美工大师"。

简要目录

第 1 章　开网店必学的视觉营销知识
1.1　什么是视觉营销
1.2　网店视觉营销的意义
1.3　如何做好网店的视觉营销
皇冠支招
案例分享　视觉营销引入庞大流量，让数据流量为我所用
第 2 章　开网店必懂的店铺装修常识
2.1　什么是网店美工
2.2　如何做好网店美工
皇冠支招
案例分享　掌握网店装修的 6 大关键因素，打造明星店铺
第 3 章　网店装修的视觉影响
3.1　视觉化网店装修
3.2　视觉设计要点
皇冠支招
案例分享　视觉营销不简单
第 4 章　网店装修的设计法则
4.1　网店美工的设计思维
4.2　网店美工的设计原理
4.3　网店美工的配色原理
皇冠支招
案例分享　提高网店装修效率的秘密
第 5 章　Photoshop 网店装修的基本技能
5.1　Photoshop 的基础操作
5.2　常用的修图工具
5.3　图层面板的应用
5.4　图像的调整和输出
皇冠支招
案例分享　简约、大气的网店这样设计
第 6 章　网店的首页设计
6.1　网店的首页结构
6.2　网店的店招要素
6.3　网店的导航要素
6.4　网店的首焦要素
6.5　网店的页尾要素

6.6　网店的产品分类
6.7　网店的产品展示
皇冠支招
案例分享　有了好的首页设计就成功了一半
第 7 章　网店的详情页设计
7.1　详情页的设计思路
7.2　详情页的设计内容
7.3　详情页的设计要点
皇冠支招
案例分享　让详情页成为优秀的"导购员"
第 8 章　网店的主图设计
8.1　网店的主图规范
8.2　网店的主图要求
8.3　网店的主图结构
8.4　网店的主图展示
皇冠支招
案例分享　主图设计优化绝招
第 9 章　网店的推广图设计
9.1　直通车广告
9.2　钻展广告
9.3　推广图设计准则
9.4　推广图设计要点
9.5　推广图设计分类
皇冠支招
案例分享　推广图设计的几大要素
第 10 章　网店装修的特效代码
10.1　代码的基础知识
10.2　代码的使用方法
皇冠支招
案例分享　优化页面的代码应用
第 11 章　手机淘宝页面设计与装修
11.1　手机淘宝页面装修基础
11.2　模块的装修实操
皇冠支招
案例分享　正确发布无线端的宝贝详情页
附录　淘宝与天猫开店的区别

目 录

Part 1　商家网上银行的安全须知与防范措施 / 1
1. 如何安全开通网上银行功能 / 2
2. 如何设置网上银行安全 / 3
3. 追加网上银行账户 / 6
4. 修改与设置网上银行资料 / 7
5. 电脑安全防护措施 / 9
6. 网上银行安全问题维权 / 10
7. 预防网银受骗的基本措施 / 11

Part 2　商家网上银行安全使用技巧 / 13
1. 安装网上银行插件及安全助手 / 13
2. 网上银行支付安全口令、密码等设置 / 16
3. 通过网上银行同行转账的方法 / 17
4. 通过网上银行跨行转账的方法 / 20
5. 网上银行交易明细查询 / 22
6. 如何开通手机银行功能 / 23
7. 手机银行安全交易的防范与措施 / 24
8. 如何使用手机银行进行交易 / 26

Part 3　商家支付宝使用安全技巧 / 26
1. 支付宝登录密码 / 支付密码设置 / 26
2. 修改支付宝密码保护问题 / 29
3. 使用支付宝数字证书 / 31
4. 使用支付盾服务 / 33
5. 使用支付宝账户安全保险 / 34
6. 使用支付宝向一人付款 / 35
7. 使用支付宝向多人付款 / 37
8. 使用支付宝转账到银行卡 / 39
9. 使用网上银行给支付宝充值 / 40
10. 使用快捷支付给支付宝充值 / 41
11. 利用支付宝给信用卡还款 / 43
12. 店铺红包营销安全技巧 / 44
13. 支付宝代扣服务安全防护 / 46
14. 支付宝钱包安全设置 / 48
15. 支付宝钱包支付设置 / 50
16. 支付宝钱包使用红包安全技巧 / 52

Part 4　商家微信支付使用安全技巧 / 53
1. 如何注册及开通微信支付 / 53
2. 商家微信支付安全防护 / 56
3. 商家微信支付业务审核配置 / 58
4. 商家微信支付红包安全使用技巧 / 60

Part 1 商家网上银行的安全须知与防范措施

网上银行是指银行借助网络技术向客户提供金融服务的业务处理系统。它是一种全新的业务渠道和客户服务平台，客户可以足不出户就享受到不受时间、空间限制的银行服务。现在所有银行都已开通了网上银行这项业务，无论对于网上开店的卖家还是网上购物的买家来说都带来了前所未有的方便。

但是，随着信息技术、互联网的发展和普及，网络欺诈事件呈爆发式增长。木马病毒、钓鱼网站、伪造银行网站成了网上银行安全的最大威胁，公众对网上银行安全性普遍存在着忧虑。网上银行资金被盗案件大多针对大众版用户，以"卡号＋口令"方式登录网上银行面临着安全风险，在这种情况下，通过外部方式对网上银行安全进行加密就显得非常必要。

推出数字证书的中国金融认证中心是国内金融行业经中国人民银行和国家信息安全管理机构批准成立的国家级权威的第三方安全认证机构，用户只要使用 USB Key 上的数字证书登录网上银行，就可以更好地保证安全。除了第三方的安全认证机构之外，各网上银行目前也纷纷推出了外部的加密手段，例如，建行新版网上银行新增加了密码控件、安全控件、预留防伪信息验证等安全手段，配合原有的双重密码保护、电子证书、动态口令卡等各种安全手段，可以最大限度地确保客户信息与网上交易资金的安全。工商银行也为客户提供了 U 盾、电子银行口令卡、防病毒安全控件、余额变动提醒、预留信息验证等一系列安全措施。

1. 如何安全开通网上银行功能

网上银行功能一般通过银行柜台开通、网上自助开通两种途径，各个银行的网上银行功能开通都支持这两种方式。

在银行柜台开通网上银行，银行工作人员会指导你安全地开通网上银行功能，你只需要记住网银密码即可。

在网上自助开通网上银行功能，则需要注意更多安全技巧。

（1）办理一个要开通网上银行的账户。使用该账户来开通网上银行功能。

（2）登录银行的官方网站。打开百度搜索页面，搜索你需要开通网银的银行名称，在搜索结果中单击有"官网"字样或实名认证的链接进入银行网站。

（3）准备好真实的身份资料。身份资料必须是真实的，请不要随意或胡乱填写注册资料。这些资料对你的账户而言是十分重要的。一旦将来忘记账户的密码，或发生账户被盗、被限制使用等问题,就能正确快速地处理账户问题。

(4)填写完整的资料。一般情况下,能够联络到你的邮政通讯地址、电话、生日、真实姓名等都是必须填写的。信息越完整,在处理账户非常情况时将会越方便。

(5)设计好密码、安全提示问题等重要信息。密码安全设计技巧有以下几点。

①尽量使用长密码(最少8位以上),并且不要使用纯数字密码,最好将大、小写字母、数字组合起来作为密码。

②切忌简单地使用生日、姓名等信息作为密码,身份信息一旦被泄露,密码很容易被破解出来。

③网上银行密码最好不要与其他网络账户密码一样或相近,如果其他网络账户信息一旦被泄露,网络银行账户也岌岌可危。

(6)资料及密码信息存档备查。尽量不要将资料及密码信息存在电脑里面,并且不要有明显的"网银密码"等文字出现,以自己能理解的方式记录即可。

(7)下载安装数字证书。中国建设银行等多数银行必须下载安装数字证书后才能成为网上银行"普通用户",才可使用网上银行进行小额交易等操作。

(8)务必申请网银交易U盾。网银交易过程的动态验证信息都存储在U盾中,即使账号被盗,没有U盾也是无法完成网银交易的。

2. 如何设置网上银行安全

成功开通网上银行业务后,需要对网上银行账户进行一些必要的安全防护设置。

（1）设置防伪信息。在网银后台安全中心设置私密信息，在登录后会看到你设置的私密信息，如果是钓鱼网站则看不到你设置的私密信息。

防伪信息设置方法以建设银行为例：登录网银→安全中心→安全设置→设置私密问题和答案→确认。

（2）设置用户名登录。一般网银默认是证件号或者银行卡号登录，你可以在网银后台设置使用用户名登录，这样能有效地隐藏你的身份等隐私信息。工商银行设置账户别名（用户名登录方式）方法：登录网银→客户服务→设置登录方式→用户名登录＋网银登录密码→输入自定的用户名→检查用户名是否可用→确定。

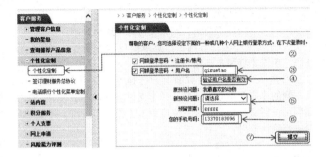

（3）设置短信提醒服务。网上银行在登录、交易等环节都能提供短信提醒服务，设置好短信提醒服务能保障登录、交易安全。注意，接收短信的手机号码必须是你自己使用的号码。以建设银行为例设置短信提醒：登录建设银行网银→安全中心→短信服务→短信提醒→短信提醒设置→选择短信提醒功能项→输入手机验证码→确认。

（4）设置交易每日限额。对某些交易设定限额可以有效控制风险。下面以工商银行网银交易为例进行介绍。

①进入工商银行官网，在登录窗口输入账号、密码、验证码，单击【登录】按钮登录网银。

②进入主页后，在页面上方选择【安全中心】选项卡，在左侧的【安全中心】区域选择【支付限额管理】选项，在右侧即可设置交易额度，设置完成单击【提交】按钮，并根据需要进行确认即可。

3．追加网上银行账户

如果你有非网银注册的银行账户需要用网上银行来管理，你完全不必去银行柜台再办理一次网银，只需要在已有的网银账户中进行追加即可。追加的网银账户可以进行查询类的所有操作，但不能直接进行转账操作。以建设银行网银账户追加为例：登录已有的网上银行账户→我的账户→追加新账户→选择账户类型（储蓄账户、信用卡账户等）→填写要被追加的账户（卡号）、账户取款密码→设置快捷支付（实现网上小额支付）→确定。

商家网上银行的安全须知与防范措施

4. 修改与设置网上银行资料

为了保证网上银行的安全,你可能需要对账户资料进行一些设置或修改。

(1)设置或修改账户别名。账户别名(昵称)可以用来代替使用身份证或银行卡号登录网上银行。以建设银行为例:登录网上银行→客户服务→设置昵称(如果不填写昵称,则表示取消昵称登录功能)→设置登录方式(若选择只用昵称登录,则其他登录方式将失效)→确定。

（2）设置账号保护。账号未保护状态下，网银中你的银行卡将完整显示出来，设置保护后，账户中间部分将以星号的形式隐藏起来。建设银行设置账号保护：登录网银→安全中心→账号保护→设置保护。

（3）快捷转账设置。快捷转账是方便你网银盾不在身边或不希望使用网银盾而提供的转账方式，你需要设置快捷转账的限额。建设银行快捷转账设置：登录网银→安全中心→快捷转账设置→设置（或调整限额）→确认手机号→设置限额→确认信息。

商家网上银行的安全须知与防范措施

5. 电脑安全防护措施

网上银行业务都是在电脑上进行操作的,为了保障网上银行的安全,必须保证操作网上银行的设备(电脑)是安全的。

(1)使用网银证书。网银证书可以有效防范假网站和非授权用户的资金操作。另外,经过数字签名的电子交易受法律认可。

(2)网银证书的备份与保管。许多网银都使用了证书,但有些证书安装在 IE 中(如建设银行、农业银行、浦发银行等),有些证书则是安装在网银客户端中(如招行网银专业版)。遇到电脑出现严重的问题,重装系统是经常出现的情况,如果不提前把这些证书备份出来的话,就不得不到银行柜台上再去申请一次证书,这是一件很麻烦的事情。所以,平时保留一份网银证书的备份是非常必要的。

①如果证书安装在 IE 浏览器中,如建设银行、农业银行、浦发银行的证书,打开 IE 浏览器,选择【工具】→【Internet 选项】→【内容】→【证书】菜单命令,找到对应的网银证书,选中,然后将其导出。由于证书很多,很可能不知道哪些才是网银的证书,建议在安装网银证书时记下相关的信息,这样有助于找到网银证书。在导出时,把这些网银证书分门别类地保存下来。有些证书导出时会要求设置一个密码,以保证证书不会被他人盗用,请千万记住设置的密码。另外,这些证书导出时可能会有一个不太好记的文件名,不妨将其改得清晰一点,例如,把建行的网银证书改名为"建行网银证书",这样很容易识别。

②如果证书安装在网银客户端中,以招商银行为例。登录招行网银专业版后,选择【证书】→【证书备份】选项,按

提示操作就可以了。与其他的网银不同，招行导出的证书不仅需要设置密码，还需要设置安全问题，例如，"我就读的小学的名字"之类，千万要记清楚问题及答案，否则以后恢复时可能会遇到麻烦，当然，这些东西也应当被妥善保存，不要让别人轻易拿到。

（3）病毒、木马的防范。病毒与木马都对网银的使用造成威胁，尤其是木马程序！现在的木马很多都以病毒的形式传播，所以我们需要严防死守。具体来说就是安装杀毒软件和防火墙，并经常检查任务管理器与注册表，是否有不正常的情况发生。任务管理器主要检查CPU占用率是否正常，如果CPU长时间地100%被占用，这就很可能中了木马病毒，木马病毒对系统操作与资源进行全面扫描和记录的特征就使CPU占用率过高。找到占用CPU最多的那个进程，并判断是否可疑。在注册表中主要查看HKEY_LOCAL_MACHINESOFTWARE\Microsoft\Windows\Current Version\Run里面是否有可疑程序被调用。当然，也可以直接单击【开始】→【运行】命令，在【运行】对话框中输入"msconfig"，然后单击【确定】按钮，单独调出这一部分来查看。

6. 网上银行安全问题维权

应对网上支付被盗的风险，最好的手段就是注意安全并注意以下几点。

（1）登录正确的银行网站。访问网站时请直接输入网址登录，不要采用超级链接方式间接访问。

（2）保护账号密码。在任何情况下，不要将账号、密码告诉别人,为网上银行设置专门的密码,区别于自己在其他场合中使用的用户名和密码。

(3)注意计算机安全。下载并安装由银行提供的用于保护客户端安全的控件,定期下载和安装最新的操作系统与浏览器安全程序或补丁,安装杀毒软件及防火墙并定期对电脑进行病毒检测。只有这样,才能保障使用网上银行的安全环境。

一旦发生被盗事件,也不必惊慌,如果是网上银行账户被盗,首先应该通知银行将有关账户冻结,并将之前的有关交易记录打印之后交给公安机关进行调查。如果是在第三方支付中受骗,也应该注意保存相关证据,必要时请求第三方平台或者律师出面进行维权。

7. 预防网银受骗的基本措施

(1)拒绝假网银。假网银是比较常见的欺诈手段,不法分子通常注册一个与官方网站很相似的地址,然后通过电子邮件或网站链接的方法引诱客户上当。例如,工商银行的网站官方网址是 www.icbc.com.cn,而不法分子却注册一个 www.lcbc.com.cn 的网站,不仔细看很难发现有什么区别!如果再看网站的页面,俨然就是工商银行的网站,但如果在这个假网站上输入你的卡号和密码,就上当了。还有一个犯罪分子以××银行客服部门的名义发送电子邮件,谎称银行网银系统升级等内容,要求客户将资金转入××账号等,这也是陷阱!总而言之,防范假网银的方法很简单,只要做到以下要求即可:通过"百度""360搜索"等大型搜索引擎搜索出你使用的网银官方网址,把这些网址加入收藏夹,以后登录网银时只使用收藏夹内的地址，其他地址一律不予相信或使用！

（2）账户和密码的设置与保密。

①关于账户的保密。通常我们对账户的保密性要求很低。如果和他人有资金往来，经常会遇到别人（包括熟人和陌生人）把钱转给你的情况，账户的保密根本就是不可能的事情。当然如果你纯粹是私人使用，与他人没有资金往来的话，保持个人银行账号的私密性，便为你的资金安全提供了第一道屏障。当然，有部分网银在登录时使用的并非银行卡号，而是客户号（农行）或者昵称（浦发、交行），在这种情况下，你应当保证这些信息的安全性。

②关于密码的设置与保密。密码是我们最核心的安全屏障，如果你的密码泄露了，再查到你的银行卡号，即使不攻破网银的安全防范系统，也完全可以克隆一张银行卡。因此，任何时候都不要向任何人透露你的银行密码！在密码的设置上，网银通常允许设置不同于银行卡取款的密码，不仅可以设成数字，也可以设成字母。从安全角度考虑，推荐将网银密码设置成"字母+数字"的形式，如果记忆力超强，并不嫌麻烦的话，可以考虑每月更换一次密码。

（3）使用安全的计算机上网。使用网银的计算机应当保证是专人使用的，没有其他人使用，如家中的台式电脑，或者个人的笔记本电脑。以下几种情况应当尽量避免。

①使用网吧中的电脑。

②使用办公室中共用或者公用的电脑。

③通过不可信任的代理上网。

（4）正确退出网银。有很多朋友无论使用 E-mail，还是使用网银，总是习惯于简单地关闭浏览器，而不是正常退出登录，这是不安全的。在使用网银后要正常退出。

（5）不要使用 IE 自动记忆功能。IE 有自动记录输入内容的功能，这在带来便利的同时也带来了安全隐患，要禁止这项功能。

（6）操作系统安全补丁更新。Windows 系统是一个复杂的系统，有漏洞在所难免，但重要的是当有补丁发布时要及时更新补丁。建议开启 Windows 系统自带的 update 功能，它会自动在线保持你的系统下载并安装最新的补丁，有助于堵住安全漏洞。

（7）使用最新版本的网银。新版本往往意味着功能的增强和安全性的提高，使用最新版本是一种好习惯。

Part 2　商家网上银行安全使用技巧

1. 安装网上银行插件及安全助手

为了保障用户正常、安全地使用网上银行服务，银行都为用户提供了安全插件及安全助手等安全防护软件。下面以工商银行为例介绍安全插件及安全助手的安装使用。

（1）U 盾的安装与使用。

①安装工商银行安全控件，第一次登录时会有提示信息，确认自己的预留信息正确后按照提示下载安装即可。

②安装 U 盾驱动程序，此时不需要将 U 盾插入 USB 接口。驱动程序可以从光盘或者网上银行的 U 盾管理中下载，下载时需要注意自己的品牌型号，按照提示安装即可（同时防火墙会提示有新的启动项加载，请允许通过，否则 U 盾将不能正常使用）。

③安装工行网银证书管理软件,可以从光盘或网站安装,可以管理下载U盾证书和证书升级(网站的U盾管理可以实现同样的功能)。

④插入U盾,最好不要使用前置USB接口,第一次会提示发现新硬件,重启计算机,正确安装后就不再提示了。

⑤用U盾管理软件或到网上银行U盾管理查看U盾证书信息,确认U盾在有效期内。至此U盾安装完毕。

登录个人网上银行之后,如需办理转账、汇款、缴费等对外支付业务,只要按系统提示将U盾插入电脑的USB接口,输入U盾密码,并经银行系统验证无误,即可完成支付业务。

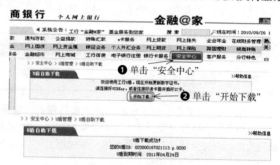

(2)网银安全助手的安装与使用。

工行网银安全助手的安装可以选择集成化安装方式,一次完成所有控件、驱动程序的安装。

①下载"工行网银助手",该软件会引导你完成整个证书驱动、控件及系统补丁的安装。但是Safari浏览器暂时不支持网银助手和小e安全软件。

商家网上银行安全使用技巧 Part 2

②运行"工行网银助手",启动安装向导,你只需要根据提示步骤完成相关软件的下载。

③下载客户端证书信息:登录网上银行→安全中心→U盾管理→U盾自助下载→开始下载→设置证书密码→下载,即可完成客户端证书的下载。

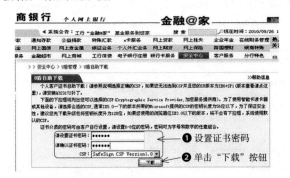

至此,工行网银安全助手已经安装成功,并成功完成网银的系统设置。

2. 网上银行支付安全口令、密码等设置

网上银行的使用安全最关键的就是密码。而你要清楚地知道网上银行有"登录密码"和"交易密码"两种类型,这两种类型密码必须同时使用才能通过网上银行完成交易。

登录密码,即你在网上银行网站登录时使用的密码,登录成功后你可以进行查询等业务。交易密码,即你银行卡的"取款密码",在转账等交易操作的时候必须要使用正确的交易密码。为保障网上银行账户安全,你需要每隔一段时间修改一次网银账户密码,下面介绍建设银行网上银行密码修改的方法:登录网银→安全中心→修改密码→选择修改密码类型(登录密码或交易密码)→输入原密码→输入新密码(输入2次,2次输入必须相同)→确认。

商家网上银行安全使用技巧

☞【小提示】密码设置规则

①登录密码和交易密码不能是相同的数字或字母,如000000、111111、aaaaaa、bbbbbb等。

②登录密码和交易密码不能为连续升降排列的数字或字母,如123456、987654、abcdef、fedcba等。

③登录密码和交易密码为计算机键盘排列规律的字母,如asdfgh、qwerty、zxcvbn等。

④登录密码和交易密码不能为银行账号、身份证号、电话号码、手机号的末几位。

⑤登录密码和交易密码不能为生日,包括年、月、日在内的6位或8位数字。

3. 通过网上银行同行转账的方法

网上银行转账快捷,越来越受到大家的青睐,网上银行转账时需要使用U盾进行保护,这样比较安全,最重要的是核对好对方的账号和姓名。如果是同一银行之间转账,不需手续费,向其他银行转账需要支付一定的手续费。下面以中国建设银行为例介绍具体方法。

(1)开通网上银行后,设置网上银行登录密码和U盾支付密码,并在网上转账前激活。登录网上银行,输入银行卡号、登录密码、验证码,然后下载安全组件、U盾驱动程序,完成激活后就能正常使用U盾进行转账。

（2）选择"转账汇款"选项卡后再选择"活期转账汇款"功能。

（3）选择"付款账户"和"付款子账户"。要确定好付款的账号，在账号下面可以查询账户的余额，以免余额不足无法转账。子账户是你的卡或存折开立的活期或定期账户，如果想转出定期子账户，要单击进行设置。

（4）仔细填写收款人信息，包括收款人姓名和收款账号，一定要多核对几遍，不能出错。

商家网上银行安全使用技巧 Part 2

（5）填写转账金额和相关信息。接着要填写转账的金额，一般最低是5元，上限要看看每个银行的规定。金额直接输入阿拉伯数字即可，如果想让对方接收短信，在"向收款人发短信"后面打上"√"并填写收款人的手机号。然后单击"下一步"按钮。

3. 请填写转账金额及相关信息

*转账金额：	100,000.00	
大写金额：	壹拾万元整	
附言：	一季度货款尾款	▶ 您的附言还能输入8个字符
向收款人发短信：	☑	▶ 以手机短信方式通知收款人转账信息及留言，短信通知免费
手机号码：	13899998888	从收款人名册提取手机号 □将填入的手机号更新至收款人名册

下一步

（6）再次确认一遍付款人和收款人的具体信息，包括银行账号、付款人和收款人姓名、转账金额，确认无误后输入附加码后，单击"确定"按钮。

适期转账汇款流程 ▶ 1.选择付款账户 ▶ 2.填写收款账户信息 ▶ 3.填写转账金额信息 ▶ 4.确认转账汇款信息

第四步：请确认转账汇款信息

付款账户名称：	李XX	收款人姓名：	李XX
付款账户：	4320 2568 0254 0012	收款人账号：	2010 2568 0254 0589
币种：	美元	收款账户所在分行：	北京市分行
转账金额：	1,000.00	大写金额：	壹仟元整
手续费用：	10.00		
短信通知：	138110725xx	短信留言：	确认收款后请回复
是否保存收款账户信息：	☑		
输入交易密码：	●●●●●●	▶ 由于此交易必须使用证书，请确认您已安装证书	

确认 取消 上一步

（7）插入网银盾并输入网银盾支付密码，然后选择正确数字证书，单击"确定"按钮，即成功完成了转账。

4. 通过网上银行跨行转账的方法

（1）登录网上银行后，选择"转账汇款"功能，在弹出的功能界面中选择"跨行转账"，在弹出的二级菜单中选择"建行转他行"选项进入建行网银跨行转账功能。

（2）和同行转账一样，输入付款账户、收款人姓名和账户，一定要核对仔细。

建行转他行流程：▶ 1.选择付款账户 ▶ 2.填写收款账户信息 ▶ 3.填写转账金额信息 ▶ 4.确认转账汇款信息

第一步：请选择付款账户

付款账户： 4000132*****2222 工资卡 签约 ▼ ※ 查询余额

第二步：请填写收款账户信息

收款人姓名： 李四 ※ ☑ 收款人名册　　　▶ 您可以直接输入收款人姓名，也可以点击"收款人名册"选择收款账户。

收款人账号： 3975 0701 0004 0060 ※　　　▶ 为了方便您核对账号，我们对您输入的账号将进行每四位数字后添加一个空格的特殊处理

（3）跨行转账不同于同行转账的一点是要仔细填写收款账号所属行别、账户开户行所在地区（市、区等）及收款账户开户网点。

请选择收款账户开户行

收款账户所属行别： 中国光大银行 ▼ ※

按地区查找收款账户开户行： 广东省　省(市、区) 肇庆　▼市　　　▶ 您可以按地区查找开户行，也可以按"关键字"查找。

收款账户开户网点： 中国银行肇庆市鼎湖支行 ▼

（4）接下来的程序和同行转账一样了，填写转账金额，确定信息后插入网银盾，输入支付密码即可。只是在最终转账时要支付同城每笔2元，异地5‰（25元封顶）的手续费。

第三步：请填写转账金额及相关信息

转账金额： 200,000.00 ※

大写金额： 贰拾万元整

是否短信通知： ☑ 　　　▶ "短信通知"可以为您提供通知收款人转账信息及储蓄服务、微信息通知。

手机号码： 13988889999 从收款人名册 提取手机号 ☑ 将输入的手机号更新至收款人名册

短信留言： 一季度货款

是否添加附言： ☑ 　　　▶ 附言用于告知收款人此笔转账资金的用途

附言： 货款 ▼

　　下一步

5. 网上银行交易明细查询

在你发现或者感觉自己银行账户资金交易有异常的时候，首先要做的就是查询自己账户的交易明细来排查问题。以建设银行网上银行为例说明如何查询账户交易明细。

（1）登录网上银行账户，选择"我的账户"，单击"账户查询"进入账户交易查询页面。

（2）账户查询界面会列出你所有的网上银行账户，在需要查询的账户的"操作"列单击"明细"按钮即可进入明细查询。

（3）在交易明细查询界面选择你要查询交易产生的时间段后单击"确定"按钮即可看到该时间段内你的账户交易明细，如果发现异常请立即联系银行或者公安机关处理。

6. 如何开通手机银行功能

在移动终端（手机）普及和移动互联网技术愈加成熟的情况下，各个银行也提供了手机银行服务，满足了人们即需即用的需求。手机银行的开通类似于网上银行开通，但操作更为简单，只需要办理银行业务的身份证及一部可以上网的智能手机即可。下面以建设银行为例说明如何开通手机银行。

（1）手机浏览器中输入建行手机银行地址（wap.ccb.com），进入建行手机银行 WAP 版本。

（2）在手机银行界面中点击"开通向导"后，再点击"接受"链接，即可进入手机银行开通流程。

（3）选择"证件类型"并填写证件号码（注意：这里的证件类型和证件号码必须跟你办理银行账户时候的一致）后点击"下一步"链接。

（4）输入银行账户号码和密码后，再输入登录密码（注意：这个密码是用来登录手机银行的密码），最后点击"确定"链接即可成功开通手机银行服务。目前，所有银行的手机银行服务都是免费提供的。

7. 手机银行安全交易的防范与措施

手机银行使用虽然方便，但是手机比较容易丢失，安全问题也成了大家关注的热点。下面和大家分享一下如何规避这些风险，尽可能地把风险降到最低。

商家网上银行安全使用技巧

（1）检查银行卡是不是都带有芯片。芯片卡的安全性相对较高，可以降低被盗刷的风险。

（2）将银行卡进行分类。如果有很多张银行卡的话，可以考虑按储蓄卡（母卡）、工资卡、养老卡、基金卡、股票卡等来分类。每个月从工资卡中取出钱，充值在母卡上。由母卡统一分配给各个分卡。如果出现账号被破解的情况，丢掉的也只是这张卡上的钱。母卡作为总账户是不受影响的。

（3）为母卡开通手机转账功能。市面上有些银行卡手机银行转账无手续费，这种卡可以作为首选。另外，也可以在银行开通超级网银的功能，这样可以将所有卡都集结在一张母卡上。互相转账都是无手续费。

（4）为银行卡开通短信提醒功能。转账理财时都会有短信提醒出入账情况，这样安全有保障。

（5）在正规平台下载银行APP软件。在手机上登录网上银行之后，一定要记得不设置自动登录。

（6）设置手机屏保锁定。手机屏保加锁还是很重要的，等于降低了被盗刷的风险。虽然用起来你可能会觉得麻烦，但安全还是要放在第一位的。

（7）手机内加装安全软件。现在有一些安全软件有一个功能，就是当你购物的电商网站需要付款，输入手机号码后收到验证短信时，它会帮你开通一个绿色通道。这样相当于多了一道防火墙，提高了安全性能。

（8）定期银行查账，查看近期银行交易情况。经常定期检查，如果存在安全问题也能及时发现，及时处理。

8. 如何使用手机银行进行交易

学会了网上银行的交易操作,手机银行的操作也很简单,具体方法及安全技巧请参考网上银行部分,在这里就不再赘述。

手机银行相对于网络银行安全最重要的一点是:在使用手机银行时,尽量使用移动数据(2G、3G、4G)流量而不要使用 Wi-Fi,特别是无法确认安全来源的 Wi-Fi,以规避账户和密码被盗的风险。

Part 3　商家支付宝使用安全技巧

支付宝使用方便、操作简单、成本极低的特性,使其成为在线交易中广为使用的一个支付工具。使用者要更加注意支付宝的使用安全。

1. 支付宝登录密码／支付密码设置

(1)修改支付宝登录密码。

注册支付宝时,需要设置支付宝密码,也就是登录密码,登录密码作为支付宝账户安全的第一道防火墙,非常重要。为了保证支付安全,建议每隔一段时间更换一次登录密码。

①进入支付宝账户后进入"账户设置"页面,选择"安全设置"选项卡,单击"登录密码"选项后面的"重置"按钮。

商家支付宝使用安全技巧 Part 3

② 可以选择手机或者邮箱验证，验证完成，进入"重置登录密码"页面，在"新的登录密码"和"确认新的登录密码"文本框中输入要设置的密码，单击"确认"按钮即可。

（2）修改支付宝支付密码

支付密码是我们在支付的时候填写在"支付密码"框中的密码，这个密码比登录密码更重要。通过支付宝支付，不管是在淘宝购物，还是在其他平台购物、支付等，都需要用到支付密码。

如果要修改支付密码，可以进入支付宝账户后进入"账户设置"页面，选择"安全设置"选项卡，单击支付密码后面的"重置支付密码"按钮，然后根据需要进行设置即可。

☞【小提示】支付宝密码设置注意事项

①登录密码本身要有足够的复杂度，最好是数字、字母、符号的组合。

②不要使用门牌号、电话号、生日等作为登录密码。

③登录密码不要与淘宝账户登录密码、支付宝支付密码一样。

④为了保证支付安全，建议每隔一段时间更换一次登录密码。

商家支付宝使用安全技巧

2. 修改支付宝密码保护问题

支付宝密码保护问题是对账户密码加强保护的一种安全措施,如果密码忘记或账户被盗需要修改密码,则需要先回答正确的密码保护问题才可以进行密码的修改。

(1)登录支付宝后单击"安全中心",在左侧菜单单击"修改密码保护问题"链接,进入密码保护问题修改页面。

(2)支付宝会根据账户及电脑环境的安全状况提供两种修改密码保护问题的方法,选择"通过回答安全保护问题+验证支付密码"方式。

（3）单击"立即修改"按钮后进入验证页面，填写安全问题的答案和支付密码，单击"下一步"按钮。

> ❶ 您正在使用"回答安全保护问题+验证支付密码"进行校验。

安全保护问题一　我爸爸的名字是

答案　▇▇▇▇

安全保护问题二　我妈妈的名字是

答案　▇▇▇▇

安全保护问题三　我姐姐的名字是

答案　▇▇▇▇

支付密码　●●●●●●　　忘记支付密码？

下一步　　重新选择验证方式

（4）等待系统验证答案和密码设置成功后，进入安全问题修改界面，重新选择3个问题及填入对应的答案后，单击"下一步"按钮，即可完成密码保护问题的修改。

> ❶ 安全保护问题将作为重要的身份验证方式，请认真设置！新安保护问题及答案将会覆盖原有问题和答案

问题一　我爱人的生日是？ ▼

答案　20160322

问题二　我的幸运数字？ ▼

答案　88888888

问题三　我姐姐的生日是？ ▼

答案　20160320

下一步

3. 使用支付宝数字证书

数字证书是更高安全等级的账户保护措施,用来保证支付宝账户安全。申请了数字证书后,只有安装了数字证书的电脑上,才能使用支付宝账户支付。

申请数字证书,首先要求支付宝账户绑定手机。现在大多数人的支付宝账号就是手机号,可以手动绑定手机。

(1)安装支付宝数字证书,单击"安全设置"→"数字证书"选项后面的"安装"按钮,如下图所示。

(2)在打开的数字证书页面单击【申请数字证书】按钮,如下图所示。需要注意的是,绑定的手机要能够收到验证短信。

（3）在打开的"申请数字证书"页面输入你的身份证信息，这个要与注册绑定时认证过的身份证信息一致。选择数字证书使用地点并输入验证码后，单击"确定"按钮。

（4）输入手机收到的短信验证码，单击"确定"按钮后，即可开始安装数字证书。

4. 使用支付盾服务

支付宝的安全服务工具——支付盾，支付盾其实是把数字证书放在U盘里随身携带，更安全，能保证你在网上信息传递时的保密性、唯一性、真实性和完整性，时刻保护你的资金和账户安全。

（1）支付盾是需要向淘宝支付58元人民币购买的，在淘宝网搜索店铺关键词"支付盾"，即可进入支付盾官方店铺，然后完成在淘宝店铺购物一样的流程即可。

（2）购得支付盾后，在支付宝后台单击"安全中心"进入"安全管家"页面，找到"支付盾"项，单击"申请"链接即可激活支付盾。

☞【小提示】支付盾注意事项

①支付盾激活成功后，你的数字证书将自动取消。

②激活支付盾后,只有在插入支付盾的情况下,才能进行付款、确认收货、提现等涉及金额支出的操作。

5. 使用支付宝账户安全保险

支付宝为了彻底保护你的账户安全及减少你因账户安全问题而遭受的财产损失,特别提供了账户安全保险服务。你只需要每年花2元购买"账户安全保险"服务,即可享受损失金额的全额赔付,最高赔付金额达到100万元。

(1)登录支付宝后,单击"账户设置",再单击"安全设置"菜单,在右侧功能区找到"账户安全险"项,单击"查看"按钮,进入保险服务购买界面。

(2)单击"立即投保"按钮,支付完成即可享受"账户安全险"的保障服务。

6. 使用支付宝向一人付款

转账到支付宝账户有两种形式：向一人付款和向多人付款。下面讲述如何使用转账向一人付款到支付宝账户。

（1）登录支付宝账户，单击"应用中心"找到"转账收款"功能区，将鼠标指针放到"转账到支付宝"菜单上，在弹出的菜单中单击"我要使用"按钮，进入转账功能界面。

（2）输入收款人支付宝账户、收款人姓名（勾选校验收款人姓名后才需要输入）、付款理由、付款金额，单击"下一步"按钮。

（3）确认付款信息，选择付款方式："电脑付款"或"手机付款"，系统默认选择"手机付款"方式。

商家支付宝使用安全技巧

☞ **【小提示】如何选择正确的付款方式**

① "电脑付款"金额在超过月免服务金额范围后,会收取服务费。

② "手机付款"不会被收取服务费。

③ "手机付款",有"验证码"付款方式和"支付宝钱包"付款两种方式。

综上所述,"手机付款"方便快捷且无服务费,你应该首选使用"手机付款"方式。

7. 使用支付宝向多人付款

(1) 登录支付宝账户,单击"应用中心"找到"转账收款"功能区,将鼠标放到"转账到支付宝"菜单上,在弹出菜单中单击"我要使用"按钮,进入转账功能界面。

(2) 单击"收款人"后面的"向多人付款"按钮进入"向多人付款"设置页面。

(3) 输入收款人支付宝账户、收款人姓名（勾选校验收款人姓名后才需要输入）、付款说明、付款金额，单击"下一步"按钮。

(4) 后面支付的方法和"向一人付款"并无差别，此处不再赘述。

8. 使用支付宝转账到银行卡

（1）登录支付宝账户，单击"应用中心"找到"转账收款"功能区，将鼠标指针放到"转账到银行卡"菜单上，在弹出菜单中单击"我要使用"按钮，进入转账功能界面。

（2）填写转账信息，注意"到账时间"的选择，如果不是特别着急，请尽量选择免服务费的转账方式。填写完成后单击"下一步"按钮。

（3）再次确认转账信息页面，单击"确认信息并付款"按钮，支付后即完成"向银行卡转账"的操作。

9. 使用网上银行给支付宝充值

（1）充值前的准备工作。

充值前，你需要准备一张支付宝支持的银行卡，并且所持有的银行卡开通了网上银行功能（这个功能只能去所在银行进行办理）。

（2）网上银行充值过程如下。

①登录支付宝后，单击"充值"按钮开始进行充值。

②选择"充值到余额"按钮,选择"储蓄卡"选项卡下的"网上银行",然后进行银行的选择,以农业银行为例(注意充值只能用储蓄卡,信用卡不支持)。

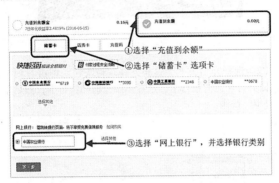

③单击"下一步"按钮,进行充值金额的填写和确认。单击"登录到网上银行充值"按钮,跳转到该银行的网上银行,完成网上银行的操作,即可充值成功,充值完成后可以立即在"我的充值"里面查看。

10. 使用快捷支付给支付宝充值

快捷支付是银行和支付宝开展的一个服务,不需要烦琐的输入密码、账号,只需要输入支付密码即可进行支付,与网上银行相比,更加快捷,但是充值前需要开启银行卡的快捷支付功能。

(1)登录支付宝后,单击"充值"按钮开始进行充值。这一步与使用网上银行充值的方法一样。

（2）选择充值方式，这里选择快捷支付，即可看到开通了快捷支付功能的银行卡，选择你要充值的银行卡，然后单击"下一步"按钮。

（3）输入充值金额和支付宝支付密码，单击"确认充值"按钮即可完成充值。

11. 利用支付宝给信用卡还款

信用卡还款是支付宝公司推出的在线还信用卡服务，你可以使用支付宝账户的可用余额、快捷支付（含卡通）或网上银行，轻松实现跨行、跨地区地为自己或他人的信用卡还款，支付宝信用卡还款操作如下。

（1）登录支付宝账户，单击"应用中心"找到"生活便民"功能区，将鼠标指针放到"信用卡还款"菜单上，在弹出菜单中单击"我要使用"按钮，进入转账功能界面。

（2）单击"立即还款"按钮。

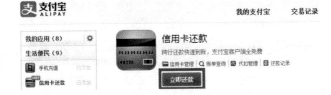

(3)填写还款信息,单击选中"我已阅读并同意《支付宝还款协议》"复选框,然后单击"提交还款申请"按钮,即可完成信用卡的还款。

信用卡还款　　还款首页　**申请还款**　信用卡管理　账单查询　代扣管理　还款记录

发卡银行:	- 请选择银行 - ▼
信用卡卡号	
持卡人姓名	▇▇▇ 为他人还款
还款金额	元
还款提醒	每月20日 📅 查询提醒方式

提交还款申请　☑ 我已阅读并同意《支付宝还款协议》

12. 店铺红包营销安全技巧

对于淘宝商家,除支付宝直接资金交易的使用上应注意安全外,还要对于营销活动中支付宝使用安全提高警惕。尤其店铺营销活动中的"店铺红包"功能使用需要注意安全。

(1)登录淘宝网,进入"卖家中心",在左侧菜单中找到"店铺管理"下的二级菜单"店铺装修",单击"店铺装修"按钮,进入店铺装修功能页面后,单击"营销"按钮。

(2)在左侧菜单中点击"创建活动"按钮,进入活动选择界面。

商家支付宝使用安全技巧

（3）在"店铺红包""收藏后送红包""购后送红包"3种红包形式中，任意选择一种红包形式（注意：①3种红包的区别属于营销的范畴，在这里不做讨论；②这里有PC活动和手淘活动两种，因手淘活动不涉及支付安全，这里也不做讨论），单击进入红包设置。

填写活动名称、红包面值、红包发行量、活动时间等完整的活动信息后，单击"下一步"按钮进入红包活动投放渠道设置。

(4)直接勾选活动要发布的渠道,单击"保存"按钮后即可完成店铺红包活动的设置。

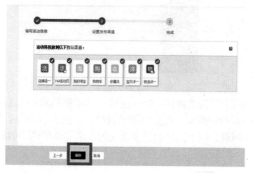

(5)店铺红包活动不会直接从支付宝账户中支出费用,用户领取后,产生交易订单后在结算环节直接扣除红包金额。

(6)店铺红包安全使用注意事项如下。

①店铺红包针对全店商品适用,设置的红包面值一定要小于店铺低价商品的售价。

②店铺红包的有效期要设置合理,避免亏损。

③如果你的店铺产品售价低、毛利低,请慎用店铺红包功能。

13. 支付宝代扣服务安全防护

支付宝代扣服务,是指支付宝根据你的授权,执行你委托的第三方网站/服务平台向支付宝发起的扣款指令,从而为你提供的支付服务。

商家支付宝使用安全技巧

支付宝代扣服务都是发生在你与第三方的交易过程中,如游戏充值、团购服务、外卖服务、租车服务、理财服务等。因此在使用支付宝代扣服务的时候要特别注意第三方平台的安全。

(1)支付宝代扣服务的开通,都是在第三方网站/服务平台上进行的,支付宝不直接参与。

(2)支付宝在收到第三方网站/服务平台的扣款指令后,直接从用户的支付宝账户扣款支付。

(3)对于游戏一类的第三方平台,建议不要直接使用代扣服务,如有需要请你按照使用需求充值即可。

(4)支付宝代扣服务的解约大部分都在第三方平台进行,少数第三方平台支持在支付宝中直接解约。

①登录支付宝账户,进入"账户设置",在左侧菜单中单击"应用授权和代扣"按钮,可查询到你已经签约代扣服务的第三方平台。

②在签约代扣服务的平台列表中,如果平台上有蓝色"解约"按钮,你可以直接单击蓝色"解约"按钮与第三方平台解约代扣服务。而灰色"解约"按钮表示只能与第三方平台联系解约。

14. 支付宝钱包安全设置

支付宝钱包是支付宝在移动设备（手机、平板电脑等）上为用户提供支付服务的APP，能满足用户方便、快捷的使用需求。手机是易丢失物品，手机一旦丢失，支付宝账户的安全也难以保证。因此，在使用支付宝钱包服务的时候需要对支付宝钱包进行必要的安全设置。

（1）设置"手势解锁"功能。

①登录支付宝钱包，在底部菜单栏中点击"我的"菜单按钮，然后点击头像进入"我的信息"界面。

②点击"设置"按钮后，再点击"安全设置"按钮，进入"安全设置"页面。

商家支付宝使用安全技巧 Part 3

③在"安全设置"界面点击"手势"按钮进入手势解锁设置。

④在上图中的九宫格内，用手指任意划出一条连续的线作为手势密码。

（2）设置"指纹解锁"功能（注：此功能安卓系统无）。

①进入"指纹解锁"功能的步骤请参照"手势解锁"功能设置的步骤①和步骤②。

②在"安全设置"界面点击"指纹"按钮，可打开"指纹解锁"及"指纹支付"功能。

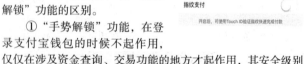

（3）"手势解锁"和"指纹解锁"功能的区别。

①"手势解锁"功能，在登录支付宝钱包的时候不起作用，仅仅在涉及资金查询、交易功能的地方才起作用，其安全级别不高，对所有设备有效。

②"指纹解锁"功能，在登录支付宝钱包的时候，必须先进行指纹解锁才能进入钱包功能，其安全级别很高，但仅对有指纹识别功能的设备有效。

③"手势解锁"和"指纹解锁"功能不能同时起作用，只能二者选其一。

④如果你的设备支持指纹识别功能，请你一定设置指纹解锁功能；如果你的设备不支持指纹识别功能，请您一定设置手势解锁功能。

15. 支付宝钱包支付设置

（1）进入支付宝钱包的设置菜单，点击"支付设置"按钮。

（2）支付设置技巧。

目前支付宝钱包提供默认支付方式、小额免密支付、优先使用集分宝、红包支付4种支付设置方式。其中"可使用红包"即红包支付，是默认支持的，暂时不支持用户修改。

下面基于默认付款方式、小额免密支付和集分宝支付3种方式介绍支付宝钱包的支付设置技巧。

① "默认支付方式",因支付方式太多,在支付环节,可能出现你不知道资金是从什么渠道支付出去的情况,建议将"余额支付"设置为默认的支付方式。

② "小额免密支付",是指你可以设定每笔交易支付金额小于或等于一个数值(共有 200 元 / 笔、500 元 / 笔、800 元 / 笔、1000 元 / 笔、2000 元 / 笔 5 档)的时候不用输入支付密码而直接付款。建议关闭免密支付功能。

③ "优先使用集分宝",集分宝是支付宝的积分服务,集分宝可以在交易的时候直接抵扣现金(100 集分宝 =1 元现金),无论你有没有集分宝,请你一定打开该功能。

16. 支付宝钱包使用红包安全技巧

支付宝钱包目前已经发展成为一个类社交的支付工具,其中典型的就是"红包"功能。目前有两种类型的红包功能:个人红包、群红包。个人红包是直接发给支付宝好友的红包。群红包是指发送给任意多个或指定多个人的红包。

群红包在发送时可以选择"使用口令红包",该红包将会生成口令图片,支持分享至微信。

如果你发送的是"口令红包",并且你的口令很简单,如 38 节快乐,那么你的红包可能会被你的发送对象之外的人领走。

在红包的主界面中有一个"输入

口令领取红包"的功能,所有的支付宝钱包用户都可以在这里输入口令来领取红包。如果某个用户输入的口令刚好是"38节快乐",那么你的红包将被这个用户领走。

☞【小提示】支付宝红包安全建议

①如果你不是有实力的商家,建议你别发送口令红包。

②如果你想活跃支付宝群气氛,完全可以不用向微信分享。

③能不发群红包尽量别发群红包,避免误操作导致资金流失。

Part 4　商家微信支付使用安全技巧

众所周知,微信是国内最大的个人社交应用软件,其支付功能方便、安全、快捷,拥有大量的用户。作为商家来说,利用微信的社交属性进行社会化营销是必行之路,微信支付当然对商家很重要。

1. 如何注册及开通微信支付

(1)申请微信支付前,你必须先准备好一个认证通过的服务号。

(2)保证商户申请微信认证的主体与申请开通微信支付功能的主体保持一致。

(3)登录平台,在右侧菜单中点击"微信支付"菜单进入微信支付申请界面。

（4）单击"申请"按钮后，进入经营信息填写界面，填写完整的资料后，单击"保存并下一步"按钮。

（5）进入商户信息填写界面，填写完整的商户信息后，单击"保存并下一步"按钮。

（6）进入结算信息填写界面，结算信息填写完成后，单击"保存并下一步"按钮，提交微信审核。

（7）审核通过后，微信支付会向你的银行账户转入一笔随机金额的确认金。收到确认金后，请进入微信公众平台的"微信支付"功能，单击"验证"按钮，输入确认金的金额，对账户完成验证。

（8）账户验证成功后，在线签署《微信支付服务协议》后，公众号的微信支付功能将成功开通。

2. 商家微信支付安全防护

微信支付功能成功开通后,需要进行一些安全配置,以保证微信支付账户的安全。

(1)安装微信支付安全插件。微信支付申请成功后首次登录商户平台,系统会提示下载安装插件。你只需下载并运行,然后刷新页面即可登录微信支付商户平台。

(2)安装操作证书。操作证书是你使用账户资金的身份凭证,只有在你安装了操作证书的电脑上(同一员工账号最多安装10台电脑设备),才能使用你的账户进行转账、提现等操作,以保障资金不被盗用。

①登录商户平台,在左侧菜单栏中找到"账户设置"菜单下的二级菜单"操作证书",单击"操作证书"菜单进入操作证书申请安装界面,单击"申请安装"按钮。

安装操作证书
操作证书的安装申请,系统会将短信验证码发送到商户账号绑定的手机,请联系你的商户管理员获取验证码

申请安装

②进入资料填写界面,这里需要通过注册微信支付的手机号进行验证,单击"发送验证码"按钮后,该手机将收到微信支付发出的验证码,将验证码填入"短信验证码"栏,填入图形验证码后单击"确定"按钮完成操作证书的安装。

（3）设置 API 安全证书设置。API 安全证书是商户在使用第三方工具或者自己开发支付接口的时候需要用到的微信支付 API 的安全证书。

①登录商户平台，在左侧菜单栏中找到"账户设置"菜单下的二级菜单"API 安全"，单击"API 安全"菜单进入 API 安全申请安装界面。

②安装 API 安全证书前，必须先安装操作证书。操作证书验证成功，直接单击"安装 API 证书"按钮，下载并完成 API 安全证书的安装。

③如果您的证书泄露，可以通过"更改证书"来修改 API 证书，因为更改证书会影响线上交易，所以若非必要，建议不要随意修改 API 证书。

（4）设置 API 秘钥。API 秘钥是第三方工具使用微信支付接口服务的秘钥，系统不自动生成，需要商户自行设置。

①通过商户号、密码在商户平台进行登录。

②在左侧菜单栏中找到"账户设置"菜单下的二级菜单

"API 安全"，自助设置 32 位 API 密钥即可（请事先将需设置的密钥用文档记录，设置成功后不支持查看）。

③点击"设置秘钥"按钮，输入之前准备好的 32 位 API 秘钥，保存后即可完成 API 秘钥设置。

设置API密钥　　　　　　　　　　　　　　　　　　　　　　　　设置密钥
API密钥属于敏感信息，请妥善保管不要泄露，如果怀疑信息泄露，请重设密钥。

3. 商家微信支付业务审核配置

商户平台针对部分敏感业务，提供审核流程的管理能力。你可以通过启用流程，对退款、企业红包等敏感操作进行管控。如果你启用了审核流程的业务，相关操作员提交申请后，需经过审核人员审核，当全部审核流程通过后系统才自动执行操作。

（1）登录商户平台，在左侧菜单栏中找到"审核管理"菜单下的二级菜单"审核配置"，单击"审核配置"菜单进入业务流程审核配置界面。

名称	说明	审核人员	状态	启用时间	停用时间	操作
退款审核	配置后，员工申请退款中提交的退款操作，需经过审核确认才生效	Administrator(1289 746401@1289746 …	未配置			查看 配置
批量退款审核	配置后，商户提交批量退款申请，需经审核	Administrator(1289 746401@1289746 …	未配置			查看 配置
现金红包发放审核	上传openid文件后，需要经过审核确认才开始进行红包发放	Administrator(1289 746401@1289746 …	未配置			查看 配置
充值退款审核	配置后，商户提交充值退款申请，需审核确认才生效	Administrator(1289 746401@1289746 …	未配置			查看 配置
批次信息修改审核	配置后，商户变批次信息修改申请，需经过审核确认才生效	Administrator(1289 746401@1289746 …	未配置			查看 配置

（2）找到要"退款审核"流程，单击右侧"配置"链接，

进入该流程的审核配置界面。

（3）单击"添加审核步骤"链接，开始流程审核配置。

（4）填写配置信息，这里根据你的具体业务及管理需要进行填写即可。

（5）配置完成后单击"提交"按钮，即可完成流程审核配置。以后在微信支付中涉及"退款"的业务流程，都会按照审核配置方案执行。

4. 商家微信支付红包安全使用技巧

微信支付的红包功能，是微信支付为商家提供的一个重要的营销工具。因微信支付红包是直接以现金红包的形式发放，所以使用红包功能必须注意安全。

（1）使用红包功能。

①登录微信支付商户后台，单击"营销活动"菜单，在左侧菜单栏单击"创建红包"按钮。

②微信支付红包有两种形式：随机金额红包和固定金额红包。随机金额红包，需要填入红包的最小金额和最大金额（随机红包最大金额200元，最小金额1元，并且最大金额和最小金额不能相等）。而固定金额红包只需要填入一个金额即可。填写完成，单击"下一步"按钮。

创建红包

| 选择红包类型 | 配置红包消息 |

红包类型　　● 随机金额红包　○ 固定金额红包

最小金额　　　　　　　　　　　　　　　　　　　　元

最大金额　　　　　　　　　　　　　　　　　　　　元

下一步

③填写红包消息（包括活动名称、商户名称、备注信息、祝福语）后，单击"下一步"按钮，填写红包内信息（包括商户 LOGO、分享红包的文案、分享图片、分享链接）后，单击"下一步"按钮，完成红包的配置。

④红包是通过微信用户的 OPENID 来发放的，红包的发放一般不会用这种方式来完成，因为你很难获得用户的 OPENID。而是利用第三方工具对你的用户直接发放，具体使用方式需要联系第三方工具服务商来解决，在此不做讨论。

（2）安全使用微信红包的注意事项。

①电脑安装杀毒软件，避免木马病毒的入侵，保护支付账户安全。

②安装支付安全插件，保护账户密码及支付环境安全。

③配置"现金红包发放"业务审核规则，让红包的发放在一定的监管规则下进行，保障资金安全。

④随机金额红包的"最小金额"和"最大金额"都是针对单个红包的，而不是要发送红包的总金额。